Unterrichtspraxis: Grundschule

Herausgegeben von Hildegard Kasper
und Erich H. Müller

Lernbehinderungen verhindern

Anregungen für eine
förderorientierte Grundschule

von Arthur Englbrecht und Hans Weigert

W0073465

Verlag Moritz Diesterweg
Frankfurt am Main

Die Autoren:
Arthur Englbrecht, Jg. 1948, 1. u. 2. Lehramtsprüfung, Lehramt an Grund-
und Hauptschulen, Dipl.-Psych., Schulpsychologe, Beratungsrektor in Re-
gensburg. Anschrift: Bürgermeister-Heinrich-Str. 20, D-93077 Bad Abbach.
Hans Weigert, Jg. 1948, 1. u. 2. Lehramtsprüfung, Fachwissenschaftliche
Prüfung der Sonderschullehrer, Lehramt an Sonderschulen, Dr. phil., Profes-
sor für Sonder- und Sozialpädagogik an der Fachhochschule Regensburg.
Anschrift: Köhlerweg 2, D-93080 Pentling.

Umweltschonendes Papier
weil
aus chlorfrei gebleichtem
Zellstoff

ISBN 3-425-01484-6

2. Auflage 1994

Umschlagentwurf: Thomas Bahr, Mainz
Satz: Fotosatz Otto Gutfreund, Darmstadt
Druck und Bindung: Wiesbadener Graphische Betriebe GmbH, Wiesbaden

Inhaltsübersicht

Vorbemerkungen

»Lernbehinderungen verhindern« – ist dieser Buchtitel nur als Wortspiel gedacht oder steckt mehr dahinter? Wir geben zu, die Zielsetzung dieser Schrift mag manchem pädagogischen Praktiker allzu euphorisch erscheinen.

Aus theoretischen Entwürfen, aus einer Fülle von Schulversuchen und aus den Berichten engagierter Grundschullehrerinnen und Grundschullehrer wissen wir jedoch, daß Lernschwierigkeiten, Lernstörungen und in ihrer Folge Lernbehinderungen etwas Formbares und Veränderbares sind. Diese drei Erscheinungsweisen von Lernbeeinträchtigungen können pädagogisch beeinflußt werden. Im positiven Fall heißt dies bestmögliche Förderung des Kindes, damit Lernbeeinträchtigungen entweder gar nicht oder (wenn schon nicht gänzlich vermeidbar) in milderer Form auftreten.

Daß Pädagogen, Psychologen und Ärzte dabei auch an Grenzen stoßen werden, sei hier nicht verschwiegen. Denn es können nicht sämtliche Ursachen und Symptome des höchst komplexen Phänomens »Lernbeeinträchtigungen« berücksichtigt und effektiv angegangen werden. Auch Lehrer und Lehrerinnen der Grundschule werden trotz ihres großen Engagements in dieser Angelegenheit Rückschläge und Enttäuschungen erleiden, insbesondere dann, wenn die derzeit bestehenden formalen und schulorganisatorischen Rahmenbedingungen ein individuelles Zugehen auf den Schüler erschweren. Wir wollen dies gleich am Anfang erwähnen, damit die Erwartungen realistisch bleiben.

Aufgrund der Ergebnisse entsprechender Schulversuche, ihrer Auswertung in der Fachliteratur und nicht zuletzt aus eigener Praxis-Erfahrung wagen wir aber doch die Prognose, daß von den Kindern, die als »Grenzfälle« zwischen Grundschule und Schule für Lernbehinderte gelten, ein gutes Drittel, dank der im folgenden dargestellten »Anregungen«, die Grundschule mit Erfolg absolvieren könnte. Daß mit unseren Empfehlungen den Schülern und Schülerinnen mit Lernschwierigkeiten und Lernstörungen auf alle Fälle geholfen wird, hoffen und wünschen wir.

In manchen Passagen können wir uns oft nur auf knappe »Rezepte« beschränken. Dies gebietet zum einen der Umfang der Schrift, zum andern wollen wir aber auch Redundanz innerhalb der Grundschulpädagogik vermeiden. Zur Vertiefung und eigenen kritischen Abwägung verweisen wir daher immer auch auf entsprechende Literatur.

Arthur Englbrecht   Hans Weigert

1   Statt einer Einleitung – Fallbeispiel Doris

Doris, eine Schülerin der ersten Klasse, wird im Dezember des laufenden Schuljahres dem schulpsychologischen Dienst vorgestellt.

Die Klassenlehrerin ist wegen der mangelnden schulischen Fortschritte des Mädchens besorgt: Doris sei häufig im Unterricht »abwesend«, habe Schwierigkeiten beim Verstehen und Umsetzen von Arbeitsanweisungen. Beim Leselernprozeß und bei der Erarbeitung des Zahlenraums hätten sich in letzter Zeit deutliche Mängel gezeigt.

Die Eltern seien recht überrascht gewesen, als die Lehrerin sie auf die Probleme ihrer Tochter aufmerksam gemacht habe. Seit diesem Gespräch werde offensichtlich mit der Tochter sehr viel – möglicherweise zu viel – geübt.

Im Gespräch in der schulpsychologischen Dienststelle betonen die Eltern, daß sie durchaus die Schwierigkeiten der Tochter gesehen hätten; sie hätten auch versucht, die Probleme durch verstärktes Üben in den Griff zu bekommen. Das Gespräch mit der Lehrerin habe sie stark verunsichert.

Die Eltern sind ziemlich ratlos und äußern Angst vor einem Schulversagen der Tochter.

Folgende Problembereiche werden für die Eltern sichtbar:

- Doris ist bei allen Tätigkeiten relativ langsam (Anziehen, Waschen, Arbeitsmaterial für die Hausaufgaben bereitstellen, Anfertigen der Hausaufgaben).
- Sie ist unsicher bei neuen und ungewohnten Situationen und Anforderungen.
- Sie ist leicht »aus der Fassung zu bringen« – sie weint wegen Kleinigkeiten (z. B. wegen Fehler bei Hausaufgaben), äußert häufig Angst (vor Dunkelheit, vor dem Schulweg, vor schulischen Aufgabenstellungen).
- In letzter Zeit steigert sie sich teilweise in »Angstgedanken« hinein (»Ich schaffe das nicht!« »Das wird mir nie gelingen.«).
- Sie hat manchmal ein »Brett vor dem Kopf«, weiß bei Aufgabenstellungen vom einen zum andern Augenblick nicht mehr, was sie tun soll; vergißt z. B. bei Rechenaufgaben die Zwischenergebnisse oder Zwischenschritte; vergißt Aufträge der Eltern.
- Sie hat Schwierigkeiten beim Verstehen und beim Umgang mit Begriffen, benennt Dinge immer wieder falsch oder ungenau. Diese Tatsache ist bereits im Kindergarten aufgefallen.

Im Kindergarten hatte Doris keine Schwierigkeiten. Sie ging gern dorthin, war insgesamt gesehen eher ruhig und angepaßt. Sie hatte sich sehr auf die Schule gefreut.

Die Eltern sind momentan verunsichert, ganz besonders der Vater; er meint, seine Kinder (Doris hat noch eine drei Jahre ältere Schwester) sollten eine bessere Schullaufbahn und Ausbildung haben als er. Wenn aber bereits in der ersten Klasse Schwierigkeiten aufträten, sei dies ja wohl in Frage gestellt. Die Eltern wünschen sich für beide Kinder eine gymnasiale Schullaufbahn.

Der Vater versucht, dieses Ziel bei seinen Kindern mit Härte zu erreichen; er prüft bei beiden Töchtern seit Beginn ihres Schulbesuchs die Hausaufgaben und Leistungen, wenn es seine Zeit zuläßt. Seit einigen Wochen haben sich dabei nun zunehmend Verweigerungssituationen und Blockaden bei Doris ergeben. Sie möchte nicht mehr mit dem Vater arbeiten. Die Mutter will die Tochter vor der Strenge des Vaters schützen und übernimmt jetzt die Hausaufgaben- und Lernarbeit mit ihr.

Häufig sind sich die Eltern über ihre Erziehungsmaßnahmen uneinig. Der Vater tendiert mehr zur Strenge, die Mutter ist eher nachgiebig und weich. Mit ihrer Situation als Hausfrau ist die Mutter recht unzufrieden; durch ihre tägliche Hausaufgabenhilfe für die Tochter fühlt sie sich häufig gestreßt; am liebsten möchte sie aus dem täglichen »Trott« ausbrechen. Daher trägt sie sich auch mit dem Gedanken, eine »sinnvolle« Arbeit anzunehmen. In der Freizeit beschäftigen sich die Eltern eher selten mit den Kindern.

Die Klassenlehrerin hat das Verhalten von Doris mit Beobachtungsbögen eingeschätzt; daraus ergeben sich folgende Daten:

Arbeitsverhalten:
- sehr langsames Arbeitstempo;
- häufig während der Arbeit »abwesend«;
- geringe mündliche Mitarbeit;
- braucht sehr lange zum Herholen und Wegräumen von Arbeitsmaterial.

Sprachverhalten:
- meldet sich, weiß aber beim Aufrufen nicht mehr, was sie sagen wollte;
- versteht und behält oft nur eine Anweisung;
- kann Anweisungs- und Auftragsketten nicht behalten und ausführen;
- kann Gegenstände, Dinge häufig nicht benennen.

Lesen:
- liest einfache, geübte Wörter langsam zusammen;
- braucht bei neuen Wörtern lange zum Erlesen;
- hat große Schwierigkeiten beim akustischen Ausgliedern von Buchstaben;
- hat große Schwierigkeiten bei der Orientierung auf einem Arbeitsblatt, findet die zu bearbeitende Stelle oft nicht.

Schreiben:
- hält den Stift oft verkrampft;
- hat häufig eine zittrige und ausfahrende Schrift;
- kann Rechenaufgaben in die Kästchen-Lineatur nur unzureichend eintragen.

Wo liegen die Ursachen für die Schwierigkeiten, die Doris hat? Wie kann man Doris helfen?

Bevor wir näher auf diese Fragen eingehen, zunächst einige grundlegende Ausführungen zum Thema »Lernbeeinträchtigungen«.

Ein zentraler Begriff im Zusammenhang mit unserer Thematik ist der des »Lernens«.

Unter Lernen verstehen wir eine »relativ überdauernde Veränderung von Einstellungen und Verhaltensweisen aufgrund von Erfahrungen« (Köck/Ott 1979/327).

Zum Lernen gehören nicht
- Reifungsvorgänge,
- Verhaltensänderungen aufgrund physischer, medikamentöser und hormonaler Einflüsse (z. B. Ermüdung, Drogen...),
- Verhaltensänderungen durch kurzfristige Stimmungs- und Motivationsschwankungen.

Menschliches Lernen unterscheidet sich vom tierischen im besonderen dadurch, daß auch Probleme auf der Symbolebene gelöst werden können.

»Gelerntes Verhalten wird im Gedächtnis gespeichert. Die Speicherkapazität des Menschen ist gegenüber dem Tier größer durch die Fähigkeit des Menschen, auf Symbole zurückgreifen zu können. Dabei bezieht sich Lernen nicht nur auf die geistige Entfaltung, auf die Erweiterung von Einsicht und Kenntnissen und auf die Prägung von Bedeutungsgehalten, sondern auch auf die Änderung des motorischen und sozialen Verhaltens« (Böhm 1982/341).

Halten wir fest: Lernen ist eine Änderung des Verhaltens aufgrund von Vorgangswahrnehmungen in der Umwelt. Lernen ist also immer das Ergebnis einer Wechselwirkung zwischen Mensch und Umwelt – ein Interaktionsprozeß.

Dieser Interaktionsprozeß kann auf vielfältige Weise gestört, behindert, beeinträchtigt werden. Die Ursachen für eine Beeinträchtigung können dabei im Individuum selbst liegen, es können aber auch bestimmte Umweltgegebenheiten den Lernprozeß beeinträchtigen. Letzteres herauszustellen ist wichtig, weil häufig die Sichtweise auf das Individuum verengt wird, das Individuum also als »gestört« angesehen wird.

2.1   Begriffe

Die Fachliteratur, die sich mit beeinträchtigtem Lernen beschäftigt, bietet eine verwirrende Vielfalt von Begriffen an. Im folgenden versuchen wir daher, etwas Ordnung in das Durcheinander zu bringen. Gruppieren wir zunächst einmal nach Wortbedeutungen (vgl. Abb. 1).

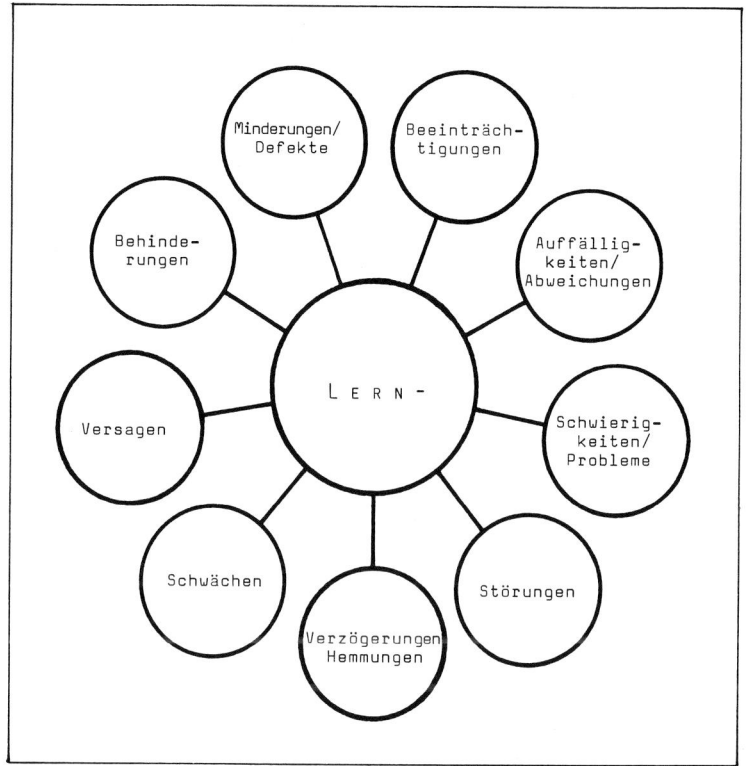

Abb. 1: Begriffsgruppen, die beeinträchtigtes Lernen umschreiben

Beeinträchtigungen: »Lernbeeinträchtigungen«
Auf das Lernen wird eine hemmende, negative, behindernde Wirkung
ausgeübt (vgl. Duden 1976/319). Der Begriff »Lernbeeinträchtigungen« hat sich in Anlehnung an Bach (1987/8–11) als Sammelbegriff für
Lernschwierigkeiten, Lernstörungen und Lernbehinderungen durch-
gesetzt, wobei man generell unter Beeinträchtigung »die Erschwerung
der Personalisation und Sozialisation eines Menschen« (Bach 1987/8)
versteht. Im Terminus sind sowohl personorientierte als auch umwelt-
orientierte Sichtweisen im Hinblick auf Ursachen, Erscheinungsformen und pädagogisch-psychologische Konsequenzen miteinge-
schlossen. Daher gebrauchen auch wir »Lernbeeinträchtigungen« als
übergeordneten Begriff.

Auffälligkeiten/Abweichungen: »leistungsauffällige Grundschüler«, »Verhaltensauffälligkeiten«, »abweichendes Lern- und Sozialverhalten«, »erwartungswidrige Minderleistung«...
Mit seinem Verhalten erregt das Kind Aufsehen, es lenkt die Aufmerksamkeit anderer auf sich (vgl. Duden 1976/208); der Schüler vermag etwa die als selbstverständlich geltenden Leistungs- und Verhaltensnormen der Grundschule nicht zu erfüllen, er weicht von diesen Normen ab (vgl. Weigert 1987a/137–143). Das Phänomen wird auf zweierlei Art bewertet: entweder man macht das Kind für dieses Verhalten verantwortlich oder man erkennt die Ursache in für sechsjährige Kinder inhumanen Leistungsnormen der Grundschule, die geändert werden sollten (so neuere soziologische Theorien des abweichenden Verhaltens).

Schwierigkeiten/Probleme: »Lernschwierigkeiten«, »Lernprobleme«, »Lernerschwerungen«, »Schulschwierigkeiten«, »Schulleistungs-schwierigkeiten«...
Das Kind tut sich mit dem Lernen schwer, es hat große Mühe damit; das Lernen erfordert gewaltige Anstrengungen, die Aufgaben erscheinen unlösbar; diese Tatsache ist für das Kind unangenehm und kann auch unangenehme Folgen haben (vgl. Duden 1980/2352).

Störungen: »gestörte Kinder«, »Lernstörungen«, »learning disability«, »Lesestörungen«, »Schreibstörungen«, »Schrifterwerbsstörungen«, »Rechenstörungen«, »Teilleistungsstörungen«, »Wahrnehmungsstörungen«, »Integrationsstörungen«, »Konzentrationsstörungen«, »Verhaltensstörungen«...
Das Kind wird und ist in seiner »Funktionstüchtigkeit« nachhaltig beeinträchtigt, es ist sogar in Gefahr, »zerstört« zu werden (vgl. Duden 1981/2510). In der Sonderpädagogik gelten Störungen als Beeinträchtigungen eines Menschen hinsichtlich seiner Personalisation und Sozialisation, die aber im Gegensatz zu Behinderungen nur einen begrenzten Lernbereich betreffen (»partiell«, »Teilleistungsstörung«), weniger schwer (graduell weniger als ein Fünftel vom Regelbereich abweichen) und von relativ kurzer Dauer (innerhalb von zwei Jahren zu beseitigen, aufzuholen oder auszugleichen) sind (vgl. Bach 1987/39).

Verzögerungen/Hemmungen: »Entwicklungsverzögerungen«, »Retardierung«, »retarded children«, »backward children«, »langsam lernende Kinder«, »slow learners«, »mangelnde Schulreife«, »Zurückbleiben«, »Lernhemmungen«...

Das Lernen des Kindes ist verlangsamt, verzögert, gebremst, aufgehalten (vgl. Duden 1977/1189). Teilweise spielen in diese Begriffsgruppe auch pädagogisch-psychologisch überholte Vorstellungen mit herein, daß man dem Kind nur genügend Zeit lassen müsse, bis es für die Anforderungen der Grundschule »entwickelt« oder »reif« sei.

Schwächen: »Lernschwächen«, »Lese-Rechtschreib-Schwäche«, »Legasthenie«, »Leseschwächen«, »Rechenschwächen«, »Arithmasthenie«, »Schulschwächen«, »Teilleistungsschwächen«, »Wahrnehmungsschwächen«, »Konzentrationsschwächen« . . .
Das Kind verfügt nur über geringe Kräfte und kann keine guten Leistungen erbringen; die Lernergebnisse sind unzulänglich, dürftig und wenig befriedigend. Dieser Mangel an Können führt zu einer nachteiligen Position anderen gegenüber (vgl. Duden 1980/2338). In Psychologie und Pädagogik werden im allgemeinen Schwächen für schwerwiegender als Störungen angesehen. Dabei sieht man durchaus den Doppelsinn der Wortbedeutung: Das Kind ist schwach, aber auch geschwächt worden.

Versagen: »Grundschulversagen«, »Schulversagen«, »Leseversagen« . . . Weil der Schüler das Geforderte und Erwartete nicht leisten und erreichen kann, weil er scheitert (vgl. Duden 1981/2768), wird er zum »Versager« abgestempelt und gleichsam für sein Verhalten verantwortlich gemacht. Später werden Berufsschulen und Arbeitsämter oft auch keinen wesentlichen Unterschied mehr zwischen »Hauptschulversagern« und Absolventen der Lernbehindertenschulen sehen, sondern beide zu einer Gruppe zusammenfassen.

Behinderungen: »Lernbehinderungen«
»*Behinderungen* sind Beeinträchtigungen eines Menschen hinsichtlich seiner Personalisation und Sozialisation von
– *umfänglicher* (d. h. mehrere Lernbereiche betreffender) *und*
– *schwerer* (d. h. graduell mehr als ein Fünftel unter dem Regelbereich liegender) *und*
– *langfristiger* (d. h. voraussichtlich nicht im Laufe von zwei Jahren dem Regelbereich anzugleichender) Art« (Bach 1987/20; Hervorh. i. Orig.).
Trotz dieser Umschreibung gibt es keine exakte, allgemeingültige und allgemeinverbindliche Definition für »Lernbehinderungen« (vgl. Weigert 1987 a/40–45). Mit dem Begriff wird häufig nur die Tatsache des Besuchs einer Lernbehindertenschule festgehalten.

Minderungen/Defekte: »Minderbegabung«, »(leicht) Minderbegabte«, »schwach begabte Kinder«, »Intelligenzminderung«, »educational subnormal child (ESN)«, »Lerndefekte«, »Geistesschwäche«, »Debilität«...

Bei dieser Wortgruppe wird die alleinige Fixierung auf Defekt und Person überdeutlich. Aus pädagogisch-psychologischen Gründen sind die Begriffe abzulehnen! Die Ursache wird einzig und allein in das Kind verlegt, es werden »Defekte« für die Lernbeeinträchtigungen ausgemacht, gesellschaftliche Komponenten werden weitgehend ausgeschlossen. Da wird auch eine Grenze zum »Normalen« gezogen; das Kind mit seinen Beeinträchtigungen gilt – unausgesprochen – als »anormal«, »abnormal« oder gar als »abnorm«.

In diesem Zusammenhang seien auch noch weitere Begriffe genannt, die wegen des darin enthaltenen Vorurteils und der diffamierenden Wirkung ein verantwortungsbewußter Lehrer ebenfalls aus seinem Vokabular streichen sollte: »dumm«, »Dummheit«, »faul«, »Faulheit«, »schlechte Schüler«, »schwierige Kinder«, »Versager«, »Sitzenbleiber«, »Hilfsschüler«, »Sonderschüler«...

Bedenklich ist auch die sprachliche Praxis, aus einer Defektfaszination heraus die Kinder pauschal mit einem Attribut abzustempeln: »der Lerngestörte«, »der Legastheniker«, »der Lernbehinderte«. Jeder dieser ungemein individuumszentrierten Begriffe ist zudem negativ gefärbt. Diese Beeinträchtigungen sind aber keine unveränderbar fixierenden Defekte, die immerwährend in sämtliche Bereiche des Lebens ausstrahlen! Lediglich das schulische Lernen ist betroffen! Wegen der möglichen stigmatisierenden Wirkungen ist es daher ratsam, von Kindern »mit Lernbeeinträchtigungen« oder »mit Lernstörungen« zu sprechen (vgl. Weigert 1987a/44f.). Dies ergäbe auch die Chance einer emotional wohlgesonnenen und individualisierenden Zuwendung zum Kind, die nicht bloß Störungen und Ausfälle registriere, sondern auch Stärken und positive Seiten sähe.

2.2 Lernbeeinträchtigungen – ein Überblick

Die Reihenfolge der Begriffsgruppen im vorigen Abschnitt deutet bereits Schweregrade bzw. Stadien von Lernbeeinträchtigungen an. Obwohl neuere Ergebnisse aus einem Schulversuch in Bayern und die Forschung auf neuropsychologischem Gebiet eine phänomenologische Differenzierung als fragwürdig erscheinen lassen (vgl. Dietel 1988), wollen wir aus Gründen der Übersichtlichkeit bei der klassischen Einteilung von Lernbeeinträchtigungen bleiben, die sich u. a. an Schullaufbahn und Schulorganisation sowie an entsprechenden Präventionsmodellen orientiert.

Demnach lassen sich Lernbeeinträchtigungen einteilen in:
– Lernschwierigkeiten,
– Lernstörungen,
– Lernbehinderungen (vgl. Abb. 2).

2.2.1   Lernschwierigkeiten

Kinder mit Lernschwierigkeiten »tun sich schwer« und fallen auf. Sie erfüllen nicht alterskonform die schulischen Leistungs- und Verhaltensnormen; sie weichen davon ab, obwohl sie sich oft große Mühe geben und sich gewaltig anstrengen. Für den Lehrer zeigen sich also Auffälligkeiten im Individual-, Sozial-, Lern- und Arbeitsverhalten allgemein sowie im Erlernen der Kulturtechniken im besonderen. Dabei kann das Niveau von Anfang an relativ niedrig sein, es kann aber auch vorkommen, daß die bisher durchschnittlichen oder gar guten Leistungen einer Schülerin oder eines Schülers plötzlich absacken. Im folgenden ein Fallbeispiel.

Nicole besucht die 2. Klasse, sie wird von der Klassenlehrerin wegen ihrer permanenten Unruhe beim schulpsychologischen Dienst vorgestellt. Sie erreicht nach Angaben der Lehrerin insgesamt durchschnittliche Schulleistungen. Die dauernde Unaufmerksamkeit und die motorische Unruhe gefährden jedoch guten Schulerfolg. Durch ihr auffälliges Verhalten kommt sie in der Klasse zunehmend in eine Außenseiterposition.

Die Mutter berichtet in einem Gespräch, daß sie zu Hause Nicole als »Nervenbündel« erlebe. Der Kinderarzt habe bereits beruhigende Medikamente zur Erhöhung der Konzentrationsfähigkeit verschreiben wollen, was sie aber bisher abgelehnt habe. Die Mutter führt die derzeitigen Schwierigkeiten Nicoles vor allem auf die häusliche Situation zurück. Der Vater ist querschnittgelähmt und seit drei Jahren an den Rollstuhl gefesselt. Nicole hat noch zwei vierjährige Brüder (Zwillinge). Die Wohnung ist nach Angaben der Mutter für eine fünfköpfige Familie zu klein und nicht behindertengerecht konzipiert. Die Mutter fühlt sich mit der Versorgung des Ehegatten und der Kinder zeitweise völlig überfordert.

Eine Unterrichtsbeobachtung erbringt folgende Daten: Nicole sitzt in der letzten Bankreihe, wackelt fast permanent mit dem Stuhl, liegt mit dem Oberkörper und dem Kopf auf der Bank, rutscht auf der Bank und auf dem

LERNBEEINTRÄCHTIGUNGEN = Erschwerungen des Lernprozesses aufgrund perzeptiver, motorischer, kognitiver, motivationaler, emotionaler und sozialer Variablen		
Schweregrad 1 LERNSCHWIERIGKEITEN	Schweregrad 2 LERNSTÖRUNGEN	Schweregrad 3 LERNBEHINDERUNGEN
Auffälligkeiten im – Individualverhalten, – Lernverhalten, – Arbeitsverhalten, – Sozialverhalten; – Erlernen der Kulturtechniken.	– weniger gravierend, d. h. sich nicht so schwerwiegend und nachteilig auswirkend wie Lernbehinderungen; – partiell, d. h. nur Teilbereiche des Lernens sind betroffen; – temporär, vorübergehend.	– schwerwiegend, – umfänglich, – langdauernd; – generalisierte Lernstörungen, – Massierung von Variablen aus verschiedenen Bereichen.
Vorsorgemaßnahmen (Präventivprogramme), Kompensatorische Erziehung, Nachhilfe, Stütz- und Förderunterricht, methodisch-organisatorische Unterrichtsmaßnahmen.	Fördermaßnahmen, Stütz- und Förderunterricht, therapeutische Maßnahmen (z. B. Konzentrationstraining, Entspannungstraining, Verhaltenstherapie u. a. m.) .	Fördermaßnahmen, Sondererziehung, therapeutische Maßnahmen.
= primäre Prävention oder sekundäre Prävention	= sekundäre Prävention	= tertiäre Präventation
Klassenlehrer/in, Eltern	Klassenlehrer/in, Zusammenarbeit mit Beratungslehrer, Sonderschullehrer, Schulpsychologe, Therapeut (Einbeziehung der Eltern)	Sonderschullehrer/in Schulpsychologe, Sozialpädagoge, medizinische/psychologische Therapeuten, Elternmitarbeit

Abb. 2: Lernbeeinträchtigungen – Schweregrade, Symptome, päd.-psychol. Maßnahmen, Verantwortliche

Stuhl hin und her, schleift mit den Füßen am Boden, leckt an der Bank, spielt mit den Fingern und mit dem Mund sowie mit den Hausschuhen.

Bei Meldephasen ist sie konzentriert; wird sie jedoch nicht aufgerufen, beginnt sie wieder ihre »Bewegungsspiele«. Auch bei kurzfristigen stillen Schreib- und Lesearbeiten macht sie einen gesammelteren Eindruck. Obwohl sie besonders in Phasen, in denen der Unterricht verbal geführt wird, den Eindruck erweckt, überhaupt nicht »dabei« zu sein, weiß sie auf Fragen die richtigen Antworten.

In einem weiteren Gespräch mit der Mutter werden »kritische Situationen« durchgesprochen und im Rollenspiel in Szene gesetzt. Dabei wird deutlich, daß sehr viel Kommunikation über den verbal-akustischen Kanal läuft, die Belehrungen und Ermahnungen Nicole aber gar nicht erreichen.

Bei den Hausaufgaben reden oft beide Elternteile auf Nicole ein, so daß teilweise tumultartige Szenen entstehen.

Da Mutter und Lehrerin Nicole bei den Hausaufgaben selbständiges Arbeiten zutrauen und sie auch von ihrer geistigen Leistungsfähigkeit her zur eigenständigen Lösung von Aufgaben in der Lage ist, wird eine Hausaufgabenzeit festgelegt, in der Nicole die Hausaufgaben möglichst selbständig erledigen soll. Die Mutter übernimmt überwiegend Kontrollfunktion, der Vater hält sich zurück. Für mehrmaliges selbständiges Arbeiten erhält Nicole eine Belohnung (von der Mutter alleine eine Geschichte erzählt bekommen, gemeinsam ins Museum gehen, eine bestimmte Fernsehsendung anschauen dürfen u. ä.).

Die Mutter versucht, die Zwillinge nachmittags im Kindergarten unterzubringen, um eine ruhigere Atmosphäre zu schaffen.

Der Mutter werden einfache Massagetechniken erklärt und gezeigt, die sie vor und nach den Hausaufgaben oder beim Zu-Bett-Gehen mit Nicole machen kann. Ergänzend will die Mutter den Kindern Entspannungsmusik vorspielen und Gute-Nacht-Geschichten oder »Phantasiereisen« als Einschlafgeschichten erzählen. Mit diesen Maßnahmen soll eine Verlagerung vom verbal-akustischen auf den nonverbalen Kanal erreicht werden.

Die Lehrerin will Nicole in die erste Bank setzen und bei Auffälligkeiten Körperkontakt mit ihr aufnehmen (Hand auf die Schulter oder auf den Kopf legen). Sie möchte nonverbale Zeichen (Handbewegungen, Blickkontakte . . .) verstärkt einsetzen.

Zusätzlich beabsichtigt die Lehrerin, Interaktionsspiele zum Bereich Körperwahrnehmung und »blinde« Spiele (Spiele mit geschlossenen Augen) verstärkt mit der Klasse durchzuführen.

Nach ca. einem halben Jahr hat sich die motorische Unruhe bei Nicole deutlich gebessert. Die schulischen Leistungen haben sich im oberen Durchschnittsbereich stabilisiert.

In diesem Beispiel tragen sicher viele äußere Faktoren wie die Behinderung des Vaters, die zu enge Wohnung, die sehr große Belastung der Mutter durch drei Kinder und einen pflegebedürftigen Ehegatten zu den Lernschwierigkei-

ten Nicoles bei. Daneben läßt sich vermuten, daß Nicole insgesamt relativ
reizabhängig ist und sie Defizite an taktilen Reizen hat (s. Unterrichtsbeobachtungen).

Neben den im Fallbeispiel konkret genannten Ursachen gibt es weitere Faktoren, die für Lernschwierigkeiten verantwortlich sein können:
- eine allgemeine sozio-kulturelle Benachteiligung (davon betroffen
  sind u. a. Kinder aus der sozialen Unterschicht oder aus ausländi-
  schen Familien, aber auch Kinder, die geringe [sprachliche] Anregungen im Elternhaus bekommen. Diese Kinder haben oft schlech-
  tere Startvoraussetzungen beim Eintritt in die Grundschule als ihre
  Mitschüler und Mitschülerinnen aus dem Mittelschichtsmilieu);
- chronische Kränklichkeit eines Kindes sowie konstitutionelle Mängel (schon rein physisch vermag das Kind nicht dieselben Leistungen wie seine Klassenkameraden und -kameradinnen zu erbringen;
  dazu können krankheitsbedingt häufige Fehlzeiten kommen);
- kein geregelter Schulbesuch (häufiger Schulwechsel, längere
  Krankheit, Schulschwänzen, Lehrerwechsel und Stundenaus-
  fälle . . .);
- didaktisch-methodische Mängel der Schule und des Unterrichts
  (unerfahrene Lehrer, Überforderung, Stoffülle, Unterrichtsfehler,
  organisatorische Unzulänglichkeiten . . .);
- psychische Probleme des Kindes (Anpassungsschwierigkeiten z. B.
  nach einem Wohnortwechsel, familiäre Probleme, Schulangst,
  Denkblockaden . . .).
Häufig wirken, wie das Fallbeispiel zeigt, mehrere der genannten
Faktoren wechselseitig zusammen. Das bedeutet, daß sich keine
einfachen Ursache-Wirkungs-Zusammenhänge herstellen lassen, sowohl was das Zustandekommen und das Bestehen der Symptome als
auch deren Abbau betrifft.
Gegensteuerungen zu Lernschwierigkeiten sollten »im Verbund« erfolgen, wobei der emotionalen Ebene (Eltern-Kind-Beziehung, Leh-
rer-Kind-Beziehung) nach Ansicht der Autoren eine zentrale Bedeutung zukommt. Unterbleiben Maßnahmen von seiten der Schule und
des Elternhauses, so droht die Ausweitung zu Lernstörungen oder gar
Lernbehinderungen. An Möglichkeiten, die sich seitens des Elternhauses und der Schule noch anbieten, seien aufgeführt:
- allgemeine Vorsorgemaßnahmen medizinischer und pädagogischer
  Art (Vorsorgeuntersuchungen, Einschulungsdiagnostik; vgl.
  Kap. 3);

- kompensatorische Erziehung für sozio-kulturell benachteiligte Kinder (z. B. Förderprogramme);
- schulische Präventivmaßnahmen (vgl. Kap. 4–6);
- gezielter Nachhilfeunterricht;
- Stütz- und Förderunterricht in der allgemeinen Schule.

2.2.2   Lernstörungen

In der Sonderpädagogik gilt der Begriff »Lernstörungen« zunächst als Terminus technicus in Abgrenzung zu den Lernbehinderungen. Kinder mit Lernstörungen unterscheiden sich von Kindern mit Lernbehinderungen »durch den Schweregrad der Beeinträchtigungen, deren Auswirkungsumfang und zeitlichen Dauer sowie der Behebbarkeit ihrer Folgen« (Kanter 1976/165). Kennzeichen sind demnach:

»1. Andauerndes oder temporäres deutliches (Schul-)Leistungsversagen in einem Bereich oder auch in mehreren,
2. nur gering vermindertes Intelligenzniveau (Gesamt-IQ über 75/80),
3. umschriebene, relativ isolierte psychische Leistungsausfälle und Irregularitäten,
4. Tendenz des ›underachieving‹« (ebd., Hervorh. im Orig.).

Für die schulische Praxis sind solche allgemeinen Unterscheidungsmerkmale wenig zweckdienlich. Hilfreicher hingegen sind die neueren Forschungsergebnisse, mit denen das Phänomen Lernstörungen wesentlich konkreter erfaßt werden kann. Begriffe wie »Teilleistungsstörung« und »Integrationsstörung« spielen hier eine wichtige Rolle.

Dem Begriff *Teilleistungsstörungen* liegt die Sichtweise zugrunde, daß sich die Leistungsfähigkeit eines Kindes aus einer Vielzahl komplexer psychischer Funktionen zusammensetzt, die sich wiederum aus einer Reihe von einfacheren Einzelelementen (= Teilleistungen) aufbauen. Können diese Teilleistungen nicht erbracht werden, sind höhere kognitive Funktionen nicht möglich.
Ein Beispiel aus der Schule: Bei einem Schüler, der Schwierigkeiten bei der optischen Unterscheidung konkreter Gegenstände hat, werden mit hoher Wahrscheinlichkeit auch Schwierigkeiten im Leselernprozeß auftreten.
In diesem Zusammenhang sei an das Beispiel von Doris erinnert. In einem Test zur Überprüfung der optischen Differenzierungsleistung

traten bei ihr Auffälligkeiten zutage. Konkret hatte sie Schwierigkeiten, aus einer Reihe von Bildern einem Bild das gleiche zuzuordnen (s. Abb. 3).

Teilleistungsstörungen lassen sich nach den o. a. Ausführungen beschreiben als spezifische Defizite im Bereich motorischer, perzeptiver, sprachlicher und kognitiver Funktionen, die unabhängig vom Intelligenzniveau auftreten (vgl. Gantzer u. a. 1977).

Teilleistungen meinen also nicht komplexe Phänomene wie Lesen, Schreiben oder Rechnen, sondern die diesen Fertigkeiten zugrundeliegenden basalen Funktionen. Zur Verdeutlichung sei ein kurzer Abriß der kindlichen Entwicklung aus neuropsychologischer Sicht gegeben (vgl. Ayres 1984, Brand/Breitenbach/Maisel 1985, Milz 1982):

Schon im vorgeburtlichen Stadium entwickeln sich beim Ungeborenen die Hautsinne, ab der 16. Schwangerschaftswoche ist das Gleichgewichtssystem voll ausgebildet (Aufnahme von Schwerkraft- und Bewegungsreizen). Vor der Geburt entfalten sich auch bereits Wahrnehmungsmodalitäten für Geschmack, Sehen, Druck, Kälte und Schmerz. Im weiteren Verlauf der vorgeburtlichen Entwicklung erfolgt eine erste Verknüpfung von Wahrnehmung und Bewegung – das Ungeborene reagiert auf Licht und Lärm durch einfache Massenbewegungen auch reflexologischer Art, daneben treten auch spontane Arm- und Beinbewegungen auf. Nach der Geburt sind es v. a. vestibuläre Stimuli, die in Verbindung mit propriozeptiven Reizen (Reizen, die im Körperinneren wahrgenommen werden) einfache Haltungsreaktionen, die Sicherheit in bezug zur Schwerkraft und die Eigenwahrnehmung ermöglichen.

Hautreize ermöglichen neben der Eigenwahrnehmung Saugen und Essen und bilden die Basis für die emotionale Mutter-Kind-Beziehung (Urvertrauen).

Im weiteren Verlauf der kindlichen Entwicklung ermöglichen das Zusammenwirken von Gleichgewichts-, Tiefen- und Berührungssinn einen an die jeweilige Situation angepaßten Muskeltonus und eine entsprechende Körperhaltung, Bewegungen der Augen, das Zusammenspiel beider Körperseiten (beim Krabbeln) sowie die Planung und das Ausführen einfacher zielgerichteter Bewegungen. Ein abgestimmtes Zusammenwirken der o. a. Sinne ermöglicht vielfältige Umwelterfahrungen und sichert die emotionale Stabilität.

Erst in einem weiteren Stadium der Entwicklung werden nach Ayres das auditive und visuelle System miteinbezogen. Die Integration dieser beiden Systeme bildet die Grundlage für Leistungen wie die verbal-akustische Wahrnehmung (Richtungshören, akustische Differenzierung, Figur-Grund-Wahrnehmung . . .), die visuelle Wahrnehmung (Differenzierung, Diskrimination, Figur-Grund-Wahrnehmung, Raumwahrnehmung . . .), die Auge-Hand-Koordination, das Erlernen der Sprache und deren Benutzung, das bewußte und planvolle Handeln.

Erst wenn diese vielfältigen Einzelleistungen vom Kind erbracht werden

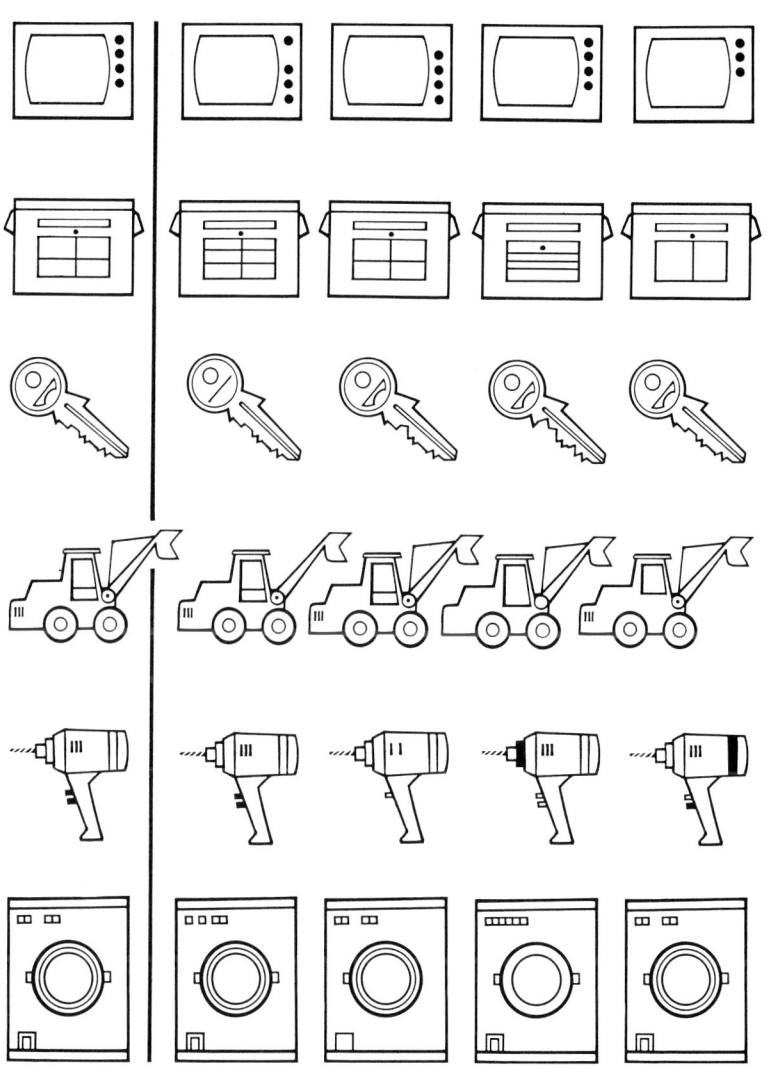

Abb. 3: Testitems

können und die sensorischen Systeme koordiniert zusammenwirken, ist die Basis für das Erlernen der Kulturtechniken gegeben. Die nachfolgende Übersicht (Abb. 4) zeigt (stark vereinfacht und schematisiert) das Zusammenwirken der einzelnen Systeme im Verlauf der kindlichen Entwicklung auf.

Die Übersicht zeigt, daß auf der untersten Stufe die Wahrnehmungsprozesse noch modalitätsspezifisch (*einen* Wahrnehmungskanal betreffend) funktionieren. Ein Säugling z. B. greift nach einem Gegenstand, wenn der Tastreiz angeregt worden ist, nimmt aber keinen Blickkontakt zum Gegenstand auf.

Vestibuläres und taktiles System bilden die Basis für die gesamte kindliche Entwicklung. »Intermodale« Wahrnehmungsprozesse (Zusammenwirken und Koordination mehrerer Sinnesorgane) führen schließlich zu komplexen Leistungen wie der »serialen« Wahrnehmung (Merken von Reizfolgen).

Seriale Prozesse beinhalten Wenn-Dann-Beziehungen und damit das Verständnis für zeitliche Folgen. Sie stellen die Voraussetzung für das Erkennen logischer Zusammenhänge und die allgemeine Denkfähigkeit dar.

Aus diesem Abriß der kindlichen Entwicklung wird unmittelbar deutlich, daß Störungen in den modalitätsspezifischen Wahrnehmungsprozessen auftreten können, daß aber besonders im Zusammenwirken der verschiedenen Wahrnehmungskreise vielfältige Störmöglichkeiten denkbar sind. Gerade für die schulische Förderung ist es daher wichtig, die für eine Lernstörung zugrundeliegenden Schwierigkeiten auszumachen, was sicherlich im Einzelfall sehr schwierig sein kann.

Einige Beispiele für Teilleistungsstörungen, die den Leselernprozeß mehr oder weniger stark beeinträchtigen können (Störungen im Zusammenwirken verschiedener Wahrnehmungsmodalitäten):
– Buchstaben werden optisch richtig wahrgenommen, aber nicht mit dem Laut verbunden;
– Laute werden nicht mit dem entsprechenden Zeichen verbunden;
– Anordnungen werden verwechselt;
– Reihenfolgen von Buchstaben werden verwechselt;
– Reihenfolgen können nicht richtig wiedergegeben werden.

Wie aus dem Entwicklungsmodell deutlich wird, ist eine wesentliche Voraussetzung für eine adäquate Auseinandersetzung mit der Umwelt die Integration verschiedener Wahrnehmungssysteme.

Teilleistungsstörungen können deshalb auch unter dem Blickwinkel einer *Störung der sensorischen Integration* gesehen werden.

Das Schaubild (Abb. 5) soll dies verdeutlichen.

Integrationsstörungen erfolgen dann, wenn das Zentralnervensystem nicht in der Lage ist, die über die Sinne einlaufenden Informationen exakt aufzunehmen, weiterzuleiten, zu speichern, mit bereits vorhan-

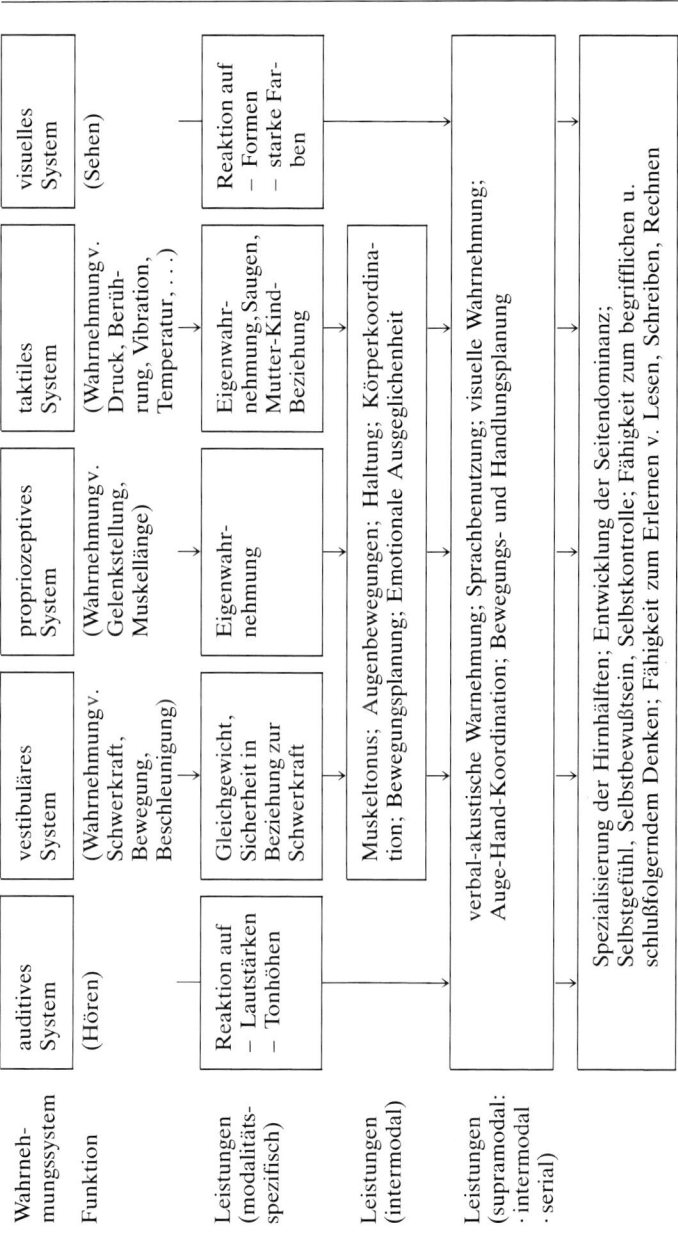

Wahrneh-mungssystem	auditives System	vestibuläres System	proprio-zeptives System	taktiles System	visuelles System
Funktion	(Hören)	(Wahrnehmung v. Schwerkraft, Bewegung, Beschleunigung)	(Wahrnehmung v. Gelenkstellung, Muskellänge)	(Wahrnehmung v. Druck, Berührung, Vibration, Temperatur, . . .)	(Sehen)
Leistungen (modalitäts-spezifisch)	Reaktion auf – Lautstärken – Tonhöhen	Gleichgewicht, Sicherheit in Beziehung zur Schwerkraft	Eigenwahr-nehmung	Eigenwahr-nehmung, Saugen, Mutter-Kind-Beziehung	Reaktion auf – Formen – starke Farben
Leistungen (intermodal)		Muskeltonus; Augenbewegungen; Haltung; Körperkoordination; Bewegungsplanung; Emotionale Ausgeglichenheit			
Leistungen (supramodal: · intermodal · serial)		verbal-akustische Warnehmung; Sprachbenutzung; visuelle Wahrnehmung; Auge-Hand-Koordination; Bewegungs- und Handlungsplanung			
		Spezialisierung der Hirnhälften; Entwicklung der Seitendominanz; Selbstgefühl, Selbstbewußtsein, Selbstkontrolle; Fähigkeit zum begrifflichen u. schlußfolgerndem Denken; Fähigkeit zum Erlernen v. Lesen, Schreiben, Rechnen			

Abb. 4: Entwicklung von Fertigkeiten und Fähigkeiten in Abhängigkeit von der Integration einzelner Wahrnehmungssysteme (in Anlehnung an Ayres 1984/84, Brand u.a. 1985/26, Milz 1982/203)

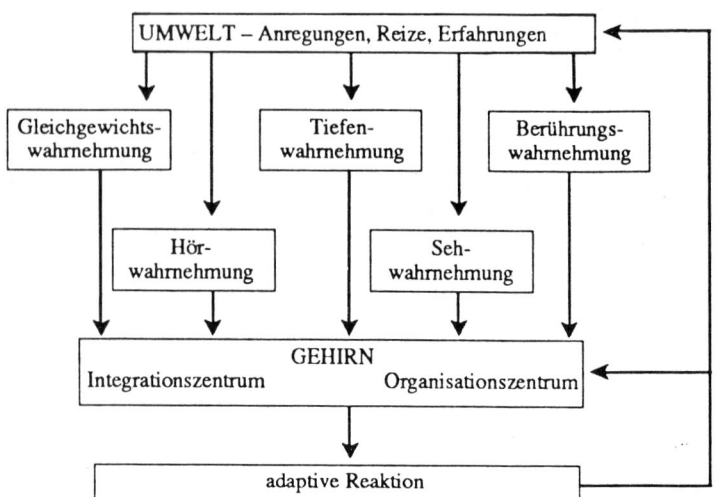

*Abb. 5: Das Zusammenwirken von Organismus und Umwelt
(in Anlehnung an Brand/Breitenbach/Maisel 1985/22)*

denen Reizen zu vergleichen, sie zu ordnen und zu koordinieren, sie zu verarbeiten und schließlich eine den Gegebenheiten angepaßte Reaktion zu organisieren (vgl. Abb. 6).

Ein Beispiel aus dem schulischen Bereich: Manche Kinder werden durch die gleichzeitige Darbietung visueller und akustischer Reize überfordert, so daß beide Leistungen zusammenbrechen; nach außen hin zeigt sich dann oft das Bild eines »konzentrationsgestörten« Schülers. In Wirklichkeit aber kann das Kind nicht mehrere sensorische Systeme so miteinander verbinden, daß sich die Reize zu einem integrierten Ganzen kombinieren.

In jeder Phase des Wahrnehmungskreislaufs (vgl. Abb. 6) können Störungen auftreten, die dann zu einer entsprechend unangemessenen Reaktion führen.

Dazu ein Beispiel:
Es gibt Kinder, die taktile Reize übermäßig stark aufnehmen, deren Zentralnervensystem also von taktilen Reizen überflutet wird. Ein solches Kind wird nur schwer in der Lage sein, den akustischen und visuellen Reizen im Unterricht zu folgen, da es fortwährend damit beschäftigt ist, die taktilen Reize zu verarbeiten (z. B. durch Reiben, Kratzen, Hin- und Herrutschen auf dem Stuhl).

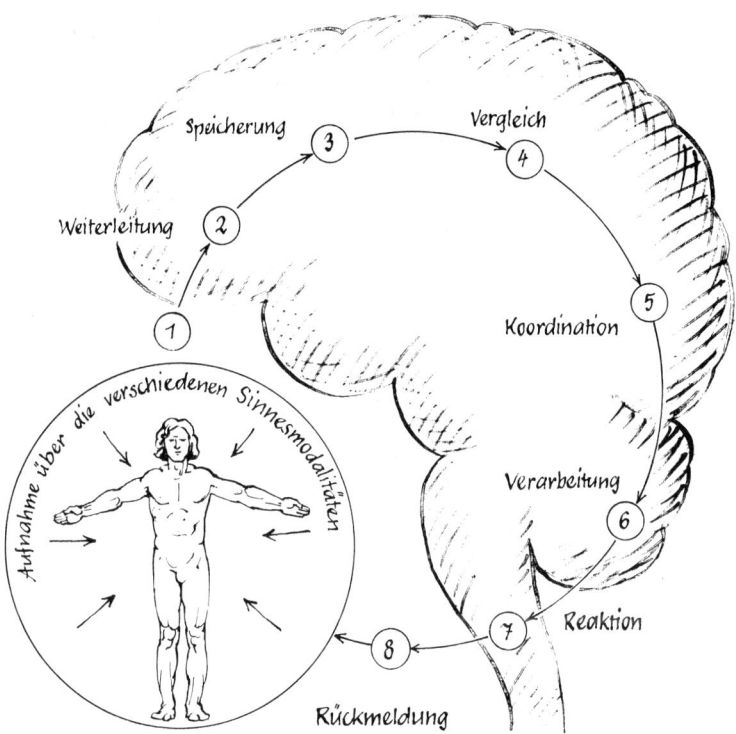

Abb. 6: *Wahrnehmungskreislauf*

Abschließend ein Fallbeispiel. Eine Mutter wendet sich wegen ihres Sohnes *Klaus* an den schulpsychologischen Dienst.

Klaus besucht die zweite Klasse, ist nach Angaben der Mutter in seinen Leistungen stark abgefallen. Kürzlich (im Juni des laufenden Schuljahres) habe sie von der Klassenlehrerin erfahren, daß Klaus wohl das Klassenziel nicht erreichen werde und die Klasse wiederholen müsse. Was sie erschreckt habe, sei, daß auch über eine evtl. Aufnahme in die Schule für Lernbehinderte gesprochen worden sei.

Die Mutter ist darüber sehr aufgebracht und will dies auf jeden Fall verhindern. Vom Schulpsychologen erwartet sie in erster Linie Klarheit über die geistige Leistungsfähigkeit ihres Sohnes und seine derzeitige psychische Verfassung.

Ein kurzes Telefongespräch mit der Lehrerin ergibt folgendes zur derzeitigen schulischen Situation von Klaus: Sehr auffällig sind die zunehmend mangelnde Motivation und Konzentration im Unterricht, die teilweise fast unleserliche Schrift und die mangelhaften Lese- und Rechtschreibleistungen. Im Fach Mathematik kann Klaus oft mathematische Begriffe nicht umsetzen und versagt bei Textaufgaben völlig. Insgesamt ist der Schüler offensichtlich derzeit völlig überfordert.

Die Eltern werden gemeinsam mit Klaus zu einem Beratungsgespräch gebeten. Klaus erzählt, daß es ihm in der Schule zur Zeit überhaupt nicht gefalle, weil er immer schlechte Noten bekomme und von den Mitschülern deswegen verspottet werde.

Für die Mutter ist vor allem die Hausaufgabensituation belastend – Klaus verweigert teilweise die Arbeit völlig, will oft überhaupt nicht mit den Hausaufgaben anfangen.

Mutter und Sohn spielen im Rollenspiel eine typische Hausaufgabensituation durch. Klaus hat eine Schreibaufgabe zu erledigen, die Mutter sitzt daneben.

Dem beobachtenden Vater und dem Schulpsychologen fällt dabei auf, daß Klaus beim Schreiben öfter absetzt und im Raum umherschaut, die Mutter fast fortwährend Klaus »ermuntert« (»Komm, beeil dich!« »Schau nicht immer rum!« »Schreib doch schöner!« »Hast schon wieder einen Fehler gemacht!«), Klaus sich dann gegen diese »Ermunterungen« wehrt, so daß im Grunde nicht mehr das Hausaufgabenmachen, sondern der »Machtkampf« Mutter–Sohn im Mittelpunkt steht. Im nachfolgenden Gespräch bestätigt die Mutter diesen Machtkampf, den sie mit Klaus zur Zeit auch auf anderen Ebenen, allerdings nicht in der Schärfe wie bei der Hausaufgabensituation, führt.

Zur Hausaufgabensituation berichtet Klaus, daß er oft ganz schnell fertig werden wolle, weil die Freunde bereits auf ihn warteten. Es ärgere ihn dann furchtbar, wenn die Mutter bei den Hausaufgaben dabei sei und dauernd schimpfe. So werde er häufig nicht rechtzeitig fertig.

Dazu ergänzt der Vater, daß Klaus manchmal einfach zu bequem sei, die Hausaufgaben ordentlich zu erledigen. »Wenn er will, dann kann er!« Bei der Oma (die ihn betreute, als die Mutter kürzlich 14 Tage im Krankenhaus lag), tue er, was er wolle.

Zur schulischen Entwicklung berichten die Eltern, daß Klaus anfangs große Schwierigkeiten gehabt habe, Buchstaben richtig zu erkennen. Er habe einzelne Buchstaben beim Lesen und Schreiben immer wieder verwechselt, vertauscht und falsch aufgeschrieben (b, p, d, t, k, g). Im Dezember des 1. Schuljahres sei bei einem Auge eine um 50 % verminderte Sehfähigkeit festgestellt worden. Die Mutter führt die Schwierigkeiten von Klaus im Leselernprozeß vor allem darauf zurück. Klaus besitzt eine Brille, die er allerdings zu Hause selten trägt.

Zur motorischen und sprachlichen Entwicklung ergibt das Gespräch folgendes: Die motorische Entwicklung (Sitzen, Krabbeln, Stehen, Gehen) verlief normal, in der sprachlichen Entwicklung zeigten sich Auffälligkeiten (die

Mutter spricht von »Redefaulheit«). Auch vom Kindergarten, den Klaus drei Jahre lang besuchte, erhielt die Mutter die Information, daß die Sprachentwicklung von Klaus verzögert sei. Spezielle Maßnahmen zur Sprachförderung wurden nicht angeraten bzw. eingeleitet.

Im Alter von zweieinhalb Monaten wurde Klaus mit Verdacht auf Gehirnhautentzündung ins Krankenhaus eingeliefert und verblieb dort 14 Tage; eine genaue Diagnose war vom Kinderarzt nicht zu erfahren. Nach dem Krankenhaus war Klaus viel ruhiger als vorher. – Schwangerschaft und Geburt waren ohne Komplikationen verlaufen.

Mit den Eltern werden zwei Testsitzungen mit Klaus vereinbart. Als erste Maßnahme wollen Klaus und seine Mutter die Hausaufgabensituation verändern. Klaus nimmt sich für jeden Tag eine Hausaufgabenzeit (mindestens eine halbe Stunde) vor, die Mutter bleibt auf Distanz, hilft nur, wenn Klaus darum bittet, und übernimmt Kontrollfunktion.

Klaus bemüht sich um mindestens »mittelmäßige« Schrift (eine Durchsicht der Hefte zeigt, daß Klaus zu Schuljahresbeginn teilweise sehr schön geschrieben hat).

In den Testsitzungen ist Klaus sehr motiviert und konzentriert. Er erreicht einen insgesamt gut durchschnittlichen Gesamt-Intelligenzquotienten.

Herausragende Fähigkeiten zeigen sich in der manuell-visuellen Informationsverarbeitung (schriftliches Zuordnungen von Symbolen zu Bildern) und im Kombinieren auf räumlich-abstrakter Ebene (Zusammenlegen komplexer Figuren). Gute Fähigkeiten werden deutlich in der optischen und akustischen Speicherung (Zahlen, Wörter nachsprechen; Nachsprechen und Behalten von Reimen; Wiedererkennen von Bildern, Symbolen und Buchstaben).

Defizite werden sichtbar im Allgemeinwissen, in der Kenntnis und Umsetzung von Begriffen. Es zeigen sich Hinweise auf Schwierigkeiten im reversiblen Denken (z. B. Umkehren von Zahlenräumen).

Im sprechtechnischen Bereich zeigen sich Artikulationsschwierigkeiten bei der Artikulation lautlich komplexer Worter (»Zwetschge«, »Kaulquappe«, »Akkumulator«, »Dynamomaschine«) sowie bei der Dauerwiederholung von Silbenreihen (»gebe-gebi-gebu«).

Beim Lösungsverhalten in bezug auf Textaufgaben wird eine deutliche Impulsivität sichtbar. Klaus nimmt die Informationen überhastet, ungenau und fehlerhaft auf und produziert viele Falschlösungen. Teilweise »phantasiert« er Ergebnisse. Auf die Frage nach dem »Wie« der Lösung erklärt er häufig: »Das habe ich mir einfach so gedacht!« oder »Das ist mir so eingefallen!«

Die Leseleistung bezogen auf die Altersgruppe ist von der Qualität her (Lesefehler) noch durchschnittlich, Klaus liest aber sehr langsam, was u. a. daran liegt, daß er zum Identifizieren und Zusammenlesen einzelner Buchstaben noch zu lange braucht.

Eine Sichtung der Nachschriften und Diktate ergibt eine Massierung der Fehler in der 2. Hälfte der Texte (teilweise 25 %: 75 % der Gesamtzahl der Fehler), auffallend auch viele Auslassungen oder Buchstabenersetzungen:

»eine« statt »meine«, »sin« statt »sind«, »Sanburg« statt »Sandburg«, »Dank« statt »Bank«. Klaus äußert dazu, daß es ihm oft zu schnell gehe und er auch oft sehr aufgeregt sei. Zu Hause beim Üben mit den Eltern mache er nicht so viele Fehler. Die Eltern bestätigen dies. Auffällig sind auch die vielen Fehler, die auf mangelnde Wahrnehmungsdifferenzierung schließen lassen (Verwechslung von d – t, b – p, g – k).

Projektive Verfahren lassen vermuten, daß Klaus sehr unter seiner derzeitigen schulischen Situation leidet. Immer wieder auftretende Themen sind: schlechte Noten, Schimpfen, Wünsche nach guten Noten, keine Schule mehr haben.

Bezeichnend seine Antwort auf die Frage »Wenn eine gute Fee zu dir käme und dir drei Wünsche erfüllen würde, was würdest du dir wünschen?« Die Antwort: 1. gute Noten haben, 2. ganz gut lesen können, 3. ganz gut schreiben können.

Insgesamt wird auch eine starke Schulunlust sichtbar.

Nach den Testsitzungen mit Klaus kommen die Eltern zu einem weiteren Gespräch in die schulpsychologische Dienststelle.

Die Mutter berichtet zunächst von einer deutlich entspannten Hausaufgabensituation. Klaus macht die Hausaufgaben weitgehend selbständig. Dies werde ihm auch dadurch erleichtert, daß zur Zeit nicht mehr soviel Hausaufgaben gegeben würden, da sich das Schuljahr dem Ende zuneige. Die Motivation bei Klaus sei spürbar größer geworden. Den Eltern werden die Ergebnisse aus den Testuntersuchungen erläutert. Dabei werden die Schwierigkeiten im verbal-akustischen Bereich (Lautdiskrimination, Artikulation) und im begrifflichen Bereich als in erster Linie verursachend für die Lernstörungen von Klaus herausgestellt.

Da nicht auszuschließen ist, daß auch Seh- und vor allem Hörbeeinträchtigungen mit eine Rolle spielen, wird den Eltern dringend angeraten, einen Augen- und einen Ohrenarzt zu konsultieren.

Die schulischen Leistungen in den Fächern Deutsch, Mathematik sowie in Heimat- und Sachkunde sind zur Zeit mangelhaft, so daß eine Klassenwiederholung ansteht. Diese wird den Eltern auch deshalb angeraten, weil Klaus die Schule offensichtlich derzeit als Trauma erlebt und unbedingt wieder Erfolgserlebnisse braucht.

Aus schulpsychologischer Sicht nützt eine Klassenwiederholung allerdings wenig, wenn nicht zusätzliche Maßnahmen angesetzt werden. Den Eltern wird daher empfohlen, abends verstärkt Geschichten (als Gute-Nacht-Geschichten) vorzulesen. Klaus soll zum Lesen und zu einer Fragehaltung (Warum-Fragen) angeregt werden. Entsprechende Bücher werden den Eltern vorgestellt (z. B. »Knaurs Bilderlexikon«; »Alles, was ich wissen will«, Otto Maier Verlag, Ravensburg; »Wer wie was«, Verlag Moritz Diesterweg).

Der Fernsehkonsum soll reduziert werden (Klaus hat einen Fernsehapparat im Zimmer).

Um Klaus einen guten Start in das neue Schuljahr zu ermöglichen, bleibt der

Schulpsychologe mit den Eltern und der Klassenlehrerin in Kontakt und
begleitet Klaus bis Weihnachten (Klaus kommt einmal im Monat in die
schulpsychologische Dienststelle).
Klaus erhält durch die Klassenlehrerin und durch die Beratungslehrerin an der
Schule gezielte Unterstützung im Hinblick auf Lesen und Rechtschreiben und
im Hinblick auf das Lösen von Textaufgaben (Abbau von impulsivem und
Aufbau von reflexivem Lösungsverhalten).
Den Eltern werden vom schulpsychologischen Dienst einfache Spiele und
Übungen zur Schulung und Differenzierung der akustischen Wahrnehmung an
die Hand gegeben.
Für Klaus verändert sich die gesamte häusliche und schulische Situation zum
Positiven, seine Leistungen und vor allem seine Motivation und Konzentration
steigen deutlich an.

Nachbemerkung
Man mag sich wundern, welcher Aufwand und welches Engagement hier
betrieben werden, um *einem* Kind zu helfen. Bedenken wir aber, daß in einem
Fall wie diesem beinahe zwei Schuljahre vergingen (in denen Klaus sicherlich
viele negative Erfahrungen machte), bis gezielte Hilfestellungen angeboten
wurden. Wir gehen davon aus, daß die Hilfestellungen nicht so umfangreich
und so gravierend (Klassenwiederholung) hätten sein müssen, wenn sich
Eltern und Lehrer bereits Mitte des ersten Schuljahres (oder vielleicht noch
früher) an den Schulpsychologischen Dienst oder an den entsprechenden
Beratungslehrer gewandt hätten. An diesem Fall wird aber auch deutlich, daß
Eingreifmaßnahmen häufig nur dann wirksam werden, wenn sie von den
Bezugspersonen (Mutter, Vater, Lehrer/in, Beratungslehrer, Schulpsychologe) gemeinsam getragen werden. Dies setzt viel Engagement, Zeit, Koope-
rations- und Teamfähigkeit voraus. Wir meinen allerdings, das Bewußtsein,
für die kindliche Persönlichkeit »Entwicklungshilfen« im positiven Sinn geben
zu können, sowie die Erfolge im Einzelfall rechtfertigen das Engagement und
den Aufwand.

2.2.3   Lernbehinderungen

Von Lernbehinderungen spricht man, »wenn erhebliche
Beeinträchtigungen zu umfänglichen, schwerwiegenden und andau-
ernden Verhaltens- und Leistungsauffälligkeiten führen« (Kanter
1976/134).
Etwas differenzierter wird der Begriff in einer Empfehlung des deutschen Bildungsrates umschrieben: »Als lernbehindert . . . gelten Kinder und Jugendliche, die infolge mangelhafter Entwicklung oder einer
Schädigung des zentralen Nervensystems oder wegen soziokultureller

Deprivation bei erheblich verminderten Intelligenzleistungen vornehmlich in ihren schulischen Lernleistungen soweit beeinträchtigt sind, daß die Aufnahme, Speicherung und Verarbeitung von Lerninhalten nicht in altersentsprechender Weise gelingt« (Deutscher Bildungsrat 1973/38).

Innerhalb der Schuladministration hat der Begriff in erster Linie zuweisende Funktion. Primär entscheiden schullaufbahnbezogene Kriterien, wer in die Schule für Lernbehinderte aufgenommen wird: »Als lernbehindert können insbesondere Kinder und Jugendliche angesehen werden, die

1. in den Jahrgangsstufen 1 mit 6 der Volksschule ein zweites Mal wiederholen müßten, oder

2. wegen mangelnder Schulreife einmal vom Volksschulbesuch zurückgestellt waren und in den Jahrgangsstufen 1 mit 6 der Volksschule einmal wiederholen müßten, oder

3. wegen mangelnder Schulreife das zweite Mal vom Schulbesuch der Grundschule zurückgestellt werden müßten (...); oder

4. wegen eines besonders auffallenden Mangels das Ziel der Jahrgangsstufe 1 nicht erreichen und nicht erwarten lassen, daß sie bei Wiederholung der Jahrgangsstufe dem Unterricht der Grundschule folgen können«

(Schulordnung der Schulen für Behinderte [Bayern] 1983/16).

Nach diesen unterschiedlichen Zugängen zu dem Begriff »Lernbehinderung« ist die Frage zu stellen, ob eine eindeutige Definition überhaupt möglich ist. Aus der Sicht der Autoren ist dies eher zu verneinen (vgl. Weigert 1987a/40–45).

Vereinfacht ließe sich sagen: Lernbehindert ist, wer die Schule für Lernbehinderte besucht. Untersuchungen (und auch eigene Erfahrungen der Autoren) zeigen, daß durchaus regionale, persönliche (Schulleiter, Testleiter) und zufällige Kriterien mitbestimmend sein können, ob ein Kind die Schule für Lernbehinderte besucht oder nicht.

Die Autoren vertreten die Meinung, daß eine Entscheidung für oder gegen die Aufnahme in die Schule für Lernbehinderte in jedem Einzelfall nur sehr individuell, nach Überprüfung vieler Fakten, in Zusammenarbeit mit den betroffenen Personen und unter gewissenhafter Abwägung des jeweiligen Risikos der getroffenen (Schullaufbahn-)Entscheidung zu verantworten ist. Im Mittelpunkt muß das psychisch-emotionale Wohlbefinden des Kindes stehen. Das heißt nicht, daß der Schule für Lernbehinderte (ob sie diesen Titel haben muß, wenn schon der Begriff »Lernbehinderung« nicht eindeutig zu definieren ist, sei hier kritisch hinterfragt) das Existenzrecht abgesprochen wird. Das heißt aber auch nicht, daß die gegenwärtige Überweisungspraxis für gut befunden wird. Schon 1977 hat Kornmann die Diagnosepraxis bei Lernbehinderungen einer kritischen Analyse unterzogen (Kornmann 1977).

In den letzten Jahren rückt der Aspekt der Prozeßdiagnostik und förderorientierten Diagnostik wieder mehr in den Vordergrund (vgl. Bundschuh 1980). Hierbei besteht das Ziel der Diagnostik darin, Lücken, Defizite, Mängel aufzuzeigen (nicht nur beim Schüler, sondern auch im Unterrichtsprozeß!), die das Erreichen von Lernzielen verhindern. Im Anschluß daran wird versucht, (dem einzelnen Kind) Hilfen zur Erreichung der Ziele anzubieten. Über begleitende Diagnostik wird das Kind in seinem Lernprozeß beobachtet; der Erfolg (oder Mißerfolg) von Förderstrategien kann evaluiert werden (vgl. Schlee 1985).

Soviel zur Theorie der Lernbehinderungen.

Wie mit Lernbehinderungen vor dem Hintergrund einer förderorientierten Diagnostik umgegangen werden kann, das soll in einem Exkurs der Fall »Susanne« zeigen.

Susanne wird im Dezember beim Schulpsychologischen Dienst vorgestellt. Sie hat die erste Klasse bereits wiederholt, besucht zur Zeit die 2. Klasse und ist wieder vom Versagen bedroht.

Die Lehrerin beobachtet im einzelnen:
– langsames Arbeitstempo bei schriftlichen Aufgaben;
– Konzentrationsschwierigkeiten;
– »Notstrategien«: Susanne schreibt in Mathematik irgend etwas aufs Blatt, ohne die Zusammenhänge erfaßt zu haben;
– kein gefestigter Zahlbegriff im Zahlenraum bis 20, Schwierigkeiten vor allem beim Zehnerübergang;
– Schwierigkeiten, sich Schriftformen zu merken;
– Schwierigkeiten bei der Erfassung von Zusammenhängen;
– Susanne arbeitet zu Hause fleißig;
– Susanne gibt sich im Unterricht große Mühe bei der mündlichen Mitarbeit.

Gespräche mit der Mutter ergeben, daß die Tochter stark unter ihren Mißerfolgen in der Schule leidet. In letzter Zeit treten verstärkt aggressive Ausbrüche zu Hause auf. Im mathematischen Bereich werden nach Angaben der Mutter starke Versagensängste sichtbar. Susanne verweigert mehr und mehr die zusätzlichen häuslichen Übungen in Mathematik.

Aus der Anamnese geht hervor, daß Susanne sechs Wochen zu früh geboren wurde. Sie mußte mit der Zange extrahiert werden. In den ersten Tagen trat eine sehr starke Gelbsucht auf. Es wurde ein Blutaustausch vorgenommen. Susanne verblieb die ersten fünf Wochen in der Kinderklinik. Das Laufen setzte mit 16 Monaten ein, die Krabbelphase übersprang das Kind. Die Sprachentwicklung verlief nach Angaben der Mutter normal.

Die Leistungsschwierigkeiten und emotionalen Probleme treten seit dem Schuleintritt auf.

Testuntersuchungen sowie differenzierte Lehrerbeobachtungen ergeben folgendes Bild:

– Susanne hat Schwierigkeiten beim Nachvollziehen von Bewegungsformen und bei Augenfolgebewegungen.
– Große Schwierigkeiten treten auf in der Raumwahrnehmung und Raumorientierung.
– Auffälligkeiten zeigen sich in der Serialität: Susanne hat Probleme bei der Reihung von Folgen, Zahlen und Größen und bei der Ordnung von Monatsnamen.
– Die Rechts-Links-Orientierung gelingt noch nicht sicher.
– Im akustischen Bereich fällt geringe Merkfähigkeit und geringe längerfristige Speicherfähigkeit auf.
– Die manuell-visuelle Informationsverarbeitung (z. B. schriftliches Zuordnen von Zeichen zu Symbolen) ist verlangsamt.
– Der Wissensumfang ist gering.

An positiven Leistungen ist herauszustellen:
– Susanne verfügt über eine gute Lesefertigkeit.
– Sie bringt im sportlichen Bereich gute Leistungen.
– Hervorzuheben ist auch ihre Leistungsbereitschaft und ihr Leistungswille.

Ist Susanne lernbehindert?
Muß sie eine Schule für Lernbehinderte besuchen?

Nach mehreren Gesprächen mit der Mutter, der Klassenlehrerin, dem Schulleiter der abgebenden und der aufnehmenden Schule wurde Susanne in die Sonderpädagogische Diagnose- und Förderklasse aufgenommen. Im wesentlichen gaben folgende Überlegungen den Ausschlag:

1. Die Schwierigkeiten im mathematischen Bereich erwiesen sich als so gravierend, daß eine effektive Förderung in der Grundschule nicht mehr möglich war. In der Sonderpädagogischen Diagnose- und Förderklasse war die Möglichkeit eines grundlegenden Trainings eher gegeben. Angeraten wurden: Übungen zur Förderung der Raumorientierung, Körperschema-Übungen, Form- und Raumwahrnehmungsübungen, Raumorientierungsübungen, visumotorische Übungen – alle möglichst in den Mathematikunterricht integriert.

2. Die psychische Situation der Schülerin hatte sich aufgrund der schulischen Überforderung derart verschlechtert, daß eine effektive Aufnahme des Lernstoffes mehr und mehr in Frage gestellt war. Motorische Verkrampfungen und Denkblockaden bei der Aufnahme und Wiedergabe von Lernstoff waren deutliche Anzeichen für die permanente Streßsituation, in welcher sich die Schülerin befand.

Vor allem die Mutter wehrte sich zunächst gegen eine Überweisung und äußerte große Angst vor diesem Schritt.

Für Susanne wirkte sich die Veränderung aber insgesamt positiv aus. Die kleine Gruppe (zehn Schüler), die spielerische und lockere Art des Lernens, die intensive Zuwendung von seiten der Klassenlehrerin und die zusätzliche grundlegende Förderung im mathematischen Bereich bewirkten nach wenigen Wochen eine spürbare Entkrampfung und Lockerung. Susanne wandte sich wieder von sich aus mathematischen Aufgabenstellungen zu.

Die Frage, ob eine gezielte Intervention bereits nach der ersten Klasse Susanne einigen Kummer hätte ersparen können, ist nachträglich zu bejahen.

Gerade bei einem Kind wie Susanne müssen Eltern und Lehrer sehr viel Sensibilität und Problembewußtsein haben. Besonders zum Grundschulanfang sollte ein »Problem-Kind« genau beobachtet werden; so können die kognitiven und die daraus oft resultierenden emotionalen Schwierigkeiten erfaßt werden und entsprechende Maßnahmen früh- und rechtzeitig erfolgen.

Ein Problem ist auch, daß viele Eltern und manche Lehrer und Lehrerinnen die Schule für Lernbehinderte total ablehnen. (Das ist deshalb ein Problem, weil aufgrund dieser Aversion eine in vielen Fällen berechtigte und pädagogisch verantwortbare, rechtzeitige Aufnahme in diese Schulform unterlassen wird.) Die Gründe für diese Ablehnung sind vielschichtig. Gelänge es der Schule für Lernbehinderte, den Status einer »besonderen« Schule (im positiven Sinne!) mit »besonderen« Lehrern und Lehrerinnen und einem »besonderen« Unterrichtsangebot unter dem Aspekt der Freiwilligkeit herauszustellen, würde sie sich als Schule das Ziel setzen, Kindern in ihren individuellen Schwierigkeiten zu *helfen* und sie zu *fördern,* so könnten vermehrt Brücken der Kommunikation zur Grundschule geschlagen werden (vgl. auch Neulinger 1986). Dies setzt sicherlich viel Engagement bei Sonderschullehrer(inne)n und Grundschullehrer(inne)n voraus.

Die seit 1984 in Bayern bestehenden Sonderpädagogischen Diagnose- und Förderklassen können ein erster Schritt sein, das Bild der Lernbehindertenschule zum positiven zu verändern (vgl. Storath 1986). Diese Diagnose- und Förderklassen sind organisatorisch ein Teil der Schule für Lernbehinderte. Auf drei Jahre verteilt wird der Stoff der ersten beiden Grundschulklassen vermittelt, hinzu kommen – wie der Name schon sagt – entsprechend individuell ausgerichtete Diagnose- und Fördermaßnahmen. Nach drei Jahren dieser intensiven Förderung (es stehen einer Klasse ein Sonderschullehrer mit vollem

Stundenmaß und ein weiterer mit acht Wochenstunden zur Verfügung; die Fördermaßnahmen sollen im Team erfolgen; Kooperation mit Beratungsstellen, die entsprechende therapeutische Angebote anbieten, ist vorgesehen) wird im Team unter Einbeziehung der Eltern entschieden, ob das Kind in die dritte Klasse der Grundschule oder in die vierte Klasse der Lernbehindertenschule aufgenommen wird.

2.3   Erscheinungsformen von Lernbeeinträchtigungen

Lernschwierigkeiten, Lernstörungen, Lernbehinderungen, zusammengefaßt Lernbeeinträchtigungen – wie zeigen sie sich? Kommen wir zunächst wieder auf unser Fallbeispiel, mit dem wir in die Thematik eingestiegen sind, zurück.

2.3.1   *Fallbeispiel Doris*

Um Doris wirksam helfen zu können, brauchen wir differenzierte Daten. Dies erfordert weitere gezielte Beobachtungen durch die Lehrerin, Gespräche mit den Eltern und den Einsatz von Testverfahren.

Aus den Daten, die die Klassenlehrerin bereits erfaßt hat, und den Informationen aus dem Erstgespräch mit den Eltern ist folgenden Vermutungen nachzugehen:

– Doris hat Teilleistungsschwächen im verbal-akustischen und visuellen Bereich.
– Die Lernfähigkeit von Doris wird beeinträchtigt durch negatives Selbstwertgefühl und Ängste.
– Seitens des Elternhauses erfährt Doris eine diskontinuierliche und teilweise unangemessene Betreuung und Förderung.

Testuntersuchungen ergeben folgendes Bild:

– Schwierigkeiten bei der optischen und akustischen Figur-Hintergrund-Wahrnehmung (ein Bild vor einem differenzierten Hintergrund wahrnehmen; ein Geräusch/einen Laut vor einem Hintergrundgeräusch/in einem Wort wahrnehmen; fehlende Laute in einem Wort ergänzen);
– Schwierigkeiten bei der Kurzzeitspeicherung von Zahlen, Silben und Wörtern;
– Schwierigkeiten beim Nachvollziehen komplexer Bewegungen;

- leichte Artikulationsschwierigkeiten beim Nachsprechen lautlich komplexer Wörter (»Volksschule«, »Kaulquappe«);
- Schwierigkeiten bei der Raumwahrnehmung und Raumorientierung (»Blinde Kuh«, Legen von Puzzles, Rechts-Links-Unterscheidung);
- Schwierigkeiten beim begrifflichen Denken (Bilden von Oberbegriffen).

Der Gesamt-Intelligenzquotient liegt noch im Durchschnittsbereich.

Aus Anamnese und Exploration mit den Eltern sind noch folgende Daten nachzutragen:
Doris beschäftigt sich oft und ausgiebig mit Spieltieren und Puppen. Sie ist nach Meinung der Mutter insgesamt noch recht verspielt. Mit ihrer Schwester verträgt sie sich gut.
Die Mutter übt in letzter Zeit verstärkt mit Doris zusätzlich zu den Hausaufgaben, was mehr und mehr zu Auseinandersetzungen zwischen Mutter und Tochter führt. Die Mutter: »Doris will einfach nicht einsehen, daß sie zusätzlich üben muß! Dabei soll sie doch nur einfache Texte lesen und eine halbe Seite oder eine Seite zusätzlich schreiben!« Für gemeinsame Spiele mit der Tochter bzw. »zweckfreie« Beschäftigung bleibt häufig keine Zeit. Oft hat die Mutter auch keine Lust mehr, weil sie froh ist, den Hausaufgabenstreß hinter sich und endlich Ruhe zu haben.
Den Eltern fällt seit einiger Zeit auf, daß Doris Anzeichen psychosomatischer Symptome zeigt (Bauchschmerzen, Nägelkauen).
Schwangerschaft und Geburt verliefen nach Angaben der Mutter ohne besondere Ereignisse und Komplikationen. Motorische und sprachliche Entwicklung seien ebenfalls normal verlaufen.
Doris hänge aber sehr an den Eltern, brauche viel Zuwendung und sei immer schon ein recht sensibles Kind gewesen. Sie suche oft den Schutz der Mutter.
Offensichtlich verhält sich Doris zu Hause auch viel aktiver als in der Schule. Diese Verhaltensdiskrepanz war schon in der Kindergartenzeit aufgefallen. Bereits im Kindergarten hatte Doris ein eher zurückgezogenes Verhalten gezeigt.

Zusammengefaßt ergeben sich *Auffälligkeiten* in folgenden Bereichen:
- visueller Bereich:
  Beeinträchtigungen in Raumwahrnehmung/Raumorientierung/Figur-Grund-Wahrnehmung;
- verbal-akustischer Bereich:
  Beeinträchtigungen in Figur-Grund-Wahrnehmung/Artikulation/Begriffsbildung;

– Gedächtnis:
  reduzierte Speicherkapazität vor allem im akustischen Bereich;
– motorischer Bereich:
  Artikulationsschwierigkeiten   (Zungenmotorik)/Verkrampfungen
  der Schreibhand/Störungen in der Feinmotorik/Schwierigkeiten in
  der Handlungsplanung und im Handlungsvollzug;
– emotionaler Bereich:
  psychische Labilität/mangelndes Selbstwertgefühl/Ängste.
Diese Bereiche klar zu erkennen, ist Voraussetzung für eine gezielte
Hilfe.
Der nächste Schritt besteht nun darin zu entscheiden, wieweit die o. a.
Auffälligkeiten das Erreichen von Lernzielen verhindern und welche
Maßnahmen (durch Eltern, Lehrer und Schule) anzusetzen sind, um
der Schülerin das Erreichen dieser Lernziele zu ermöglichen bzw. zu
erleichtern.
Bevor wir das Fallbeispiel abschließen (Kap. 2.6) und auf mögliche
Maßnahmen eingehen (vgl. Kap. 4 und 5), wollen wir im folgenden
den Versuch einer Systematisierung der Erscheinungsformen von
Lernbeeinträchtigungen unternehmen.

2.3.2   Versuch einer Systematisierung

        Fassen wir nochmals die Daten zum »Fall« Doris zusam-
men: Die Schülerin ist beeinträchtigt
– in der Wahrnehmung (visuell, verbal-akustisch, Gedächtnis),
– in der Motorik (Feinmotorik, Handlungsplanung),
– in der Emotionalität (psychischer Allgemeinzustand, Selbstwertgefühl).
Analog können wir Lernbeeinträchtigungen dahingehend systemati-
sieren, daß in der Regel Auffälligkeiten in der Wahrnehmung und/
oder in der Motorik und/oder in der Emotionalität auftreten. Vervoll-
ständigen wir die einzelnen Bereiche, die ineinander übergreifen, so
können wir mögliche Symptome in einem dreidimensionalen Würfel
darstellen. Damit wir nicht der bloßen individuumszentrierten Sichtweise erliegen, müssen wir die Variablen, bei denen sich Beeinträchtigungen ergeben können, innerhalb eines größeren Umfeldes, das
auch soziale Faktoren berücksichtigt, betrachten (vgl. Abb. 7). Dabei
können auch Störungen im Umfeld (in der Außenwelt) zu Störungen
im Persönlichkeitsbereich (in der Innenwelt) führen.

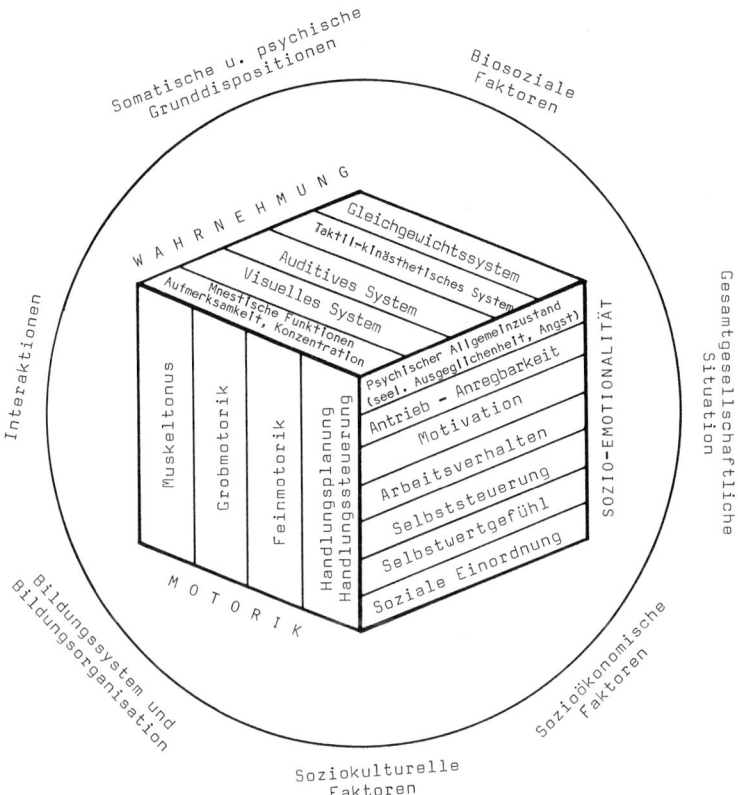

*Abb. 7: Versuch einer Systematisierung von Persönlichkeitsvariablen, die be-
einträchtigt sein können*

Welche Erscheinungsformen von Beeinträchtigungen sind nun in den
Bereichen Wahrnehmung, Motorik und Sozio-Emotionalität denkbar
und beobachtbar? Im folgenden einige Konkretisierungen, wobei
Überschneidungen berücksichtigt werden müssen.

○ *Wahrnehmung* (Input-Störungen)

Störungen im Gleichgewichtssystem
Das Gleichgewichtsorgan im Innenohr nimmt Drehbewegungen/
Drehbeschleunigungen um alle möglichen Raumachsen sowie gerad-

linige Bewegungen und Abweichungen des Kopfes von der Senkrechten (also Schwerkraftreize) auf. Die Funktionsfähigkeit des Vestibulärsystems ist grundlegend für die gesamte motorische Entwicklung sowie für die Entwicklung der Raumwahrnehmung und Raumorientierung.

J. Ayres (1984) nennt drei Störungsbilder:
– Schwerkraftverunsicherung (das Kind spürt die Schwerkraft zu wenig, es hat z. B. Angst, die Füße vom Boden zu heben, auf einen Stuhl zu steigen, eine Treppe zu besteigen, sich vom Boden zu erheben),
– Unterfunktion (das Kind nimmt zu wenig Gleichgewichtsreize auf; z. B. kein Schwindel bei Drehbewegungen, kein Gefahrenbewußtsein, sog.»Unfäller«),
– Überfunktion (das Kind nimmt zu viele Gleichgewichtsreize auf; z. B. sofortiger Schwindel bei Drehbewegungen, es meidet Schaukeln und Schwingen).

Störungen im taktil-kinästhetischen System
Die Haut nimmt Druck, Berührung, Vibration (all dies ist mit Tastsinn gemeint) sowie Temperatur und Schmerz wahr. Man spricht dabei von Oberflächensensibilität im Gegensatz zur Tiefensensibilität, die von Muskel-, Gelenk- und Sehnenrezeptoren vermittelt wird (Propriozeption).

Gestörte Oberflächensensibilität:
– Taktile Abwehr (das Kind empfindet taktile Reize als unangenehm und sucht sie abzuwehren);
– »Taktile Distanzlosigkeit« (das Kind sucht permanent taktile Reize, indem es sich an Erwachsene »hängt«).

Gestörte Tiefensensibilität:
– Mangelnde Eigenwahrnehmung (das Kind spürt ganz allgemein sich selbst zu wenig, es muß fest angefaßt werden bzw. faßt auch selbst zu fest zu; dies kann wieder zu Konflikten mit den Mitschülern führen);
– mangelnde kinästhetische Wahrnehmung (das Kind kann Gelenkstellungen, Körperhaltungen bei sich selbst zu wenig oder ungenau wahrnehmen);
– mangelnde Figur-Grund-Wahrnehmung (das Kind nimmt Berührungsreize ungenau wahr und/oder kann sie schlecht lokalisieren).

Störungen im auditiven System
- Mangelndes Richtungshören (das Kind kann Laute nicht lokalisieren, es weiß nicht, aus welcher Richtung ein Laut gekommen ist),
- mangelnde Differenzierung (das Kind kann Töne nicht nach hoch – tief, Laute nicht nach stimmlos – stimmhaft unterscheiden),
- Figur-Grund-Störung (aus einer Geräuschkulisse können Laute oder Wörter nicht erfaßt werden; die akustische Analyse gelingt nicht),
- serielle Störung (die Reihenfolge verschiedener Töne oder Laute wird nicht erfaßt),
- Schwerhörigkeit.

Störungen im visuellen System
- Mangelnde optische Differenzierung (aus einer Reihe ähnlicher Bilder kann das vorgegebene nicht identifiziert werden; vgl. Abb. 3),
- Figur-Grund-Störung (ein Kind kann aus einem »Zeichensalat« die gewünschten Buchstaben nicht erkennen, die optische Analyse gelingt nicht),
- mangelnde Form- und Raumwahrnehmung (z. B. Schwierigkeiten beim Unterscheiden von Buchstaben wie b, d, q, p, a, d; oder bei Zeichen wie S und ?, E und 3, I und 1),
- serielle Störung (die Reihenfolge von Buchstaben wird verwechselt, Buchstaben werden falsch reproduziert: Brat statt Bart),
- Sehbehinderungen, Gesichtsfeldausfälle.

Störungen in den mnestischen Funktionen
- Störungen der zentralen Aktivierung und der Daueraufmerksamkeit (Kind ermüdet schnell, ist unkonzentriert),
- Kodierstörungen (z. B. ein Kind kann sich die Lautbedeutung der Buchstaben nicht merken),
- reduzierte Speicherkapazität (Vergeßlichkeit im taktilen, auditiven und visuellen Bereich).

○ *Motorik* (Output-Störungen)

Störungen des Muskeltonus
»Die Muskulatur befindet sich in einem mehr oder weniger starken Spannungszustand, den wir Muskeltonus nennen« (Eickstedt/Stemme 1983/16). »Jeder Mensch hat eine ihm eigene Muskelspannung, die für ihn typisch ist. Es gibt Menschen mit hohem Muskeltonus und solche mit relativ niedrigem; beides ist normal. Es gibt also eine gewisse

Streubreite bezüglich der Norm des Muskeltonus. Jenseits dieser
Streubreite liegen die Tonusverhältnisse nicht mehr in der Norm und
führen zu Störungen in den Bewegungsabläufen« (a.a.O./18).
Grundlegend für den Muskeltonus ist das integrierte Zusammenwirken des vestibulären, taktilen und propriozeptiven Systems, so daß
Muskeltonusstörungen auch Hinweise auf Störungen in den genannten Systemen liefern.

– Hypotonus – zu niedrige Muskelspannung (für das Kind ist jede
  Bewegung anstrengend; die Bewegungslust ist eingeschränkt, denn
  die Muskulatur ist schwach, schlapp und kraftlos),
– Hypertonus – zu hohe Muskelspannung (ein Kind ist »verspannt«,
  »verkrampft«; »auch hier ist die Bewegungslust gemindert, denn es
  muß immer ein Widerstand überwunden werden.« [Eickstedt/
  Stemme 1983/20]).

Störungen der Grobmotorik
– Schlecht integrierte Reflexe: Die beim Neugeborenen beobachtba-
  ren Reflexe werden im weiteren Verlauf der Entwicklung »mehr
  und mehr gehemmt oder in komplexere Verhaltensmuster integriert« (Brand/Breitenbach/Maisel 1985/40; vgl. auch S. 41 f.). Diese
  Integration kann nun gestört sein, es können sogar bei lerngestörten
  Schulkindern isolierte Neugeborenenreflexe beobachtet werden,
  wenn auch »nur noch schwach ausgeprägt« (a.a.O./43).
– gestörte Halte-, Stell- und Gleichgewichtsreaktionen (Störungen
  fallen meist in der Körperhaltung, in Sport, Musik und Bewegungs-
  spielen auf; bei Stößen erfolgen keine Stabilisierungs- bzw. Aus-
  gleichsreaktionen).

Störungen der Feinmotorik
– Finger-, Hand- und Armbereich (Zittrigkeit, Verkrampfungen, zu
  geringe Muskelspannung),
– Mundbereich (Störungen beim Blasen, Pfeifen, Schnalzen, Artiku-
  lationsstörungen),
– Bereich der extraokularen Muskeln (Schwierigkeiten beim Fixieren, bei Augenfolgebewegungen, bei Augensprüngen).

Störungen der Handlungsplanung und Handlungssteuerung
– Schlecht entwickeltes Körperschema (wenig Körperbewußtsein,
  wenig Klarheit über Körpergestalt und Körperbegriff; Auffälligkeiten beim Mann-Zeichen-Test),
– unausgewogene Lateralität (z. B. das Kind ist Rechtshänder und
  Linksfüßler),

– Rechts-Links-Unsicherheit,
– Schwierigkeiten beim Überkreuzen der Körpermittellinie (links von der Körpermitte zeichnet ein Kind nur mit der linken Hand, rechts davon nur mit der rechten, das Überkreuzen wird vermieden),
– schlechte bilaterale motorische Koordination (mangelhaftes Zusammenwirken der beiden Körperhälften, z. B. disharmonische Bewegungen der Arme und Beine beim Gehen; Schwierigkeiten beim Nachvollzug rhythmischer Bewegungen),
– motorische Überaktivität,
– motorische Gehemmtheit, Verlangsamung von Bewegungsabläufen.

○ *Sozio-Emotionalität*

Störungen im psychischen Allgemeinzustand
– Niedergeschlagenheit–Ausgelassenheit,
– Angst.

Störungen im Antrieb und in der Anregbarkeit
– Apathie, Passivität, Gleichgültigkeit; »autistische« Züge,
– Übererregbarkeit, Hypersensibilität, Hyperaktivität,
– Ruhelosigkeit, Hypermotorik.

Störungen in der Motivation
– Unansprechbarkeit,
– mangelnde Leistungsmotivation.

Störungen im Arbeitsverhalten
– Konzentrationsschwäche,
– Passivitat,
  rasche Ermüdbarkeit, schleppendes Arbeitstempo,
– Impulsivität.

Störungen in der Selbststeuerung
– kurzschlußartiges Handeln,
– Labilität,
– Rigidität (starres Festhalten an Gewohnheiten).

Störungen im Selbstwertgefühl
– Minderwertigkeitsgefühl,
– mangelnde Selbsteinschätzung,
– Geltungssucht, Überheblichkeit, Egozentrik.

Störungen in der sozialen Einordnung
- Isolation, Kontaktstörung,
- soziale Angst,
- Überanpassung,
- egozentrisches Verhalten, Rücksichtslosigkeit, Aggressivität.

2.4   Ursachen – ein Erklärungsmodell

Lernbeeinträchtigungen zeigen die verschiedensten Erscheinungsbilder und sind immer durch mehrere ursächliche Faktoren bedingt. In keinem Fall kann daher ein Faktor allein verantwortlich gemacht werden. Monokausale Betrachtungen, wie sie leider immer noch in Veröffentlichungen zu finden sind, werden dem Phänomen nicht gerecht.

Extreme eines derartigen monokausalen Denkens sind auf der einen Seite rein medizinische Positionen (Medizinisches Modell), d. h. die Ursachen werden nur in Krankheiten, medizinischen und individuellen Auffälligkeiten des Kindes gesucht, auf der anderen Seite rein soziale, »politökonomische« Ansätze, die einzig und allein in gesellschaftlichen Bedingungen den Ausgangspunkt sehen möchten.

Wir müssen gleichsam ein Geflecht verschiedenster, auch untereinander verwobener Ursachen annehmen, wie wir dies in Abbildung 8 darzustellen versuchen. So gesehen sind Lernbeeinträchtigungen das Ergebnis des Zusammenspiels personbezogener (medizinischer, psychologischer) *und* umweltbezogener (sozialer, schulischer) Ursachen (vgl. auch Baier 1980/30–33; Bleidick 1977/94–105).

Soziale Ursachen: Hier spielen zunächst *sozio-ökonomische Aspekte* herein, womit der wirtschaftliche Status, der Grad der Wohlhabenheit bzw. Armut gemeint ist. So wissen wir aus empirischen Untersuchungen, daß gerade Kinder aus Familien der sogenannten sozialen Unterschicht (ungelernte Arbeiter, Sozialhilfeempfänger, Randständige), aus unvollständigen Familien und Heimen überdurchschnittlich häufig von Lernbeeinträchtigungen betroffen sind. Armut, Kinderreichtum und beengte räumliche Verhältnisse (Schlichtwohnungen) bedingen ihrerseits wieder Mangel- und Fehlernährung sowie zu geringe Befriedigung des Schlaf- und Bewegungsbedürfnisses. Die gesamte *soziokulturelle Umwelt* offenbart sich deutlich im »geistigen Klima« des

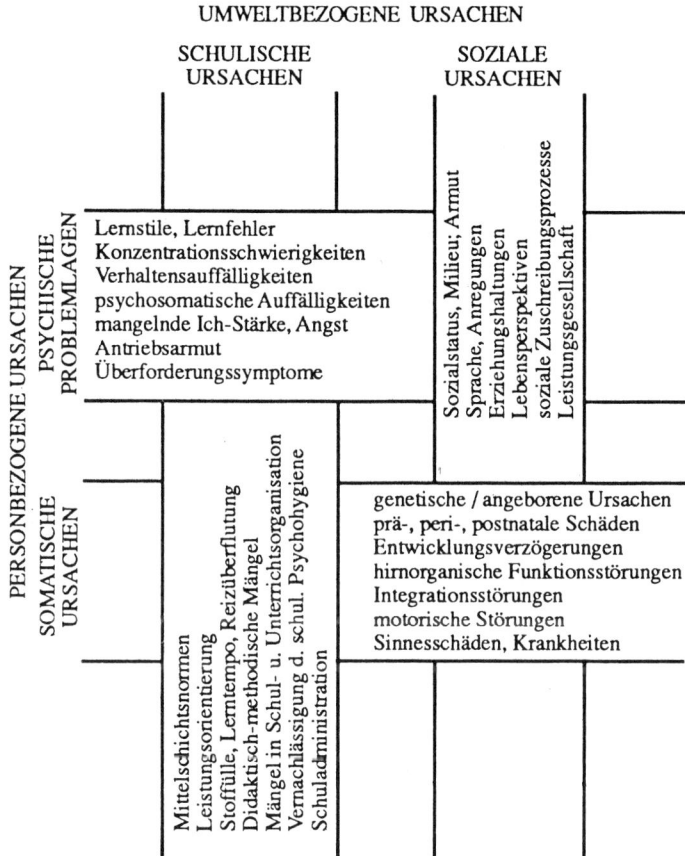

Abb. 8: Das Ursachengeflecht für Lernbeeinträchtigungen

Elternhauses. Schlagworte wie »intellektuelle Anregungen«, »Erziehungshaltungen«, »Lebensperspektiven«, »Leistungsmotivation«, »Bildungs- und Aufstiegswille«, »Sprachcodes« und »Spielangebote« sollen den Sachverhalt umreißen (vgl. Weigert 1987a/100–108).
Weiterhin spielen *soziale Zuschreibungsprozesse* bei der Bewertung von Lernbeeinträchtigungen eine bedeutende Rolle (vgl. Weigert

1987 a/135–168). Die soziologische Theorie des »Labeling-Approach« (auch Etikettierungsansatz, Stigmatisierungstheorie) sieht in Lernbeeinträchtigungen »keine Qualität der Handlung, die eine Person begeht, sondern vielmehr eine Konsequenz der Anwendung von Regeln durch andere und der Sanktion gegenüber einem ›Missetäter‹« (Becker 1973/8). Vorurteile, Stereotype, Alltagstheorien und institutionalisierte Sozialkontrolle (Sitzenbleiben, Sonderschulaufnahmeverfahren) setzen die öffentliche Zuschreibung des Etiketts wie »lerngestört« oder »lernbehindert« durch und eröffnen so den Weg für Stigmatisierungsprozesse, selektive Sanktionierung und soziale Ausgliederung. Die Kinder mit den ihnen zugeschriebenen Lernbeeinträchtigungen übernehmen die ihnen angetragenen Rollen (z. B. des Lerngestörten, des Schulversagers, des Sonderschülers) und die damit einhergehende neue »beschädigte Identität« (Goffmann 1980). Schließlich müssen auch *gesamtgesellschaftliche Dispositionen* mitberücksichtigt werden, etwa die enorme Leistungsorientierung oder der Kult um Intelligenz, Gesundheit, Schönheit und Erfolg.

Schulische Ursachen: Die Grundschule orientiert sich an *Normen der Mittelschicht.* Diese Tatsache ist ein Handicap für all jene, die anderen Schichten entstammen (z. B. Kinder aus der sozialen Grundschicht, Ausländerkinder). Ferner schlägt die gesamtgesellschaftliche *Leistungsorientierung* voll auf die Grundschule durch. *Stofffülle, Lerntempo* und *Reizüberflutung* (ständiger Lärmpegel in der Klasse, Störungen des Unterrichts von außen, verwirrende Medienfülle . . .) können die Lernleistung eines Schülers wesentlich beeinträchtigen; die Lernleistung wird auch durch *didaktisch-methodische Mängel* wie etwa unklare Arbeitsaufträge, zu große Informationsdichte, geringe Strukturierung, zu wenig Lernanreize, Vernachlässigung kindlicher Interessen, einseitige Unterrichtsformen, gewaltsames »Umschulen« der Linkshänder oder gar grundsätzliche Fehler der Stoffvermittlung gemindert. *Mängel der Schul- und Unterrichtsorganisation* sind u. a. der »7-g-Unterricht« (alle *gleich*altrigen Schüler haben zum *gleichen* Zeitpunkt beim *gleichen* Lehrer im *gleichen* Raum mit den *gleichen* Mitteln das *gleiche* Ziel *gleich* gut zu erreichen; vgl. Baier 1980/72), ungünstige Stundenplangestaltung, zu wenig Förderkurse, geringer Ausgleich des heterogenen Leistungsstandes, keine kindgemäße Strukturierung des Stundenaufbaus, eine die Kinder wenig ansprechende oder gar abstoßende Gestaltung des Schulgebäudes, der Schulanlagen und des Klassenzimmers.

Wird die *schulische Psychohygiene* (vgl. Ortner 1977/18) etwa durch disharmonische Lehrer-Schüler-Beziehung, lernfeindliche Atmosphäre im Unterricht, Fehlen von Lob, Anerkennung und Verständnisbereitschaft sowie durch die angedeuteten didaktischen und organisatorischen Mängel vernachlässigt, ist eine negative Entwicklung des Lern- und Leistungsverhaltens der Kinder beinahe vorprogrammiert.

Nicht zuletzt müssen auch *schuladministrative Kriterien* als Mitursachen für mögliche Lernbeeinträchtigungen gesehen werden: erwähnt seien hier nur »selbstverständliche« Prinzipien der Schulpraxis wie Zurückstellung ohne entsprechende Fördermaßnahmen, Jahrgangsklassensystem,Noten, vorrangige Bewertung der »Vorrückungs«-Fächer, Wiederholen einer Klasse, durch Verordnungen vorgeschriebene Schullaufbahnentscheidungen (z. B. Sonderschulaufnahmeverfahren) und andere formelle administrative Regelungen, die Einzelfälle nicht berücksichtigen bzw. zu wenig auf die individuelle Persönlichkeit des einzelnen Schülers eingehen.

Zu den personbezogenen Ursachen rechnen wir psychische Problemlagen und somatische Störungen.

Psychische Problemlagen sind ebenfalls an schulischen Lernbeeinträchtigungen mitbeteiligt. So können etwa *Lernstile* (kognitive Stile) wie Impulsivität (d. h. flüchtiges, schnelles Lernen), Feldabhängigkeit (d. h., es gelingt wahrnehmungsmäßig nicht die Herauslösung wesentlicher Details aus ihrem Kontext) oder wenig ausgeprägte Stile der Begriffsbildung die Lernleistung vermindern (vgl. Kleber u. a. 1977/75–81). Auch *Lernfehler* und *ungünstige Lernstrategien* (z. B.: der Kreis kann nur im Uhrzeigersinn gezogen werden; ein Kind lernt nur auswendig...) beeinträchtigen die schulische Leistung erheblich. Weitere Problemlagen sind *Konzentrationsschwierigkeiten, Verhaltensauffälligkeiten, psychosomatische Auffälligkeiten, Angst, mangelnde Ich-Stärke, mangelndes Selbstkonzept, psychische Verstimmungen und Überforderungssymptome* (vgl. Englbrecht 1987/191).

Mangelnde intellektuelle Fähigkeiten – *geringe Intelligenz* – können hier ebenfalls eine Rolle spielen; Lernbeeinträchtigungen mit Intelligenzmangel gleichzusetzen, ist jedoch »inhaltlich und quantitativ... unzulässig« (Baier 1980/38). Und schließlich: »Das globale Intelligenzkonzept allein liefert keine brauchbare Erklärung für Lernverhalten in der Schule und für Schulerfolg im einzelnen« (Kleber u. a. 1977/73).

Somatische Ursachen müssen durchaus auch im Zusammenhang mit sozio-ökonomischen Faktoren gesehen werden, etwa im Hinblick auf medizinische Versorgung allgemein, Akzeptanz von Vorsorgeuntersuchungen in unteren sozialen Schichten oder Fehl- oder Mangelernährung. Zum andern dürfen medizinische Probleme auch sonst nicht isoliert von sozialen und pädagogischen Bezügen betrachtet werden; bedenken wir etwa nur, daß *hirnorganische Funktionsstörungen* zwar durchaus auf einem organischen Defekt prä-, peri- oder postnataler Herkunft beruhen können, andererseits aber auch in sensorischer Deprivation während der frühkindlichen Entwicklung ihre Ursachen haben können (vgl. Berger 1980/226). Mit rechtzeitig einsetzenden therapeutischen Maßnahmen können derartige Funktionsstörungen (auch *Integrationsstörungen* und *motorische Störungen)* häufig gemildert werden. *Organische Störungen,* die auch auf schulische Lernleistungen ausstrahlen, sind etwa: Blutarmut, niedriger Blutdruck, Diabetes, Überfunktion der Schilddrüse, vegetative Labilität u. a. m. *Sinnesschäden* (Seh- und Hörfehler), die nicht rechtzeitig erkannt werden, können sich ebenfalls verhängnisvoll auf die schulische Karriere auswirken; hier ist vor allem die Lehrerin oder der Lehrer in den Eingangsklassen gefordert.

2.5   Modell der Prävention

Lernbeeinträchtigungen sind kein unabänderliches Schicksal. Größtenteils entstehen sie durch ein Zusammenspiel somatischer, psychischer, sozialer und pädagogischer Momente, die nicht unseren Normen entsprechen. Es müssen hier nun Maßnahmen der Vorsorge, der Verhütung – der Prävention ansetzen.

In unserem Zusammenhang verstehen wir unter Prävention ganz allgemein Vorbeugung und Verhütung, im besonderen »alle medizinischen, ... pädagogischen, psychologischen, administrativen und politischen Maßnahmen des Eingreifens, verbunden mit dem Ziel, Lernbeeinträchtigungen generell zu vermeiden, oder aber rechtzeitig zu erkennen, wenn möglich zu beseitigen, zu mindern, manifeste Lernbehinderungen speziell zu behandeln bzw. drohende Folgebehinderungen auszuschalten« (Weigert 1987b/55). In der Fachliteratur unterscheidet man zwischen primärer, sekundärer und tertiärer Prävention (Abb. 9).

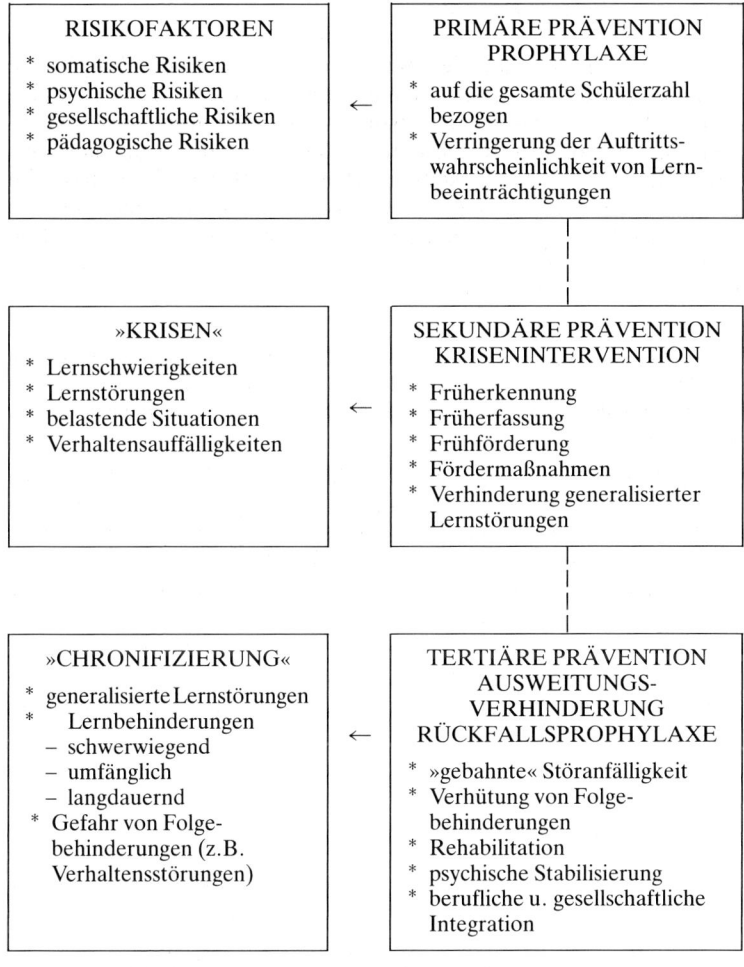

Abb. 9: Modell der Prävention von Lernbeeinträchtigungen

2.5.1   Primäre Prävention

Im Rahmen der primären Prävention oder Prophylaxe werden alle denkbaren Maßnahmen ergriffen, die die Auftrittswahrscheinlichkeit von Störungen verringern. Durch umsichtige Maßnahmen soll »Vorsorge getroffen werden, daß solche Störungen möglichst gar nicht erst zur Manifestation gelangen« (Becker 1978/369). Ein Kennzeichen der primären Prävention ist, daß sie nicht einzelne Individuen herausgreift, sondern sie »umfaßt die gesamte Population und hilft ihr über offenkundige oder vermutete Risikosituationen hinweg« (Sander 1983/35).

Prävention kann man sich auch bildhaft am Beispiel des Autofahrens verdeutlichen. Primäre Prävention hieße demnach, sein Auto so besonnen, umsichtig und überlegt zu lenken, daß trotz aller möglichen Risikofaktoren Störungen des Fahrverhaltens und Unfälle vermieden werden und das Auto nicht von der Straße abkommt.

Einige Beispiele für primäre Prävention auf der Primarstufe, wie sie etwa Sander vorschlägt: »sorgfältiger Klassenunterricht«, »gründliche Vorbereitung und phantasievolle Durchführung der Schreiblesestunden«, »einfühlende Beobachtung der Schülerreaktion«, »gleitender Übergang« von Familie und Kindergarten in die Grundschule, »Verzicht auf den starren 45-Minuten-Rhythmus des Schulvormittags«, »wohnliche Gestaltung des Klassenraums«, zweijährige Eingangsstufe, ein Lerntempo, das sich nach den schwächeren Schülern ausrichtet, eine Grundschule, die »nicht . . . Vorschule des Gymnasiums« ist (Sander 1983/35).

2.5.2   Sekundäre Prävention

Kommen wir auf unser Beispiel zurück: Durch eine Unachtsamkeit ist das Fahrzeug mit einem Rad auf das unbefestigte Bankett geraten. Das Auto läuft Gefahr, abzurutschen, zu schleudern oder gar umzustürzen. Es gilt jetzt, das Gefährt wieder sicher auf die befestigte Straße zurückzubringen.

Im Bereich der sekundären Prävention oder Krisenintervention sollen sich abzeichnende Störungen rechtzeitig erkannt und durch therapeutische und fördererzieherische Maßnahmen derart behandelt werden, daß sie entweder nur von kurzer Dauer sind oder daß die Symptome vermindert werden, jedenfalls daß sie sich nicht zu langdauernden, schwerwiegenden und umfänglichen Behinderungen ausweiten. Während sich die primäre Prävention mit den Faktoren einer möglichen Gefährdung beschäftigt, wendet sich die sekundäre Prävention gezielt dem betroffenen Personenkreis zu.

Im Rahmen der Pädagogik läßt sich sekundäre Prävention umschreiben mit Begriffen wie Früherkennung, Frühförderung, kompensatorische Erziehung, Fördermaßnahmen, Verhinderung von generalisierten Lernstörungen mit Hilfe diagnostischer, therapeutischer, fördernder und aufklärender Maßnahmen. Auf der Primarstufe sind etwa folgende Möglichkeiten einer sekundären Prävention denkbar: Schulkindergarten oder Schulvorbereitende Einrichtung bei erfolgter Zurückstellung vom Grundschulbesuch, Sonderpädagogische Diagnose- und Förderklassen, Fördermaßnahmen (z. B. in einer differenzierenden Grundschule), gezielte Binnendifferenzierung, individuelle Arbeit des Lehrers mit leistungsschwächeren Schülern, Lese- und Rechtschreibkurse, Rechenkurse, funktionelle und institutionelle Erziehungsberatung, psychische Stabilisierung (vgl. Bach 1987/45, Sander 1983/35f.).

2.5.3   Tertiäre Prävention

Eine exakte Unterscheidung zwischen sekundärer und tertiärer Prävention ist nicht möglich (vgl. auch Becker 1978/375). Ganz allgemein können wir festhalten, daß trotz bereits manifest gewordener Behinderungen mit sondererzieherischen und rehabilitativen Maßnahmen die negativen Folgen gering gehalten, die Ausweitung eingedämmt, Auswirkungen auf andere Entwicklungs- und Lernbereiche verhindert und Nachfolgeschäden weitestgehend vermieden oder gemindert werden sollen (vgl. Sander 1983/36). Tertiäre Prävention ist also eine »Ausweitungsverhinderung« (ebd.) bzw. eine »Rückfall-Prophylaxe« (Uchtenhagen 1980/13).

Stellen wir uns vor: Es ist zu einem Unfall gekommen. Unser Auto liegt im Graben. Es geht jetzt prinzipiell um »Schadensbegrenzung«, d. h. Verschlimmerungen und Folgeschäden sollen vermieden werden. Wir müssen die Unfallstelle absichern, »Erste Hilfe« leisten, ggf. das Auto mit Abschleppmaßnahmen auf die Straße zurückbringen und wieder fahrtüchtig machen.

Auf den sonderpädagogischen Bereich übertragen lassen sich etwa folgende tertiärpräventive Maßnahmen konstituieren: rechtzeitige Detektions- und Förderdiagnostik, Aufnahme in die Schule für Behin-

derte nach einer verantwortungsvollen Abwägung aller denkbaren
Vor- und Nachteile, Schule für Lernbehinderte mit Freiwilligkeitscha-
rakter, Wahldifferenzierung und Angebotsschule, gezielte Berufs-
und Lebensvorbereitung an den Schulen für Behinderte durch Profi-
lierungsfächer, psychische Stabilisierung (vgl. Weigert 1987 a/63 f.).

2.6   Fallbeispiel Doris – Abschluß

        Am Ende dieses Kapitels wollen wir nun auch das Fallbei-
spiel Doris abschließen und dabei einzelne Aspekte des Präventions-
modells aufzeigen. In den sich anschließenden Kapiteln sollen dann
die vielfältigen Möglichkeiten der Prävention auf unterschiedlichen
Ebenen ausführlich dargestellt werden.
Welche Maßnahmen wurden empfohlen und durchgeführt, um Doris
ein Erreichen der Lernziele der ersten Klasse zu ermöglichen?
Für das Lesenlernen waren offensichtlich basale Voraussetzungen im
visuellen und verbal-akustischen Bereich noch nicht adäquat vorhanden. Wesentlich erschien auch, Doris im emotionalen Bereich zu
stützen.
Eine wichtige Maßnahme war, daß Doris zusammen mit zwei anderen
Kindern in der Schulpsychologischen Dienststelle an Wahrnehmungsübungen zum taktilen, auditiven und visuellen Bereich (Tast-, Hör-
und Sehspiele) teilnahm. Die Mütter wurden miteinbezogen, um die
Übungen, die in der Gruppe stattfanden, auch zu Hause weiterführen
zu können.
In der Anfangsphase des Trainings zeigten sich während der »Spiele«
insbesondere Schwierigkeiten in der Form- und Raumwahrnehmung,
in der optischen und akustischen Speicherung sowie in der Rechts-
Links-Unterscheidung. Dementsprechend wurden die Übungen für
die Kinder ausgewählt (Form- und Raumwahrnehmung, z. B. »Ich
sehe, was du nicht siehst«, schnelles Erkennen und Finden von
Bildern in Bilderbüchern oder auf Postern, Nachlegen farbiger Klötze
– auch aus dem Gedächtnis, Verteilen von Gegenständen im Raum
[hinter den Stuhl, neben den Schrank, unter den Tisch . . .]; akustische
und optische Wahrnehmung und Speicherung [akustische und visuelle
Abfolgen wahrnehmen und reproduzieren, Kim-Spiele, Aufblendübungen . . .]). Den Müttern wurde demonstriert, wie sie die Kinder
zunächst sammeln konnten (durch bewußte Selbstwahrnehmung,
durch Massage, durch akustische und optische Hinweisreize, durch

Entspannungsübungen), um dann nachfolgend Wahrnehmungs- und Gedächtnisübungen durchzuführen.

Im Laufe des Trainings übernahmen die Kinder bei einzelnen (der Struktur nach immer wiederkehrenden) Spielen Leiterfunktionen; das machte ihnen sehr viel Spaß und förderte gleichzeitig Aufmerksamkeit, Konzentration und Selbstwertgefühl. Für Doris, die in der Schule als sehr stilles Kind beschrieben wurde, war die Rolle der Spielleiterin zunächst sehr schwierig, sie fand aber zunehmend Gefallen daran und traute sich auch insgesamt mehr zu.

Den Eltern von Doris wurde geraten, sich neben diesen spielerischen Übungen vermehrt mit ihrer Tochter zu beschäftigen und Körperkontakt zu suchen (Scherzen, Balgen, Massage – insbesondere auch vor dem Schreiben).

Mit Ausflügen und motivierenden Büchern sollte das geringe Begriffsinventar von Doris gesteigert werden. Durch den Erwerb reich bebildeter Bücher sollte die Lesemotivation verstärkt werden.

Die Kinder machten mit Begeisterung in den Übungsstunden mit; die Eltern wurden teilweise in die Spiele miteinbezogen. Gegen Ende des Förderzeitraums wurden vermehrt auch Mathematikspiele eingebracht; auch hier nahmen die Kinder regen Anteil. Die Eltern schafften sich teilweise entsprechende Bücher und Materialien an (z. B. Formunterscheidungstraining, Differix, Schau genau).

Die Klassenlehrerin brachte die o. a. Spiele zum Teil auch in den Unterricht ein. Vor allem die Sammlungsphasen (»Stille Minute«, einfache Konzentrationsübungen) und die Kurzwiederholungen von Lernstoff bei entspannter äußerer Situation bewährten sich nach Aussagen der Lehrerin.

Eine Rückmeldung nach den Pfingstferien brachte folgende Ergebnisse:

– Doris schnitt im Lesen insgesamt gut durchschnittlich ab.
– Sie erreichte in Mathematik gute bis durchschnittliche Erfolge.
– Bei Sach- und Denkaufgaben zeigten sich noch Schwierigkeiten (teilweise aufgrund des mangelnden Begriffsverständnisses).
– Die Mitarbeit im Unterricht (Melden, verbale Äußerungen) war nach Ansicht der Lehrerin noch zu gering.
– Angstgedanken traten nur mehr selten auf; die Eltern konnten Doris dabei relativ schnell beruhigen.
– Bei Begriffen waren teilweise noch deutliche Unsicherheiten sichtbar.
– Die Orientierung auf Arbeitsblättern gelang wesentlich schneller und besser (wobei sich die Lehrerin bemühte, wichtige Anweisungen für die Klasse langsam, deutlich und in Wiederholung zu geben).

– Die Lehrerin ging davon aus, daß Doris sich bei weiterer Förderung durch die Eltern im Klassenverband stabilisieren könnte.
– Die Eltern, ganz besonders die Mutter, waren insgesamt mit den Leistungen ihrer Tochter und dem Erfolg ihrer Bemühungen zufrieden.

Entscheidend für die leistungsmäßige und emotionale Stabilisierung war in diesem Fall wohl die Teilnahme an der Trainingsgruppe. Eine derartige Gruppe unter Einbeziehung der Eltern erweist sich oft deshalb als günstig, weil die Eltern
– die Schwierigkeiten ihrer Kinder hautnah erleben (damit wird Verständnis für die schulischen Probleme ihrer Kinder geweckt, und es entsteht eine Motivation für elterliche Hilfsmaßnahmen),
– viele Möglichkeiten kennenlernen, ihrem Kind zu helfen.

Wichtig ist dabei, daß die Eltern nicht zu viel Druck auf die Kinder ausüben, daß Lernen sozusagen nebenbei geschieht. Spiele, die Kinder spielen »müssen«, sind keine Spiele mehr und führen zu Blockierungen und Verweigerungen.

Der »Fall« Doris macht deutlich, wie wichtig und erfolgversprechend die Kooperation zwischen Schule, Elternhaus und einer schulpsychologischen oder sonderpädagogischen Beratungsstelle ist.

Sieht man dieses Fallbeispiel unter dem Aspekt der Prävention, so wurde vorwiegend auf der Stufe der sekundären Prävention gearbeitet.

Die Gruppe beim Schulpsychologischen Dienst und die intensiven Kontakte und Beratungsgespräche mit den Eltern sind Maßnahmen im Sinne der Krisenintervention. Damit sollen generalisierte Lernstörungen verhindert werden.

Daneben darf man davon ausgehen, daß die Maßnahmen, welche die Lehrerin – ausgelöst durch den »Fall« Doris – im Klassenunterricht durchführte, sicherlich primärpräventive Aspekte hatten, d. h. daß sie manche oder auch viele Kinder der Klasse in ihrem Lernfortschritt unterstützten (z. B. durch die Förderung von Wahrnehmung und Konzentration, durch Entspannungsphasen im Unterricht, durch Herstellen einer positiven Lernatmosphäre).

In den weiteren Kapiteln werden wir vielfältige Möglichkeiten aufzeigen, die sich unter primärpräventiven Aspekten einsetzen lassen, die aber im Einzelfall – bei einzelnen Kindern oder Kleingruppen angewandt – im Sinne einer Krisenintervention wirksam werden können. Im Rahmen der Krisenintervention erscheint uns die enge und offene Zusammenarbeit zwischen Schule und Elternhaus als wesentlich.

3   Früherkennung von Lernbeeinträchtigungen

3.1   Informationsquellen

Von großer Bedeutung ist es, Lernbeeinträchtigungen so früh wie möglich zu erkennen, da in der Regel dann Therapie/Fördermaßnahmen um so eher greifen. Von seiten der Schule werden Diagnose- und Fördermaßnahmen allerdings erst ab dem Schulpflichtalter möglich. Falls notwendig können aber ab diesem Zeitpunkt bereits vorhandene Informationen über einzelne Kinder von deren Eltern oder von entsprechenden Institutionen erfragt werden (wenn die Eltern einverstanden sind!). Abbildung 10 zeigt mögliche Informationsquellen auf.

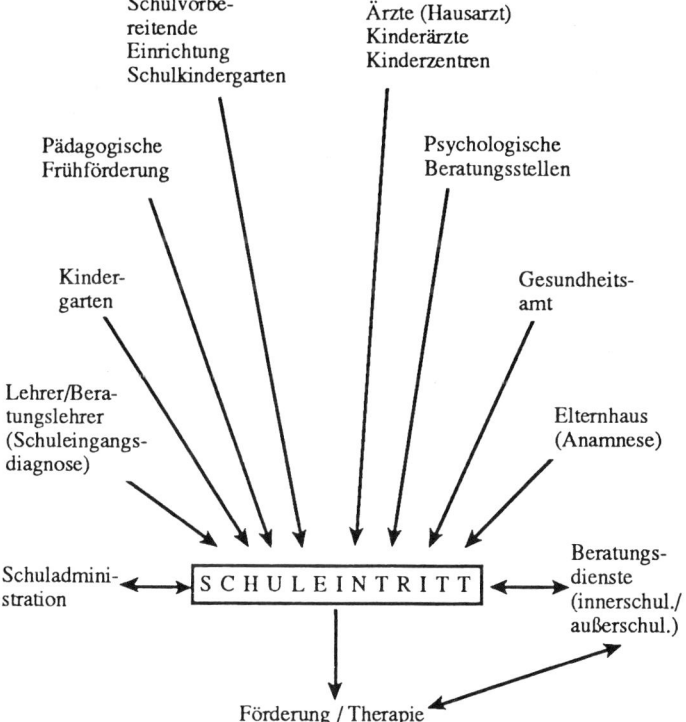

Abb. 10: Informationsquellen zur Früherkennung von Lernbeeinträchtigungen

In diesem Zusammenhang sei auf die große Bedeutung der Kooperation zwischen Schule und Institutionen, die sich mit Diagnostik und Therapie lernbeeinträchtigter Kinder befassen, hingewiesen.

3.2   Diagnostische Möglichkeiten der Schule

Die Möglichkeiten der Schule liegen in der Schuleingangsdiagnose und in der intensiven und differenzierten Beobachtung der Schüler und Schülerinnen vor allem in den ersten Schulwochen.

3.2.1   Schuleingangsdiagnose

Die Schuleingangsdiagnose nimmt, wie schon angedeutet, einen besonderen Stellenwert bei der Früherkennung von Lernbeeinträchtigungen ein. Welche Möglichkeiten sich hier für die Grundschule und die dort tätigen Lehrer ergeben, sei im folgenden aufgezeigt. Zunächst ein kurzer Abriß zum Thema Schulfähigkeit und Schulfähigkeitsdiagnose.

Früher war Einschulung in erster Linie eine Frage der Schulreife. Ein Kind, das den Anforderungen des Erstunterrichts nicht gewachsen schien, wurde vom Schulbesuch zurückgestellt, damit es für die Schule »reif« werden konnte. Heute drückt sich im Begriff der Schulfähigkeit eine dynamischere Sichtweise aus, die vielschichtige, komplexe und teilweise untereinander verwobene Variablen betrachtet.

Wie die folgende Übersicht zeigt (Abb. 11), läßt sich die Schulfähigkeit im Schnittpunkt mehrerer Faktoren bestimmen.

Da sind auf der einen Seite die Anlage- und Reifungsfaktoren, die zusammen mit Umwelt- und Lernfaktoren die kindliche Persönlichkeit prägen und in ihrer körperlichen, geistigen und seelischen Verfassung bestimmen.

Da steht auf der anderen Seite die Schule als Stätte institutionalisierten Lernens und Lehrens, ein System, das mit entsprechend ausgebildeten Lehrern und Lehrerinnen bestimmte Gegebenheiten, Anforderungen und Erwartungen an das Kind heranträgt.

Schulfähigkeit kann so von zwei Blickrichtungen her gesehen und hinterfragt werden. Von der Seite des Kindes her läßt sich fragen: Ist das Kind schulfähig? Oder: Wie weit entspricht es in seinen Fertigkeiten und Fähigkeiten den Anforderungen der Schule? Aus der Sicht

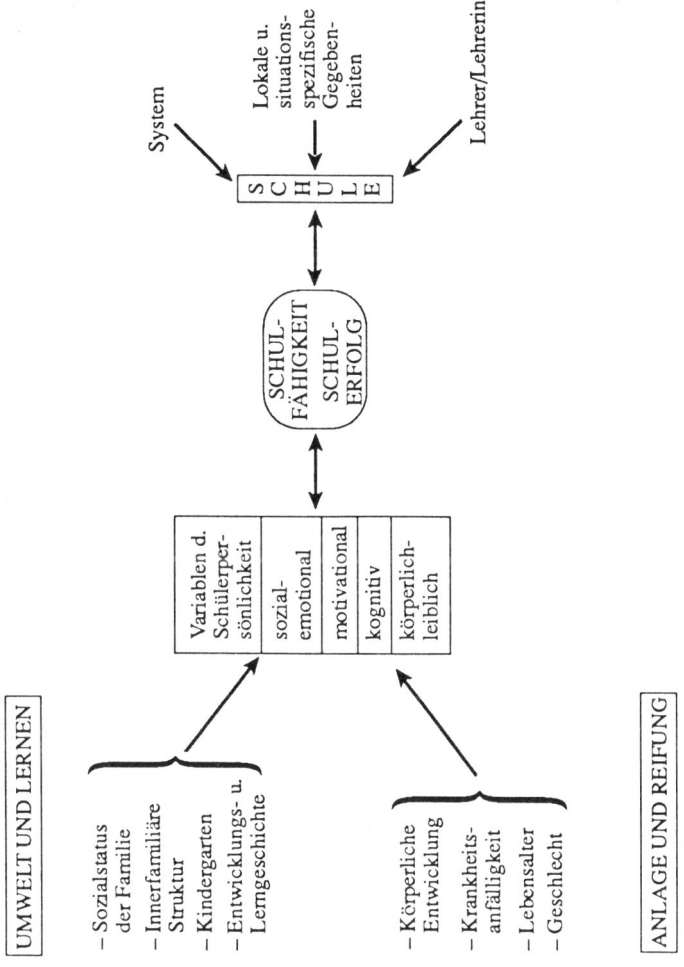

Abb. 11: Determinanten der Schulfähigkeit (in Anlehnung an Rüdiger u.a. 1976/159)

der Schule läßt sich fragen: Ist die Schule kindfähig? Oder: Was kann die Schule tun, der kindlichen Persönlichkeit gerecht zu werden? Beide Fragestellungen sollten im Zusammenhang mit der Einschulungsthematik im Auge behalten werden.

Wesentliche Grundlagen der Schulfähigkeit sind:
- körperliche Gesundheit, Widerstandskraft, Intaktheit von Sinnes- und Sprachorganen sowie des motorischen Systems;
- geistige Wachheit und Aufgeschlossenheit gegenüber Neuem; Bereitschaft, sich Aufgaben zuzuwenden und über einen gewissen Zeitraum dabeizubleiben (Lernmotivation und Konzentration);
- seelische Ausgeglichenheit und soziale Anpassungsfähigkeit, Selbstbehauptungs- und Durchsetzungsfähigkeit in einer größeren Gruppe.

Im folgenden seien stichpunktmäßig einige konkrete Anhaltspunkte (für Lehrer und Eltern) bzgl. der Schulfähigkeit aufgeführt.

Was sollte ein Schulanfänger können?

- sich allein waschen und die Zähne putzen,
- eine Treppe ohne Nachstellschritt gehen,
- selbständig Kleider und Schuhe anziehen, Schleife binden,
- mit Messer, Gabel, Löffel und Schere umgehen,
- selbst Milch, Kakao, Limo einschenken,
- Farben der Verkehrsampel unterscheiden und verstehen,
- mehrere Aufträge hintereinander ausführen,
- gerne bauen, malen, kneten, formen, spielen, allein und in Gemeinschaft,
- sich für Lesen, Schreiben, Ziffern, Zahlen, Buchstaben interessieren (Lesen können ist *nicht* notwendig!),
- viele Warum-Fragen stellen,
- sich auf den Schulbeginn freuen und diesbezügliche Fragen stellen und Erwartungen äußern,
- Geschichten zuhören und wesentliche Inhalte wiedergeben können,
- wichtige Farben kennen (rot, gelb, grün, blau, schwarz, weiß),
- den eigenen Namen und die Adresse wissen.

Merkmale nicht schulfähiger Kinder können sein:

- »zwanghafte« Verspieltheit: dauerndes Spielen mit Unterrichtsmaterial, mit mitgebrachtem Spielzeug;
- Ausweichen vor Arbeitsaufträgen,
- unzureichendes Anweisungsverständnis bei Vorgabe von Arbeitsaufträgen;
- unbezähmbarer Mitteilungsdrang;
- starke Ablenkbarkeit: werden von jedem Außengeräusch abgelenkt, laufen zum Fenster, »müssen« bestimmten Ereignissen nachgehen,
- Konzentrationsprobleme: sind nicht »dabei«, Beine baumeln, auf dem Stuhl schaukeln, Radiergummi und Bleistift kauen, »Träumen«;
- häufig Unfähigkeit zu partnerschaftlicher Arbeit,
- Ichbezogenheit: suchen häufig Kontakt zur Lehrerin, wollen ständig gelobt werden, im Mittelpunkt stehen, verpetzen Mitschüler;
- rasche Ermüdung im Unterricht.

Die o. a. Merkmale stellen nur eine Auswahl dar. Bei nicht schulfähigen Kindern treten häufig mehrere oder viele der genannten Auffälligkeiten auf.

Der Lehrer sollte bei einzelnen auftretenden Merkmalen nicht sofort mangelnde Grundschulfähigkeit attestieren, vielmehr sollten ihn derartige Beobachtungen zur genaueren Reflexion bezüglich eines Kindes anregen – auch im Hinblick auf mögliche Hilfs- und Fördermaßnahmen für das betroffene Kind.

Gerade in der seelischen Verfassung sowie im Arbeits- und Sozialverhalten bestehen bei manchen Kindern Auffälligkeiten, die dazu führen können, den schulischen Erfolg trotz günstiger geistiger Voraussetzungen zu gefährden.

Neuere Verfahren zur Diagnose der Schulfähigkeit berücksichtigen diese Tatsache.

Während die gängigen Verfahren den Schwerpunkt auf die Überprüfung des kognitiven Bereiches legen, versuchen neuere Instrumentarien wie z. B. das Kieler Einschulungsverfahren (Fröse u. a. 1986) nicht nur die geistigen Fähigkeiten (Wahrnehmung, Mengenerfassung, Denkfähigkeit, Sprache, Gedächtnis), sondern die für den ersten Schulerfolg so wesentlichen Faktoren wie Leistungsmotivation, Arbeitsverhalten, Sozialverhalten, den emotionalen Bereich sowie die Motorik zu erfassen, die Schulfähigkeit also relativ umgreifend abzuklären.

In diesen neueren Verfahren werden die Kinder nicht mehr in Gruppen von »schulunreifen« und »schulreifen« unterteilt, sondern die Entscheidung über die Einschulung wird den Experten (Grundschullehrer(in), Beratungslehrer(in), . . .) überlassen, die aufgrund einer großen Zahl von Daten Entscheidungen im Sinne des Kindes treffen können (über eine Einschulung, Nichteinschulung, Zurückstellung, Fördermaßnahmen, . . .) und diese mit den Eltern in einem Beratungsgespräch erörtern.

Damit erfüllen Verfahren wie das Kieler Einschulungsverfahren vom Ansatz her auch den Anspruch vieler Eltern auf eine »Kindfähigkeit« der Schule in dem Sinn, daß sie den Weg weisen zu individuellen (Förder-)Maßnahmen für das einzelne Kind.

Die Einschulung stellt für alle Kinder eine einschneidende Veränderung des Lebens dar: die Lehrerin/der Lehrer als neue Bezugsperson, ein Schulgebäude mit mehr oder weniger »Lernatmosphäre«; Kontakte zu bisher teilweise unbekannten Kindern; veränderte Anforderungen an Konzentration, Aufmerksamkeit, physische Belastbarkeit; Bewältigung von schulischen Lerninhalten; veränderte Erwartungshaltungen der Eltern u. a. m. Von entscheidender Bedeutung ist es deshalb, den Übergang in die Schule möglichst gleitend und sanft zu gestalten, damit ein Bruch in der Persönlichkeitsentwicklung des Kindes vermieden wird (vgl. Nägele u. a. 1987).

In Abbildung 12 stellen wir einen möglichen Ablaufplan zur Einschulung vor, der den o. a. Ansprüchen gerecht werden könnte.

Zunächst sollte für die Eltern (vielleicht schon im Januar des Kalenderjahres, in dem das Kind eingeschult werden soll) ein Gesprächs- und Informationsabend stattfinden, der vorrangig der Sensibilisierung der Eltern dient. Wichtige Themen dabei sind: Vorzeitige Einschulung (der Trend in den letzten Jahren: lieber später als zu früh – vor allem bei Jungen; die Entscheidung ist jedoch immer ein individuell auf das Kind bezogener Vorgang!), Zurückstellung, Merkmale des schulfähigen Kindes. Günstig ist es, wenn an diesem Abend die Erzieherinnen des Kindergartens anwesend sind. So lassen sich gleich weitere Kontakte zwischen Kindergarten und Grundschule planen bzw. Einzelfragen des Übergangs vom Kindergarten in die Grundschule erörtern.

Informationsabend zur Einschulung
- Thema Schulfähigkeit-Einschulung,
- Informationen über Einschulungsverfahren, Organisatorisches, gegenseitige Besuche Kindergarten-Schule, offene Fragen der Eltern, ...

↓

Gegenseitige Besuche zum Kennenlernen Kindergarten-Schule

↓

Schulärztliche Untersuchung

↓

Schuleinschreibung
- Datenaufnahme,
- Elterngespräch,
- Sichtungs-(Screening)verfahren.

↓

Einschulungsverfahren (»Vorzeitige«, »Zweifelsfälle«)
- Durchführung: Erstklaßlehrer und Beratungslehrer,
- Entscheidungsfindung im Team: Schulleiter, zukünftige Erstklaßlehrer, Beratungslehrer, evtl. Schulpsychologe,
- Elternberatung.

↓

Elternabend vor den Sommerferien
- »Unser Kind wird ein Schulkind«.

↓

Ca. acht Wochen nach Schulbeginn
- Erfahrungsaustausch der Erstklaßlehrer (in Kooperation mit Schulleiter und Beratungslehrer);
- in Einzelfällen Testuntersuchung auffälliger Schüler (falls die Erziehungsberechtigten einwilligen): gezielte Teilleistungsdiagnostik.

Abb. 12: Möglicher Plan für den Ablauf der Einschulung

Nach erfolgtem Besuch der Kindergartenkinder in der Grundschule und nach der schulärztlichen Untersuchung steht die Schuleinschreibung an. Deren Ablauf wird von Eltern immer wieder kritisiert. Die Eltern klagen vor allem über die unpersönliche Atmosphäre, über bloße Datenaufnahme, »Fließbandabfertigung« und die geringe Zuwendung, die das Kind bei der Schuleinschreibung erfährt; dies stellt auch der Cartoon (Abb. 13) satirisch dar.

Abb. 13: »Fein, daß Sie Ihr Kind gleich mitgebracht haben, Frau Bollmann, aber im Augenblick geht es erst mal um die Karteikarten.« – Cartoon Peter Winter (Bezirksregierung Koblenz, o. J.)

Einzelne Schulen begegnen den genannten Mißständen mittlerweile mit entsprechenden Aktivitäten am Tag der Schuleinschreibung:
– Die Schuleinschreibung wird verknüpft mit einem »Tag der offenen Tür«. Dabei können mit den Eltern intensivere Gespräche geführt, mit den Kindern kurze Sichtungsverfahren und Spiele durchgeführt werden. Die Schulanfänger erleben so die Schule in einer lockeren Atmosphäre.
– Die Schuleinschreibung wird durch zwei Grundschullehrer(innen) durchgeführt, wobei ein Kollege/eine Kollegin schwerpunktmäßig mit dem Kind arbeitet (Exploration, Spiele, Sichtungsverfahren), der/die andere die Datenaufnahme mit den Eltern durchführt.
– Der Elternbeirat bietet während der Schuleinschreibung eine Spielecke bzw. Spielaktivitäten an.
Für das Elterngespräch während der Schuleinschreibung sind folgende grundlegende Fragenkomplexe zu empfehlen:

– Krankheiten und Krankenhausaufenthalte (vor allem während des ersten Lebensjahres);
– Entwicklung der Sprache;
– Entwicklung der Motorik (Kriechen, Krabbeln, Stehen, Gehen);
– evtl. Seh-, Hör, Sprach-, Bewegungsstörungen;
– Kindergartenbesuch und dessen Verlauf;
– Selbständigkeit (Waschen, Anziehen, Erledigen kleiner Aufträge).
(Vgl. Bezirksregierung Koblenz o. J., Fröse u. a. 1986.)
Falls das Kind während der Schuleinschreibung anwesend ist, lassen sich Beobachtungen zu folgenden Bereichen machen:
– Kontaktverhalten zu Erwachsenen;
– Sprech- und Sprachverhalten;
– Trennung von Mutter/Vater;
– Antrieb/Motivation/Selbständigkeit.
Wesentliche Informationen ergeben sich oft aus Gesprächen mit den betreuenden Erzieherinnen des Kindergartens. Gerade wenn sich Auffälligkeiten zeigen, sind solche Gespräche sehr wichtig. Allerdings müssen die Eltern mit einer Datenaufnahme im Kindergarten einverstanden sein.
An Sichtungsverfahren (Screening-Verfahren), die mit dem Kind bei der Schuleinschreibung durchgeführt werden können, bieten sich vielfältige Möglichkeiten an.
In Abbildung 14 sei exemplarisch ein Beispiel für eine Kurzüberprüfung vorgestellt, die mit dem Kind in 15 bis 20 Minuten durchgeführt werden kann und einige grundlegende Daten erbringt. (Die Autoren danken den Schulpsychologen Fritz Fäßler, Regensburg, und Herbert Kimmel, Schweinfurt, für die Anstöße und Anregungen zu dieser Kurzüberprüfung.)
Was aus dieser Kurzüberprüfung immer durchgeführt werden kann (auch bei Zeitdruck) und den Kindern auch Spaß macht, ist der Mann-Zeichen-Test (Ziler 1970) oder die Aufgabe, einen Mann, einen Baum und ein Haus zu zeichnen.
Das Einschulungsverfahren muß mit den »Vorzeitigen« durchgeführt werden. Es sollte jedoch allen interessierten Eltern dann angeboten werden, wenn bei der Schuleinschreibung Auffälligkeiten beim Kind sichtbar geworden sind. *Dabei ist zu beachten, daß die Eltern nicht den Eindruck gewinnen, ihr Kind werde einer Aufnahmeprüfung für die Grundschule unterzogen.* Es muß ihnen deutlich gemacht werden, daß im Rahmen eines Unterrichtsspiels (der Begriff »Test« sollte möglichst vermieden werden!) die Fähigkeiten und Fertigkeiten des Kin-

KURZÜBERPRÜFUNG ZUR SCHULEINSCHREIBUNG

Name: _____   Vorname: _____   Datum: _____

ZAHL-/MENGEN-/GRÖSSENAUFFASSUNG

o Zählen von Murmeln (bis 10)

      O 1:1-Zuordnung
      O Unsicherheiten

o "Gib mir 3 (4, 5) Murmeln!"

o "Wieviel Murmeln sind das?"

      O Zählen
      O Simultanauffassung
      O Unsicherheiten

o "Zeige mir
   - die kleinste/größte Figur
    (Steckfiguren),
   - den kürzesten/längsten Stab
    (Holzstäbe),
   - den kleinsten/größten Würfel
    (Steckwürfel),
   - den kleinsten/größten Ball!"

      O sichere Zuordnung

      O Unsicherheiten

SPRACHE

o Freies Erzählen zu einem Bilderbuch
  (z.B. Migutsch, A.: Rundherum in
  unserer Stadt)

      O gute Sprech- und
         Sprachfähigkeit
      O Auffälligkeiten

MOTORIK

o Hüpfen auf einem Bein

      O 5x rechts hüpfen
      O 5x links hüpfen
      O Unsicherheiten

o Stehen auf einem Bein

      O ca. 10 Sek. rechts
      O ca. 10 Sek. links
      O Unsicherheiten

ALLGEMEINE ENTWICKLUNG

o "Zeichne einen Mann!"
  (Auswertung vgl. ZILER:
  Der Mann-Zeichentest, 1970)

      O altersgemäß

      O nicht altersgemäß

Abb. 14: Kurzüberprüfung zur Schuleinschreibung

FORMAUFFASSUNG UND -WIEDERGABE, LATERALITÄT

o "Suche die gleiche Figur und zeige sie mir!" (Zeichen/Figuren entsprechend abdecken!)

○ Formen erfaßt

○ Form(en) nicht erfaßt

o "Zeichne die Figur auf die freien Felder einmal mit der linken und einmal mit der rechten Hand nach!"

○ Rechtshänder

○ Linkshänder

○ Gestalt erfaßt

○ ungeschickte Stifthaltung

○ Verkrampfungen (Hand-, Arm-. Gesichtsbereich)

○ gute Feinmotorik

AUFFALLIGKEITEN/BEOBACHTUNGEN
(Bemerkungen mit + oder -)

o Aufmerksamkeit/Konzentration _____

o Emotionalität (Angst ...) _____

o Sozialverhalten (Kontaktangst, Distanzlosigkeit) _____

o Sprechverhalten (Hemmungen ...) _____

o Sprache (Stammeln, Dysgrammatismus ...) _____

zu Abb. 14: (Kurzüberprüfung zur Schuleinschreibung)

des gerade auch im sozio-emotionalen Bereich erfaßt werden. Die Ergebnisse des Einschulungsverfahrens dienen dazu, Eltern und Kind (bei erkennbaren Auffälligkeiten) gezielte Hilfestellungen anzuraten und eine Fehlentscheidung bezüglich der Einschulung zu vermeiden. Erfahrungen im Raum Regensburg zeigen, daß die Eltern dieses Angebot durchaus positiv aufnehmen.

Die Entscheidung über die Einschulung sollte im Team getroffen werden (Grundschullehrerin, Beratungslehrer, Schulleiterin, evtl. Schulpsychologe). Das Ergebnis ist den Eltern in einem Beratungsgespräch entsprechend zu vermitteln.

Im Mittelpunkt muß immer das Wohl des Kindes stehen, d. h., das Risiko einer Einschulung oder Nichteinschulung muß sorgfältig unter Berücksichtigung aller vorhandenen Daten abgewogen werden. Erfahrungen zeigen, daß die Entscheidungsfindung im Team zwar aufwendig ist, Entscheidungen aber nach Erhebung der Daten doch rasch und im Sinne des Kindes getroffen werden können.

Eventuell kann vor Beginn der Sommerferien ein weiterer Elternabend stattfinden, bei dem die Eltern noch einmal Gelegenheit haben, aufgetretene Fragen zu klären. Thematische Schwerpunkte können hierbei sein: Unterrichtsorganisation, Hausaufgaben, Tagesrhythmus, Arbeitsplatz, Arbeitszeit, Arbeitstechniken, Maßnahmen bei auftretenden Lernschwierigkeiten, Linkshänderproblematik usw.

Wenn die Lehrer/innen bei einzelnen Kindern durch die aufgenommenen Daten bereits sensibilisiert sind, soll im Hinblick auf die Kinder, die ein Einschulungsverfahren durchlaufen haben oder »auffällig« geworden sind, acht Wochen nach Schulbeginn ein Erfahrungsaustausch zwischen den Erstklaßlehrern und -lehrerinnen (unter Beteiligung der Schulleiterin und des Beratungslehrers) stattfinden. Bei Einverständis der Eltern kann im Einzelfall der Beratungslehrer oder die Schulpsychologin/der Schulpsychologe eine gezielte Testung in bezug auf mögliche Teilleistungsstörungen oder andere Auffälligkeiten durchführen.

Ganz deutlich sei hier herausgestellt: Die genaue Beobachtung bzw. Testung dient *nicht der Selektion,* sondern der *Früherkennung von Lernschwierigkeiten, Lernstörungen oder drohenden Lernbehinderungen* mit dem Ziel einer möglichst frühzeitigen sekundären Prävention.

NAME: _____ KL.: _____ LEHRER: _____ DATUM: _____

	AUFFÄLLIGKEITEN		
	nein	ja	Anmerkungen
VESTIBULÄRER BEREICH			
– Gehen, Laufen			
– Auf einem Bein stehen/hüpfen			
– Treppensteigen			
– Auf einen Stuhl steigen			
– häufige Verletzungen (»Unfäller«)			
TAKTIL-KINÄSTHETISCHER BEREICH			
– »Malerspiel« (Formen auf Körperoberfläche erkennen, nachmalen)			
– Körperteile/Körperstellen wahrnehmen			
– Körperteile/Körperstellen benennen			
– Taststraße			
– Formen nachgehen			
– Gegenseitig schieben/ziehen			
– Abwehr von Körperkontakt			
– Körperliche Distanzlosigkeit			
AUDITIVER BEREICH			
– Richtungshören			
– Geräusche unterscheiden			
– Geräuschfolgen wiedergeben			
VISUELLER BEREICH			
– Formen zurordnen			
– Formen unterscheiden			
– Muster nachlegen			

Abb.15: Unterrichtsbeobachtungen im Schuleingangsbereich

BLATT 2

	Auffälligkeiten		
	nein	ja	Anmerkungen
GEDÄCHTNIS/MERKFÄHIGKEIT			
– Kurzzeitgedächtnis			
– Langzeitgedächtnis			
– BEWEGUNGS-/HANDLUNGSPLANUNG			
– Körperpositionen nachahmen			
– Fingerspiele			
– Rhythmen, Folgen nachklatschen			
– Ball fangen			
– Rechts-Links-Orientierung			
– Umgang mit Schulsachen (auspacken, einpacken, Ordnung, Übersicht)			
SPRACHE			
– Sprachfehler			
– Sprachfähigkeit, Sprechbereitschaft			
– Anweisungsverständnis			
ARBEITSVERHALTEN			
– Tempo			
– Konzentration/Ausdauer			
– Genauigkeit/Sorgfalt			
EMOTIONALER BEREICH			
– Motivation			
– Gehemmtheit/Angst			
– Selbstwertgefühl			
– Soziale Einordnung/Kontaktverhalten			
– Aggressivität			

Abb.15

3.2.2   Datenerhebung im Schuleingangsbereich

Im folgenden seien einige konkrete Möglichkeiten der Datenerhebung vorgestellt, die der Grundschullehrer/die Grundschullehrerin zu Beginn und im Verlauf des ersten Schuljahres hat.

Zur differenzierten Beobachtung einzelner Kinder bietet sich der Bogen »Unterrichtsbeobachtungen« (Abb. 15) an. Dabei erweist es sich als günstig, wenn die beobachtende Person (Lehrer oder Lehrerin) die Daten einem Raster (wie unter 2.3.2 erläutert) zuordnen kann. Zur Orientierung sei dies Raster nochmals verkürzt dargestellt (Abb. 16).

Wie aus dem Beobachtungsbogen ersichtlich wird, lassen sich die aufgenommenen Daten (evtl. ergänzt durch Daten von Einzeluntersuchungen, durch Gesprächsdaten mit den Eltern und anderen Bezugs-

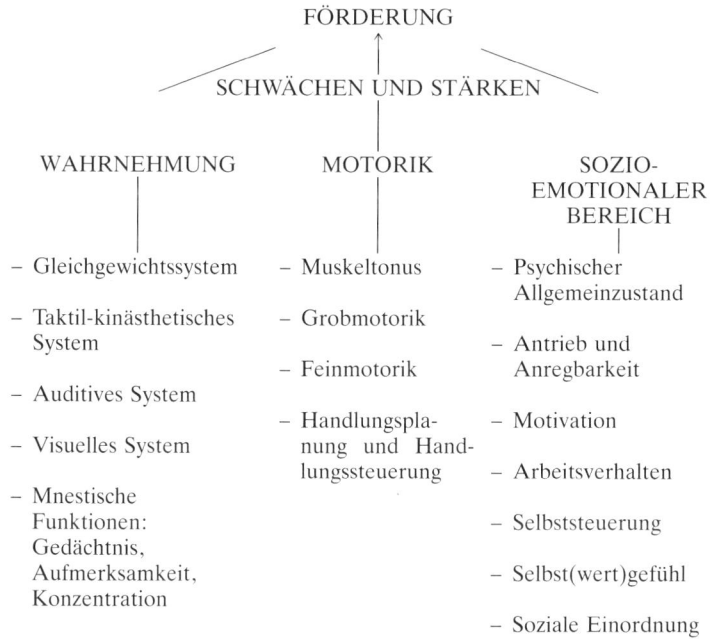

Abb. 16: Grobraster zur Einordnung von (Beobachtungs-, Test-) Daten bezüglich der Schwächen und Stärken eines Schülers

personen oder durch Testdaten) relativ leicht den einzelnen Kategorien (Abb. 16) zuordnen, so daß sich Schwerpunkte im Hinblick auf Stärken und Schwächen des einzelnen Kindes ergeben. Gleichzeitig rücken häufig die für das Erlernen der Kulturtechniken wesentlichen basalen Voraussetzungen ins Blickfeld. Damit können Schülern und Eltern konkrete und effektive Hilfen angeboten werden. Im Einzelfall ist auch der Beratungslehrer oder die Schulpsychologin hinzuzuziehen.

Über reine Beobachtungen hinaus bieten sich einfache Prüfverfahren (Screening = Sichtungsverfahren) an, die vom Lehrer/Beratungslehrer durchgeführt werden können (vgl. Abbildungen 17 bis 20). Es handelt sich um Prüfverfahren zu den basalen Leistungen im Bereich der Wahrnehmung und Motorik; diese Leistungen sind wesentliche Voraussetzungen dafür, daß ein Kind den Anforderungen des Erstunterrichts gerecht wird.

Die Prüfverfahren können in der Einzelsituation durch den Beratungslehrer, aber auch durch den/die Klassenlehrer/in in Kleingruppen als spielerische Übungen durchgeführt werden (z. B. im allgemeinen Förderunterricht, Sportunterricht, Sport-Förderunterricht, Deutsch-Förderunterricht, Mathematik-Förderunterricht).

Dabei kann die Gruppenleiterin die Übungen mit der ganzen Gruppe durchführen und ein Kind gezielt beobachten (und dabei protokollieren). Als Möglichkeit bietet sich auch an, daß eine Kollegin die Übungen durchführt und die andere bezüglich einzelner Kinder Protokoll führt.

Zur Signierung:

Die Kreise werden je nach beobachteter Auffälligkeit angekreuzt. Ein Beispiel: Ein Kind zeigt beim Fuß-vor-Fuß-Gang vorwärts keine Auffälligkeiten, beim Fuß-vor-Fuß-Gang rückwärts aber Gleichgewichtsstörungen und Unsicherheiten sowie leichte Verkrampfungen im Arm- und Handbereich. Signiert wird dann folgendermaßen:

Fuß-vor-Fuß-Gang	vorwärts	rückwärts
Haltungssicherheit	⊗	◯
Gleichgewichtsstörungen	◯	⊗

Die beobachteten Verkrampfungen können zusätzlich im Bogen vermerkt werden.

Einbeinstand links u. rechts		Augen offen	Augen geschlossen
	10 sec. mit herabhängenden Armen	O	O
	Armrudern, (starke) Unsicherheiten	O	O
Fuß-vor-Fuß-Gang (Ferse an Fußspitze und umgekehrt)		vorwärts	rückwärts
	Haltungssicherheit	O	O
	Armrudern, (starke) Gleichgewichtsstörungen	O	O
Fuß-vor-Fuß-Stand (Ferse an Fußspitze)	Haltungssicherheit	O	
	(starke) Gleichgewichtsstörungen	O	
Balancieren auf Zehenspitzen		Augen offen	Augen geschlossen
	Haltungssicherheit	O	O
	Gleichgewichtsstörungen	O	O
Balancieren auf Balken (5 – 7 cm breit, evtl. KTK-Balken)		vorwärts	rückwärts
	Haltungssicherheit	O	O
	Armrudern, (starke) Gleichgewichtsstörungen	O	O
Beidbeiniges Springen (über auf Boden geklebten Kreppstreifen, 5 cm breit)		links-rechts	vorwärts-rückwärts
	geschlossene Füße	O	O
	Füße nicht geschlossen	O	O
	Abspringen mit einem Fuß	O	O
	Gleichgewichtsstörungen	O	O
Hampelmann-Sprung	koordinierte Bewegungen	O	
	Unsicherheiten	O	

Abb. 17: Kurzüberprüfung Gleichgewicht/Körperkoordination

<u>Fixieren</u>		
einzelne Nah-/Fernpunkte	sofortiges Einrastern auf Ziel	○
	problemloses Fixieren 10–15 sec	○
<u>Augensprünge</u>		
vertikal	starke Suchbewegungen der Augen	○
horizontal	keine Augensprünge möglich	○
diagonal	Fixierung kann nicht gehalten werden	○
<u>Verfolgen</u>		
vertikal	Kopfstabilisierung u. gleichmäßiges Folgen der Augen	○
horizontal	Hinausschießen über Ziel	○
diagonal	Verlieren d. Ziels	○
	Nachhinken	○
	ruckartiges Verfolgen	○
	Probleme bei Überquerung d. Mittellinie	○
	Blinzeln	○
	Grimmassieren	○
	Kopf-, aber keine Augenbewegungen	○
<u>Im Einzelfall auch monokulare Prüfung!</u>		

Abb. 18: Kurzüberprüfung – Extraokulare Muskelkontrolle
(Screening in Anlehnung an *Brand/Breitenbach/Maisel*: Integrationsstörungen.Würzburg 1985)

Erläuterung zur Durchführung (Abb. 18):
Die Augen können durch sechs Muskeln (pro Auge) in jeder Raumrichtung bewegt werden. Dies ist wichtig für das »Im-Auge-Behalten« der Umwelt trotz Körperbewegungen.
Auffälligkeiten bei den Beobachtungen können auf Störungen des Vestibulärsystems und des propriozeptiven Systems hindeuten, da vestibuläres System und Propriozeptoren der Hals- und Nackenmuskeln die Augenbewegungen beeinflussen.

Zur Durchführung benötigt man zwei Stäbe (Stifte) mit farblich auffallenden Spitzen (z. B. leuchtend gelb und leuchtend rot oder zwei andere auffallende Farben).

Beim Fixieren wird das Kind aufgefordert, die Augen einige Zeit (ca. 10 sec.) auf die farbige Spitze des Objekts zu richten. Es genügen drei bis fünf Versuche (verschiedene Distanz, verschiedener Blickwinkel).

Bei der Überprüfung von Augensprüngen sitzt der Testleiter dem Kind in einer Distanz von 45–50 cm gegenüber und fordert es auf, im Wechsel die beiden farblich unterschiedlichen Objekte zu fixieren.

Beim Verfolgen bewegt der Testleiter den Stab im Abstand von 45–50 cm vor den Augen des Kindes entsprechend den Vorgaben im Protokollbogen und beobachtet die Bewegungen der Augen.

Die Signierung erfolgt entsprechend der Beobachtungen.

Das Screening kann eingesetzt werden, wenn sich bei einzelnen Kindern Auffälligkeiten in spielerischen Übungen oder im Leseunterricht gezeigt haben, z. B. beim Fixieren von Buchstaben oder Gegenständen, beim Verfolgen von Bällen, Kugeln, Lichtkegeln, bei Augenfolgebewegungen beim Lesen.

Hautzeichnung (auf Hand, Unterarm, Rücken)		
	erkennt Formen nicht	○
	benennt Formen	○
	zeichnet nach	○
möglich auch: Buchstaben, geometrische Formen		
Tastlokalisation (auf Finger, Hand, Unterarm, Rücken)		
Druckreiz auf entsprechende Körperteile (an verschiedenen Körperteilen wiederholen)	zeigt auf Druckstellen	○
	benennt Körperteil	○
	Verwechslung	○
Manuelle Formwahrnehmung		
Tastsack: Ertasten von Formen (Kreis, Dreieck, Viereck) und Gegenständen (Spielmaterial)	ertastet Gegenstände	○
	ordnet sie Abbildung zu	○
	benennt sie	○
	Verwechslung	○

Abb.19: Kurzüberprüfung – Taktile Wahrnehmung

Erläuterung zur Durchführung (Abb. 19):
Die Übungen werden dem Kind als Spiele angeboten und »blind« (Augenschluß, verbundene Augen, Kapuze, Schirm aus Pappe) durchgeführt. Die Rückenzeichnungen können im Stehen, Sitzen oder Liegen durchgeführt werden.

Die Formen werden mit dem Finger auf Hand/Unterarm/Rücken gezeichnet, das Kind wird aufgefordert, die Form an der Stelle, wo es sie gespürt hat, mit dem Finger (evtl. »blind«) nachzuzeichnen oder zu benennen.

Gerade diese Übungen zur taktilen Wahrnehmung machen – als Spiele angeboten – den Kindern viel Spaß (Ausnahme: Kinder mit taktiler Abwehr). Sie lassen sich auch als Partnerübungen durchführen.

Die Signierung erfolgt analog der Signierung bei »Gleichgewicht/Körperkoordination« und bei »Extraokulare Muskelkontrolle«.

Die Screening-Verfahren sind im Sinne differenzierter Beobachtungen zu sehen und in den Schülerbeobachtungsbogen bzw. in das Schülerbeobachtungsheft gut zu integrieren.

Abb. 20: Kurzüberprüfung – Dominanz
(Autoren und Verlag danken Herrn Sonderschulkonrektor Franz Plötz, Kötzting, für die Abdruckgenehmigung.)

KURZÜBERPRÜFUNG – DOMINANZ (Seitigkeit)			
	L	R	Bemerkungen
Hand – Kaleidoskop			
– Hammer – Nagel			
– Buchstaben sortieren			
– Deckel aufschrauben			
– Türe, Fenster öffnen			
– Tafel wischen			
– etwas ausradieren			
– Kreise ausschneiden			
– Bleistift spitzen			
– Blumen gießen			
– Perlen auffädeln			
– Fingernägel bürsten			
Auge – Kaleidoskop			
– durch Schlüsselloch schauen			
– durch Papierrohr schauen			
– mit der Hand zeigen			
Bein – Hüpfen auf einem Bein			
– Ball mit Fuß stoßen			
– Singen u. Takt schlagen			
– Weitsprung			
– m. Fuß Kreis zeichnen			
– m. Zehen Tuch aufheben			
Ohr – telefonieren			
– tickende Uhr (versteckt) suchen			
– leise sprechen – Kopf drehen			

4 Maßnahmen zur Verhütung von Lernbeeinträchtigungen

Im folgenden geht es ganz allgemein um Maßnahmen der primären Prävention in der Grundschule. Konkret: Wie müssen Schule, Schulleben und Unterricht organisiert sein, damit die Auftrittswahrscheinlichkeit von Störungen möglichst gering gehalten wird? Welche basalen schulischen Prozesse müssen entwickelt und welche lernfördernden Faktoren beachtet werden?

4.1 Förderung basaler schulischer Prozesse

Zu »grundlegenden Prozessen für aufgabenbezogene Leistungen« (Oerter 1987/35) gehören:
- Hören,
- Sehen,
- Greifen, Tasten und Fühlen,
- Riechen und Schmecken,
- Bewegung (Grob- und Feinmotorik),
- Gleichgewicht,
- Sprechmotorik und Artikulation,
- Aufmerksamkeit, Konzentration, Arbeitstempo, Ausdauer,
- Gedächtnis,
- nonverbale Sprache,
- Sprachverständnis, Sprachwissen und Kommunikation.

Viele dieser basalen Prozesse fließen in den Unterricht mit ein, ohne daß es Lehrern oder Schülern besonders bewußt wird. Die Übersicht mag deshalb erneut verdeutlichen, welche Steinchen zu dem Mosaik der aufgabenbezogenen Leistungen in der Schule gehören. Lehrer und Lehrerinnen sollen gegebenenfalls darauf achten, daß grundlegende Prozesse, die bislang vernachlässigt worden sind, vermehrt im Unterricht zur Geltung kommen. Dabei geht es nicht um isolierte Übungen, sondern vielmehr um eine ganzheitliche und harmonische Integration in den Unterricht. Die folgenden Ausführungen sind daher auch weniger unter therapeutischen, sondern vor allem unter schulischen und unterrichtlichen Gesichtspunkten zu sehen.

Wir zeigen in knapper Form jeweilige Ziele, Möglichkeiten für den Einbau in den Unterricht, exemplarische Übungsmaterialien und Literatur zur weiteren Vertiefung auf.

Hören

- Geräusche erkennen,
- Geräusche unterscheiden,
- Geräusche orten (Richtungshören),
- Bewegungen nach akustischen Leitzeichen (Rhythmus, Melodien, Signale) steuern,
- nach Tonhöhe, Lautstärke und Klangqualität differenzieren,
- auditive Empfindungen (z. B. die Differenzierungsmerkmale) verbalisieren,
- Einzellaute oder Lautgruppen heraushören (Figur-Grund-Differenzierung, akustische Analyse),
- die akustische Speicherfähigkeit trainieren (Ton-Melodie-Folgen).

Einbau in den Unterricht:
- Leseunterricht (akustische Analyse),
- Musikunterricht,
- Bewegungserziehung.

Materialien:
- Orff-Instrumentarium,
- Fritze-Tonkassetten (vgl. Fritze 1979; Fritze u. a. 1979).

Praxisorientierte Literatur:

Fritze, Ch.: »Schalleigenschaften«. Unterrichtsbeispiel zur Förderung der auditiven Wahrnehmung. In: *Reinartz, A. & Reinartz, E. & Reiser, H. R.* (Hrsg.): Wahrnehmungsförderung behinderter und schulschwacher Kinder. Berlin: Marhold, 1979, S. 245–250
Fritze, Ch. u. a.: Hören – auditive Wahrnehmungsförderung. Hannover: Schroedel 1976
Fritze, Ch. u. a.: Hören – Einführung in eine Übungsfolge zur auditiven Wahrnehmungsförderung. In: *Reinartz & Reinartz & Reiser* 1979, S. 227–244
Heuss, G.: Vorschule des Lesens. 3. überarb. Aufl. München: Oldenburg, 1980, S. 94–108
Sindelar, B.: Lernprobleme an der Wurzel packen. Trainingsprogramm gegen Lernstörungen (hier: Akustisches Training), Wien: Selbstverlag (Dr. Brigitte Sindelar, Wipplingerstr. 12, A-1010 Wien), o. J.

Sehen

- Formen unterscheiden,
- Größen unterscheiden,
- Entfernungen unterscheiden,
- Farben erkennen und unterscheiden,
- Figuren erkennen,
- Muster erkennen,
- ähnliche Zeichen unterscheiden,
- nach Farbe und Form klassifizieren,
- Figur-Grund-Wahrnehmung üben,
- die optische Analyse und die Synthese üben,
- die Wahrnehmungskonstanz fördern (z. B. beim Drehen eines Bildes, beim Betrachten eines Bildes aus unterschiedlichen Blickwinkeln und Entfernungen),
- visuelle Empfindungen verbalisieren,
- die optische Speicherfähigkeit üben.

Einbau in den Unterricht:
- Leseunterricht,
- Mathematikunterricht,
- Heimat- und Sachkunde.

Materialien:
vielfältige Materialien, z. B. Heinevetter, LÜK-Kästen, »Schau genau«, »Differix«, »Memory« u. v. a.

Praxisorientierte Literatur:

Arnoldy, P.: Achtung, aufgepaßt! Ein audiovisuelles Lernprogramm zur Förderung der Hör, Sprach- und Lesefähigkeit (Handbuch, Arbeitsblätter, Cassetten, Tonbänder). Ismaning: Hueber-Holzmann, 1977/78
Heuss, G.: Vorschule des Lesens, München, ³1980, S. 87–94
Reinartz, A. & Reinartz, E. & Reiser, H. R. (Hrsg.): Wahrnehmungsförderung behinderter und schulschwacher Kinder, a.a.O., bes. S. 9–202
Sindelar, B.: Lernprobleme an der Wurzel packen (Optisches Training), a.a.O.
Staatsinstitut für Schulpädagogik und Bildungsforschung – ISB (Hrsg.): Erstlesen. Handreichung für die Schule für Sprachbehinderte sowie für Diagnose- und Förderklassen (Schulversuche). Rimpar: Deutsche Gesellschaft für Sprachheilpädagogik, 1986

Greifen, Tasten und Fühlen

- »mit den Fingern anschauen« (d. h. das Ergreifen und Be-Greifen, das Ertasten und Erfühlen neben der optischen und akustischen Darbietung bzw. Erarbeitung als ebenso elementar und gleichwertig für das Lernen ansehen),
- Druck (ausgeübten und empfundenen) unterscheiden und verbalisieren,
- etwas fest-halten können,
- Oberflächenstrukturen unterscheiden und verbalisieren,
- Temperaturen unterscheiden und verbalisieren,
- Formen abtasten und unterscheiden.

Einbau in den Unterricht:
- Heimat- und Sachkunde, Deutsch: Gegenstände und Begriffe durch Greifen, Tasten und Fühlen erarbeiten.
- Schreibunterricht: plastische Buchstaben abtasten.

Materialien:
- Gegenstände aus der Natur, Modelle,
- Montessori-Material,
- Buchstaben aus Sandpapier, aus Schnüren, aus plastischem Material,
- Fühl-Domino.

Praxisorientierte Literatur:

Lippitz, W. & Plaum, J.: Testen – Gestalten – Genießen. Einführung in konkretes pädagogisch-anthropologisches Denken an Unterrichtsbeispielen aus der Grundschule. Königstein/Ts.: Scriptor, 1981
Seitz, R. (Hrsg.): Tast-Spiele. Sinn-volle Frühpädagogik. 2. Aufl. München: Don Bosco, 1986

Riechen und Schmecken

- Riechen und Schmecken bewußt als Eingangskanal gebrauchen,
- an Blumen, Blüten, Gegenständen in der Natur riechen,
- Geruchsintensitäten unterscheiden (»duftet stärker als . . .«),
- Sensibilität für Gerüche entwickeln (z. B. das Klassenzimmer rechtzeitig lüften, die frische Luft bewußt aufnehmen . . .),
- verschiedene Geruchs- und Geschmacksrichtungen (süß, salzig, sauer, scharf, bitter, herb . . .) verbal unterscheiden,
- bewußt essen (auch als Beitrag zur Konzentration).

Einbau in den Unterricht:
– Unterrichtsgänge in der Natur,
– Möglichkeit des Einbaus in den Leseunterricht: Backen von Russisch Brot (Buchstabenplätzchen), Legen von Wörtern, Riechen, evtl. Abtasten mit der Zungenspitze, Essen des Wortes (vgl. auch die Redewendung:»Hast du es gefressen?«),
– Kochen, Backen, Essen und Trinken im Unterricht.

Materialien:
– Gegenstände der Natur und des Sachunterrichts,
– Schulgarten als Duftgarten (z. B. verschiedene Gewürze und Kräuter),
– Sammlung verschiedener Essenzen.

Praxisorientierte Literatur:

Kükelhaus, H. & Lippe, R. z.: Entfaltung der Sinne. Erlebnisse mit dem Erfahrungsfeld. 4. Aufl. Frankfurt/M.: Fischer, 1987
Löscher, W.: Riech- und Schmeck-Spiele. Sinn-volle Frühpädagogik. 2. Aufl. München: Don Bosco, 1987

Bewegung (Grob- und Feinmotorik)

– Figuren laufen, Buchstaben laufen,
– Bewegungen nach taktil-kinästhetischen »Leitzeichen« steuern (z. B. Seilformen abtasten, Bewegungen auf Reibpapier vollziehen),
– die psychomotorische Koordination (Rhythmus, Flexibilität, Geschwindigkeit) üben,
– Bewegungsabfolgen rhythmisieren (Abzählen, Tanz, Musik und Bewegung),
– knöpfen, knüpfen, Schleifen binden,
– reißen, schneiden, falten,
– malen und zeichnen,
– Bewegungsabfolgen verbalisieren,
– Raum-Lage-Beziehungen und Bewegungserfahrungen im Raum verbalisieren.

Einbau in den Unterricht:
– Sport, Musik und Bewegung, Kunst und Werken,
– Fünf-Minuten-Spiele während des Unterrichts zur Auflockerung.

Materialien:
- Requisiten des Sport- und des Werkunterrichts,
- Orff-Instrumente,
- Montessorimaterial, psychomotorisches Fördermaterial.

Praxisorientierte Literatur:

Eggert, D. (Hrsg.): Psychomotorisches Training mit lese-rechtschreibschwa-chen Schülern. 2. Aufl. Weinheim u. a.: Beltz, 1979
Frostig, M.: Bewegungserziehung. Neue Wege der Heilpädagogik. 3. Aufl. München u. a.: Reinhardt, 1980
Kiphard, E. J.: Motopädagogik. 3. erg. Aufl. Dortmund: Vlg. modernes lernen, 1987

Gleichgewicht

- den gesamten Körper koordinieren (Gesamtkörperkoordination),
- die visumotorische Koordination üben,
- die Raumlage wahrnehmen,
- räumliche Beziehungen wahrnehmen,
- die eigene Körpermotorik wahrnehmen (motorische Perzeption),
- auf Gleichgewichtsveränderungen reagieren.

Einbau in den Unterricht:
- Sport, Musik und Bewegung,
- Fünf-Minuten-Spiele (Balancieren, Stehen auf einem Bein, Ham-pelmann-Sprung).

Materialien:
- Trampolin, Schwebebalken, Klettergerüst, Schaukel, Hängematte, Seile, Ringe . . .
- Pedalo, Rollbrett, Rollschuhe, Skateboard . . .
- Therapieball, Therapierolle u. v. a. m.

Praxisorientierte Literatur:

Ayres, J.: Bausteine der kindlichen Entwicklung. Berlin u. a.: Springer, 1984
Brand, I. & Breitenbach, E. & Maisel, V.: Integrationsstörungen. Diagnose und Therapie im Erstunterricht: Würzburg: Maria-Stern-Schule, 1985, S. 176–287
Frostig, M.: Bewegungserziehung, a.a.O.

Sprechmotorik und Artikulation

- die normgerechte Artikulation üben,
- Sprach-, Sprech-, Rede- und Stimmübungen durchführen,
- Artikulations- und Lautdiskriminationsübungen durchführen.

Einbau in den Unterricht:
- Sprechen auf Tonband,
- Sprach- und Rollenspiele,
- Zungenbrecher,
- Lieder, Gedichte, Theater,
- ggf. spezielle Logopädie durch einen Sprachheilpädagogen.

Materialien:
- Gedichtbände,
- Puppen, Kasperltheater,
- Playmobil,
- Tonband,
- Spiegel für Artikulationsübungen.

Praxisorientierte Literatur:

Aschenbrenner, H. (Hrsg.): Sprachheilpädagogik. Eine Übersicht. Wien u. a.: Jugend und Volk, 1975
Hinteregger, F. & Meixner, F. (Hrsg.): Sprachheilpädagogik in Vorschule und Grundschule, Wien u. a.: Jugend und Volk u. a., 1984

Aufmerksamkeit, Konzentration, Arbeitstempo, Ausdauer

- die allgemeine Aufmerksamkeit pflegen,
- Wahrnehmungsübungen durchführen (vgl. 5.2),
- den allgemein-impulsiven Wahrnehmungs- und Reaktionsstil abbauen,
- reflexives Verhalten einüben (vgl. 4.2.3),
- das »innere Sprechen« einüben (verbale Selbstinstruktion),
- die Arbeitsweise verflüssigen.

Einbau in den Unterricht:
- Geschichten hören und erzählen,
- kurze Gedichte auswendig lernen,
- visuelle, auditive und taktile Wahrnehmungs- und Konzentrationsübungen,
- Entspannungsübungen.

Materialien:
- Bilder,
- Bücher,
- Tonband.

Praxisorientierte Literatur:

Juna, J. & Poledna, R. & Schwarzmann, F. K.: Konzentration kinderleicht.
4. VS. 7. Aufl. Wien u. a.: Jugend u. Volk, 1980
Lauster, U.: Konzentrationsspiele. (Eltern fördern ihr Kind.) 3 Bde. Reutlingen: Ensslin & Laiblin, 1975–1978
Vester, F. & Beyer, G. & Hirschdeld, M.: Aufmerksamkeitstraining in der Schule. Heidelberg: Quelle & Meyer, 1979
Wagner, I.: Aufmerksamkeitstraining bei impulsiven Kindern. Stuttgart: Klett, 1976

Gedächtnis

- das Lang- und Kurzzeitgedächtnis trainieren.

   Einbau in den Unterricht:
- Merkverse, Eselsbrücken,
- Gedächtnisspiele,
- Assoziationsübungen,
- Auswendiglernen von Gedichten, Liedern und Musikstücken,
- Rollenspiele, Theater.

Materialien:
- Gedächtnisspiele,
- Gedichte und Lieder.

Praxisorientierte Literatur:

Beyer, G.: Gedächtnis- und Konzentrationstraining. Creatives Lernen, Superlearning, Lernen in Entspannung. Düsseldorf u. a.: Econ, 1986
Heuss, G.: Vorschule des Lesens, München [3]1980, S. 132–134
Ott, E.: Intelligenz macht Schule. Denkspiele zur Intelligenzförderung für 8–14jährige. Reinbek: Rowohlt, 1978, 1984
Sedlak, F. & Sindelar, B.: Hurra, ich kann's. Frühförderung für Vorschüler und Schulanfänger. Wien: Österr. Bundesverlag, 1983

Nonverbale Sprache

- Bilder und Zeichnungen »lesen«,
- Piktogramme und Bilderschriften deuten,
- »Lesen überall« (Mienen, Gesten, Bilder, Piktogramme, Pfeile, Verkehrsschilder, Farben [z. B. Rot-Gelb-Grün], Monogramme),
- Erlebnisse und Handlungen mit Zeichnungen und anderen graphischen Zeichen (Skizzen und Symbole) »niederschreiben«,
- die Leserichtung von links nach rechts, von oben nach unten einüben.

Einbau in den Unterricht:
- »Comic strips« im Aufsatzunterricht,
- Verkehrserziehung (im Sinne, daß die Verkehrszeichen gedeutet, interpretiert, nicht aber auswendig gelernt werden),
- Symbole für den Unterrichtsablauf,
- Interaktions- und Rollenspiele, Pantomime.

Materialien:
- Bilder mit Gesten und Gesichtsausdrücken,
- Materialien zur Verkehrserziehung,
- selbstverfertigte Symbolkarten.

Praxisorientierte Literatur:

Heidemann, R.: Körpersprache vor der Klasse. 3. Aufl. Wiesbaden: Quelle & Meyer, 1989
Heuss, G.: Vorschule des Lesens, München ³1980, S. 126–129
Molcho, S.: Körpersprache. München: Mosaik, 1983
Tausch, A. u. a.: Weinen, Wüten, Lachen. Sechs Menschen zeigen, was sie fühlen. Ravensburg: Maier, 1975

Sprachverständnis, Sprachwissen, Kommunikation

- Sprachaufbau- und Sprachgebrauchsübungen einsetzen,
- Begriffsbildungen üben,
- Grammatik und Syntax trainieren,
- das Instruktionsverständnis fördern,
- »Gedankenabläufe geordnet darstellen und flüssig reden können« (Heuss 1980/77),
- Handlungen ausführen und versprachlichen,
- zuhören und sich mitteilen,
- miteinander sprechen,
- die Mitteilsamkeit fördern, auch bei fehlerhafter Sprache.

Einbau in den Unterricht:
- eigentlich immer,
- Interaktions- und Rollenspiele.

Materialien:
- Schulbücher,
- Bilderbücher,
- Kinderliteratur.

Praxisorientierte Literatur:

Bush, W. J. & Giles, M. T.: Psycholinguistischer Sprachunterricht. Hilfen für die Elementar- und Primarstufen. 2. Aufl. München u. a.: Reinhardt, 1982
Heuss, G.: Vorschule des Lesens, München [3]1980, S. 109–114

4.2   Beachtung lernfördernder Faktoren

Schulorganisatorische Gegebenheiten können in einem sehr starken Maße an Lernbeeinträchtigungen bis hin zu Lernbehinderungen beteiligt sein. Erwähnt seien hier nur »selbstverständliche« Prinzipien der Schulpraxis wie
- Zurückstellung,
- Jahrgangsklassensystem,
- der »7-g-Unterricht« (vgl. S. 44),
- Leistungsprinzip,
- Noten,
- vorrangige Bewertung der »Vorrückungs«-Fächer u. a. m.

So wird von manchen Autoren (z. B. Biermann 1976) Schulversagen nicht so sehr als jeweils individuelles Versagen des Schülers, sondern vielmehr als ein strukturelles Versagen der Schule angesehen. Entsprechend wird seit den siebziger Jahren eine Fülle von Reformvorschlägen angeboten (vgl. Weigert 1987a/189–222), die lernhemmende Fesseln (wie oben aufgezeigt) lockern, lösen oder abstreifen wollen. Diese Entwürfe zielen meist auf strukturelle Änderungen der Grundschule bzw. des gesamten Schulsystems ab. Damit ist aber (von einigen organisatorischen Anregungen einmal abgesehen) dem Schulpraktiker wenig geholfen.

Aus diesem Grunde wollen wir im folgenden einige Hinweise auf lernfördernde Faktoren in einer »herkömmlichen« Grundschule geben. Das ist im Sinne einer primären Prävention auch deshalb wichtig, weil bestimmte Variablen, die oft eher als Randbedingungen des Unterrichts gesehen werden, häufig dazu beitragen können, daß Lern- und Verhaltensauffälligkeiten erst gar nicht entstehen.

4.2.1   Förderung positiver sozio-emotionaler Bezüge zur Schule

Man darf davon ausgehen, daß die Atmosphäre einer Schule die psychische Verfassung der Schüler und Schülerinnen mehr oder weniger mitbestimmt.

Das Klima in einer Schule sollte so sein, daß es positiv emotional stimulierend wirkt und eine positive Grundstimmung sowie positive Assoziationen im Hinblick auf das Thema »Schule« fördert. Mit dem Schlagwort »Schulleben« wird die Bedeutsamkeit des verständnisvollen Aufeinander-Zugehens und das positive Miteinander aller mit Schule befaßten Personen (Schüler und Schülerinnen, Eltern, Lehrer und Lehrerinnen, Schulverwaltung) umrissen. Gelingt die Zusammenarbeit, dann kann Schule zu einem Ort lebendigen Lernens werden, an dem eine Einheit von Unterricht und Erziehung besteht. Im folgenden einige Anregungen zur Gestaltung einer positiven Schulatmosphäre:

– Sehr bedeutsam für eine »positive Emotionalisierung« der Schule ist die wohlüberlegte Gestaltung des ersten Schultages. Kennenlernspiele, Führung durch das Schulhaus, ein gemeinsames Fest oder Projekt zum Schulbeginn (z. B. »Das ist unsere Schule«), Patensystem (ältere Schüler und Schülerinnen als Paten für die Erstkläßler) tragen zu einem positiven Zugang in den neuen Lebensbereich bei (vgl. auch Naegele u. a. 1988/82 ff.; Meynersen 1984/36 f.; Portmann 1988).

– Wichtig ist auch ein freundlich gestaltetes Klassenzimmer (Gestaltung unter Mitsprache und Mitbeteiligung der Kinder und Eltern): Ruhe-, Lese-, Ausstellungs-, Informations- und Spielecke; Regale (als Raumteiler) mit ansprechenden Büchern und Spielen; Kisten mit Spiel- und Differenzierungsmaterial; Pflanzen; Teppich (für »Sitzspiele«); Posters, Bilder zu Themen aus dem Unterricht; »Ich-Bilder« (Selbstporträts, »Was ich (nicht) gerne mag/mache«, »Wie/Wo ich wohne« . . .) (vgl. auch Meynersen 1984/241 ff. und Abb. 21)

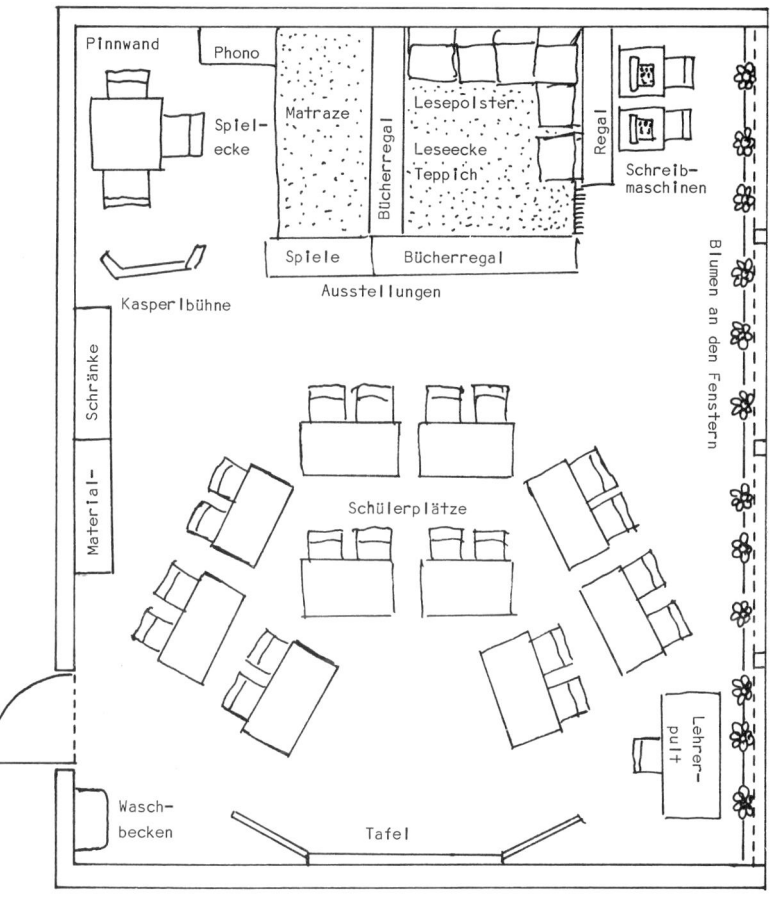

Abb. 21: Mögliche Gestaltung eines Klassenzimmers. (nach Anregungen aus Baier/Weigert 1983/30 u. Meynersen 1984/253)

– Die äußere und innere Gestaltung des Schulhauses sollte ansprechend sein: keine sterile Betonarchitektur, viel Licht, ansprechende Farben und natürliches Baumaterial (Holz), ansprechende und den physiologischen Erfordernissen der Kinder angepaßte Schulmöbel, Vitrinen und Stellwände in den Fluren für Ausstellung von Schülerarbeiten, künstlerische Gestaltung einzelner Räume (z. B. Aula) oder Wände, Sitzecken zum Niederlassen, Pflanzen usw.

- Neben dem Innenleben der Schule ist auch den Außenanlagen besondere Aufmerksamkeit im Sinne einer positiven (Um)Gestaltung zu schenken: Ruhe- und Spielzonen; keine betonierten Höfe; abwechslungsreiche Bepflanzung; Ermöglichung sinnlicher Erfahrungen durch entsprechende »Spielstraßen«, »Duftgärten« u. a. (Sehr gute Anregungen dazu finden sich bei Burk/Haarmann 1980, Kükelhaus/Lippe 1987, Meynersen 1984.)

- Die Lehrerin prägt bewußt oder unbewußt weitgehend das Klima in der Klasse mit. Sie hat eine tragende Modellrolle; Lehrerverhalten und -einstellung werden vielfach (im Sinne des Modellernens) von Schülern (je jünger sie sind, um so eher) übernommen. Die Lehrerpersönlichkeit sollte geprägt sein von Verständnisbereitschaft für die ihr anvertrauten Schüler und Schülerinnen. Reinhard u. Annemarie Tausch (1979) haben in diesem Zusammenhang wesentliche erziehliche Dimensionen herausgestellt: Empathie, Wärme und Echtheit.

  In Gesprächen mit der Klasse, im gemeinsamen Gespräch mit Kollegen und Kolleginnen, in Pädagogischen Konferenzen können Möglichkeiten erörtert werden, ein positives Schulklima zu schaffen, das auch lernbeeinträchtigte Kinder vor Etikettierung bewahrt.

- Soziogramme, Rollenspiele, Interaktionsspiele können Hinweise auf bestimmte »Problemkinder« mit auffälligem Verhalten geben, gleichzeitig bieten sie Ansätze und Möglichkeiten zur Reflexion des Verhaltens von Schülern und zur Anbahnung einer Klassenatmosphäre und -gemeinschaft, in der Konflikte gemeinsam und mitmenschlich gelöst werden.

- Eine Schülersprechstunde einmal pro Woche, in der Schüler und Schülerinnen einzeln oder in Gruppen über ihre Schwierigkeiten und Probleme berichten können (mit Mitschülern, mit Eltern, mit Lehrern, bei den Hausaufgaben, bei der Vorbereitung von Prüfungen, beim Lernen...) dient der emotionalen Entlastung und der emotionalen Stabilisierung der Kinder.

- Ganz wichtig von Anbeginn an sind die Einführung und das Einüben fester Strukturen und Rituale. Beispiele dazu sind: Festlegen eines Tagesplans (s. Abb. 23), Begrüßungsrituale, Gesprächskreis, Gestaltung von Arbeitsphasen: Bereitlegen des Arbeitsmaterials, Ordnung auf dem Arbeitsplatz, Ruhe während der Arbeit; Morgen-

kreis – Einführung in den Unterrichtsvormittag; Abschluß des Unterrichtsvormittags durch Besinnungsphase, Gespräch, Spiel, Konzentrationsübung, Entspannungsübung.
- Die Atmosphäre in der Klasse wird auch mitbestimmt durch den Grad der Offenheit der Kommunikation. Offene Kommunikation kann gefördert werden durch wöchentlich eine Stunde, in der Freiraum für Äußerungen persönlicher Bedürfnisse vorhanden ist. Auch eine »Spielstunde«, in der Interaktionsspiele angeboten werden, ist bei Klassen sehr beliebt. Gerade die Interaktionsspiele fördern die soziale Kompetenz und das Miteinander der Schüler, sofern sie regelmäßig eingesetzt werden (Beispiele dazu siehe Kap. 5. 3).
- Nicht zuletzt kommt auch der Gestaltung von Feiern und Festen eine hohe Bedeutung im Hinblick auf das Schulklima zu. Anlässe können Geburtstage, Advent, Weihnachten, Jahresabschluß, Schullandheimaufenthalte sein. Meist sind die Kinder mit Begeisterung bei der Vorbereitung und Gestaltung dieser Feste dabei. Damit kommt diesen Gemeinschaftsveranstaltungen große Bedeutung in bezug auf die Förderung der Lernmotivation zu.

4.2.2   Anpassung des Unterrichts

Unterrichtsadaption befaßt sich mit der Anpassung des Lerngeschehens an die Besonderheiten (Alter, Belastungsfähigkeit, soziale Situation, körperliche und seelische Disposition, Lernstile, sachstruktureller Entwicklungsstand, Neigungen und Interessen u. a. m.) der Kinder.
- Bei der *Stundenplangestaltung* sind vor allem die Leistungsschwankungen während des Tages zu beachten. In der sogenannten »Mittagssenke« zwischen etwa 12 und 15 Uhr ist nicht nur die Leistungsfähigkeit des Kindes, sondern auch die des Lehrers erheblich gemindert. Die höchste Leistungsbereitschaft kann ungefähr um 10 Uhr angenommen werden (vgl. Ockel 1973). Daraus folgt, daß die Unterrichtsstunden mit den höchsten Anforderungen (Deutsch und Mathematik) zwischen 9 und 11 Uhr anzusetzen sind.
- Ganz allgemein ist stets darauf zu achten, daß ein »*rhythmischer Wechsel*« zwischen Lernen, körperlicher Tätigkeit, Unterricht und Erholung« eingehalten wird (Klimt 1975/157), entsprechend der Unterricht hinsichtlich der Fächer nach mehr sensumotorischen

bzw. mehr verbalen Phasen aufeinander abgestimmt wird und Doppelstunden – auch im Schulsport – vermieden werden (vgl. ebd.).
- Die Woche über ist die höchste *Leistungsfähigkeit* der Kinder am Dienstag und Mittwoch zu registrieren (Ockel 1973/33); diese Tatsache spielt im Hinblick auf Proben und informelle Tests eine Rolle.
- Nicht übersehen werden darf die relativ *geringe zeitliche Belastungsfähigkeit* von Grundschülern. Sechsjährige Kinder können sich etwa zwischen 10 und 20 Minuten konzentrieren, auf keinen Fall länger (vgl. Wiederholt 1980/144). Daher sollte eine 45-Minuten-Stunde etwa wie folgt strukturiert werden:
  Nach einer *Freiarbeitszeit* oder einer *Orientierungsphase* von 5 bis 15 Minuten Dauer (vgl. Abb. 22; vgl. auch Hegele 1988 u. Röbe 1986) schließt sich eine *Konzentrationsphase* an, die in der 1. und 2. Klasse etwa 15 Minuten, in der 3. und 4. Jahrgangsstufe etwa 20 Minuten umfaßt. Für die letzten 10 bis 20 Minuten sollen durch *Wechsel in der Unterrichtstätigkeit* Belastungen kompensiert werden; denkbar wäre hier auch Unterricht mit leichterem Stoff. Vor allem für die Stundenübergänge und Stundenausklänge (aber auch schon während der Stunde) sind musikalische und rhythmische Betätigung, spielerische Konzentrationsübungen sowie Entspannungstechniken zu empfehlen.
- Der *Ablauf eines Unterrichts-Vormittages* kann Schülern und Schülerinnen durchaus auch als Programm angekündigt werden, sei es in Form eines schriftlich festgehaltenen Tagesplans für die älteren Schüler, sei es mit Hilfe von graphischen Symbolen für die jüngeren (vgl. Abb. 23).
- Kernstück der Unterrichtsadaption ist die *Differenzierung*. Eine fächerübergreifende (streaming) oder fachbezogene (setting) Leistungsdifferenzierung ist für die Grundschule wenig akzeptabel (vgl. Weigert 1987 a/233 f.). An Formen äußerer Differenzierung in der Grundschule sind allenfalls noch denkbar:
  • Förderunterricht in Sprache und Mathematik innerhalb flexibler Gruppierungen,
  • Arbeitsgemeinschaften, die den Neigungen und Interessen der Schüler entgegenkommen,
  • vorübergehend Kurse für Ausländerkinder oder Kinder von Aussiedlern,
  • spezielle Fördermaßnahmen (Sonderturnen, Sprachheilunterricht, Kurse für Kinder mit Legasthenie oder Rechenschwäche).

FREIARBEITSZEIT

ZIELE
ZWANG- UND ANGSTABBAU BEDÜRFNISBEFRIEDIGUNG SOZIALTRAINING MOTIVATIONSFÖRDERUNG FÄHIGKEIT DER SELBSTEINSCHÄTZUNG ENTSCHEIDUNGSFÄHIGKEIT VERTIEFUNG UND ERWEITERUNG DES LERNSTOFFES FACHERGÄNZUNG

BEDINGUNGEN

LEHRER	SCHÜLER
Kenntnis individueller Besonderheiten der Schüler (Interessen, Fertigkeiten, Lücken) Anbahnen der »Techniken« und Arbeitsformen Materialbereitstellung	Fähigkeit zur Selbstbeschäftigung und Selbständigkeit Sicherheit im Umgang mit den Materialien Grundschulfähigkeit

ORGANISATION
Adäquate Ausstattung des Klassenzimmers: Leseecke, Spielecke, Bastelecke, Teppich, Sofa, zusätzliche Stühle und Tische Miteinbeziehen des Gruppenraumes Altersadäquate Spiele, Lernspiele, Konzentrationsspiele, Arbeitsblätter, Bilder-, Kinder-, Schulbücher, Zeitschriften, Zeitungen, Instrumente, Radio, Cassettenrecorder, Baukästen, Bastelmaterial, Handarbeiten, Malkästen, Malblöcke, Tier- und Pflanzenpflege (Aquarium, Kleintiere, Blumen)

Abb. 22: Freiarbeitszeit (Weigert 1987a/231)

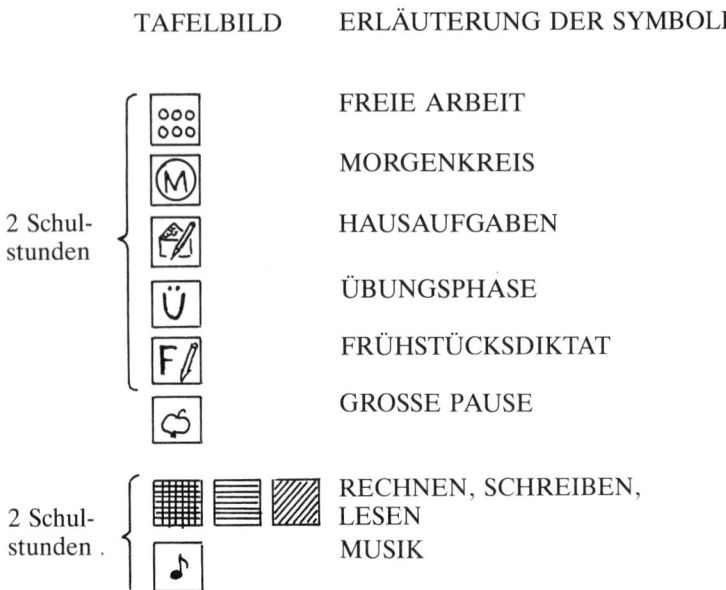

Abb. 23: Schema eines typischen Tagesablaufs
(Eck, Ch. u. a. 1984, S. 169; Beitrag von Edelgard Korfmacher)

Insgesamt gesehen ist aber der inneren Differenzierung (auch Binnen- oder Unterrichtsdifferenzierung genannt) im Primarbereich der Vorzug zu geben.

Es ist hier nicht der Platz, auf Einzelprobleme der Unterrichtsdifferenzierung einzugehen; die Literatur der letzten Jahre ist fast schon unüberschaubar geworden. Die Abbildung 24 soll aber immerhin einen Überblick über praktikable Möglichkeiten der Binnendifferenzierung in der Grundschule vermitteln.

Im übrigen verweisen wir auf das ausgezeichnete Büchlein von Drunkemühle und Pollert (Drunkemühle, L. & Pollert, M.: Differenzieren läßt sich lernen. Anregungen und Beispiele zur inneren Differenzierung. Frankfurt a. M. u. a.: Diesterweg, 1980).

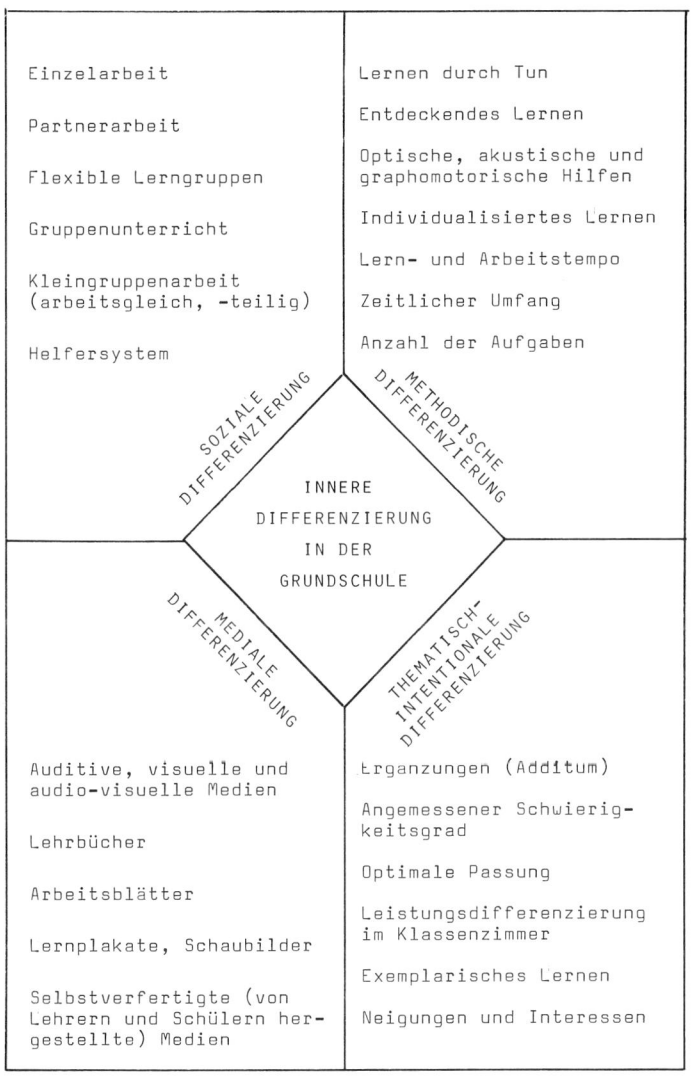

Einzelarbeit

Partnerarbeit

Flexible Lerngruppen

Gruppenunterricht

Kleingruppenarbeit
(arbeitsgleich, -teilig)

Helfersystem

Lernen durch Tun

Entdeckendes Lernen

Optische, akustische und
graphomotorische Hilfen

Individualisiertes Lernen

Lern- und Arbeitstempo

Zeitlicher Umfang

Anzahl der Aufgaben

SOZIALE DIFFERENZIERUNG

METHODISCHE DIFFERENZIERUNG

INNERE
DIFFERENZIERUNG
IN DER
GRUNDSCHULE

MEDIALE DIFFERENZIERUNG

THEMATISCH-INTENTIONALE DIFFERENZIERUNG

Auditive, visuelle und
audio-visuelle Medien

Lehrbücher

Arbeitsblätter

Lernplakate, Schaubilder

Selbstverfertigte (von
Lehrern und Schülern her-
gestellte) Medien

Erganzungen (Additum)

Angemessener Schwierig-
keitsgrad

Optimale Passung

Leistungsdifferenzierung
im Klassenzimmer

Exemplarisches Lernen

Neigungen und Interessen

*Abb. 24: Praktikable Möglichkeiten der inneren Differenzierung in der Grund-
schule*

4.2.3 Förderung des Lern- und Leistungsverhaltens

Wie bereits ausgeführt, beginnt für den Schulanfänger mit dem Schuleintritt eine ganz neue Lebensphase mit stark veränderten Erwartungshaltungen von seiten der Bezugspersonen (Eltern, Lehrer). Die Tendenz geht vom mehr spielerischen, spontanen Lernen hin zum mehr bewußten und zielorientierten Bewältigen schulischer Lernanforderungen. Vielfach kommt es daher bei Kindern bereits in der Eingangsstufe zu Schwierigkeiten.

Im folgenden seien vier Bereiche dargestellt, in denen Maßnahmen ergriffen werden können, um Lernschwierigkeiten zu verhindern bzw. zu mildern.

Förderung der Motivation (Motivationshilfen)

Ohne Motivation ist schulisches Lernen kaum denkbar. Motivationsförderung ist deshalb von wesentlicher Bedeutung. Dazu im folgenden stichpunktartig einige Anregungen:

– Berücksichtigung des Erfahrungshintergrundes der Schüler: Ansprechen von Themen aus dem Lebensbereich der Schüler, konkrete anschauliche Darstellung, handlungsorientiertes Lernen, Begegnung mit realen Objekten – »originale Begegnung« (Unterrichtsgänge, Museumsbesuche, Projekte);
– Nutzung der Neugiermotivation: Verfremden des Stoffes, überraschende Darstellung von Themen (vgl. Pallasch/Zopf 1981);
– Anregung der Schüler zu einer Fragehaltung (»W-Fragen«);
– Differenzierung und Individualisierung (s. dazu Drunkemühle/Pollert 1980);
– angemessene Strukturierung des Unterrichtsvormittags, evtl. Vorgabe eines »Vormittagsprogramms« (vgl. Abb. 23);
– angemessener Wechsel von Anspannung und Entspannung;
– Einbau von aktiven Pausen (Körperübungen, Interaktionsspiele, Musik- und Bewegung, . . .; s. dazu Kap. 5.3 u. 5.4);
– »Randbemerkungen«: Herausstellen des Positiven in mündlichen und schriftlichen Beiträgen besonders bei schwächeren Schülern;
– Aktivierung der Schüler durch Lernweg- und Lehrwegabwechslung (s. Abb. 25);
– Bearbeitung nicht nur sachbezogener, sondern auch individuumsbezogener Themen; Herstellen von persönlichen Bezügen zu einem Thema, z. B. Einführung eines »Ich-Buches« (s. dazu A. Schächtl 1986/2–4): das »Ich-Buch« ist ein Heft (eine Mappe), in das die

Lernwegabwechslung (durch Schüler oder Schülerin)	Lehrwegabwechslung (durch Lehrer oder Lehrerin)
– (laut) lesen – markieren – unterstreichen – notieren (herausschreiben) – zusammenfassen – skizzieren – Randzeichen anbringen – Fragen stellen (u. aufschreiben) – gliedern – sich abhören (lassen) – kartieren – tabellieren – Tonband einsetzen	– Alleinarbeit – Partnerarbeit – Gruppenarbeit – Interaktionsspiel – Rollenspiel – Lernspiel – Lehrerdarbietung – Schülerdarbietung – Experiment – Rundgespräch – Diskussion – Entspannungsübung (als Hilfe zur Speicherung und Wiederholung von Lernstoff) – Wahrnehmungsübung/Konzentrationsübung – Meditation

Abb. 25: Möglichkeiten von Lernweg- und Lehrwegabwechslung

Kinder je nach Vorgabe durch die Lehrerin oder den Lehrer persönlichkeitswichtige Themen niederschreiben, z. B. »Wenn ich drei Wünsche frei hätte« – »Was ich mir von meiner Lehrerin wünsche«;

– Spielen im Unterricht (Fünf-Minuten-Spiele): Selbst-, Fremdwahrnehmung, Kooperation, Kontakt, Gefühle, Einfühlungsvermögen, Durchsetzung, Einordnung u. ä. (s. dazu auch Kap. 5.3);

– Vorstrukturieren des Lernstoffs besonders für lernschwache Schüler: klare Zielangabe, angemessenes Schwierigkeitsniveau, kleine Lernschritte, häufige Erfolgs- bzw. Rückmeldung (evtl. auch Einsatz von Lernprogrammen);

– häufige Nutzung der Möglichkeit multisensorischen Lernens (Einsatz vieler Sinneskanäle: Riechen, Schmecken, Tasten, Hören, Sehen, Handeln; vgl. Mann 1977).

Schaffen günstiger Rahmenbedingungen

Auch die äußeren Voraussetzungen wie Arbeitsplatz und Arbeitssituation sind von Belang für das Lern- und Arbeitsverhalten. Zu günstigen Rahmenbedingungen gehören:

- Arbeit an einem festen Arbeitsplatz möglichst mit entsprechender Ausstattung (Schreibtisch, Schreibtischstuhl, Pinnwand, Papierkorb, Regal, Ablage). Hinweis: Wichtiger als die optimale Ausstattung, die bei manchen Familien u. a. aus finanziellen Gründen nicht realisiert werden kann, ist die Arbeit an einem *festen Arbeitsplatz* (Gewohnheitsbildung).
- Beginn zu einer festgelegten Arbeitszeit (von den Eltern mit dem Schüler gemeinsam festgelegt).
- Ordnung und Sauberkeit auf dem Arbeitsplatz (sollte regelmäßig in der Schule trainiert werden: es liegen nur die Arbeitsmaterialien auf dem Platz, die gerade benötigt werden).
- Vermeiden von Störungen während der Arbeitszeit (keine Nebenbeschäftigungen, keine Musik, keine Besuche).

Auch hier bieten sich Trainingsphasen in der Schule an: bei der Stillarbeitszeit hängt ein Schild an der Tafel: z. B. $\boxed{!\,S\,!}$ oder $\boxed{\mathsf{AKO}}$ = Aufmerksamkeit, Konzentration.

- Herausbilden von Gewohnheiten im Arbeitsablauf:
  - Beginn der Hausaufgaben an einem bestimmten Platz zu einer festen Zeit,
  - Orientierung im Hausaufgabenheft über zu erledigende Hausaufgaben (mündiche Hausaufgaben nicht vergessen!),
  - Anfertigen bzw. Erledigen der Hausaufgaben in vorher überlegter Reihenfolge, evtl. Bereitlegen zur Kontrolle für die Eltern,
  - Einpacken der Schultasche für den nächsten Tag.
- Arbeit mit dem Thema »Hausaufgaben«
  - Elternabend zum Thema Hausaufgaben/Arbeitsplatz/Arbeitssituation (s. dazu den Handzettel für Eltern Abb. 30, S. 113);
  - Einführung eines Hausaufgabenheftes oder einer Hausaufgabenmappe;
  - Durchführen von Hausaufgaben in der Schule (Hausaufgabentraining) in unregelmäßigen Abständen; wichtig dabei ist, daß die Hausaufgabensituation durch Vorfragen strukturiert wird:

1. Was habe ich heute auf? → Hausaufgabenheft
2. Womit will ich beginnen?
3. Was brauche ich dazu? → Bereitlegen des Arbeitsmaterials
4. Brauche ich bei einer Hausaufgabe Hilfe? → evtl. zurückstellen
5. Durchführen der Hausaufgaben
6. Kontrolle der Richtigkeit (durch die Eltern)
– Anwenden von Lerntechniken (s. dazu den folgenden Abschnitt).

Einübung von Arbeits- und Lerntechniken

Die Anwendung von Lerntechniken erleichtert den formalen Ablauf des Lernens und die Aufnahme und Wiedergabe von Lernstoff. Lerntechniken sollten deshalb so früh wie möglich eingeschult werden, so daß sie im Lauf der Zeit »in Fleisch und Blut« übergehen.

– Eine Voraussetzung für die Aufnahme von Lerninhalten ist eine gut ausgebildete Wahrnehmungsfähigkeit. Daher sind Übungen zum bewußten Wahrnehmen sehr wichtig (Übungen zur taktilen, akustischen und visuellen Wahrnehmung – vgl. Kap. 5.2). Solche Wahrnehmungsübungen fördern auch die Konzentration. Zur Unterstützung des Lese- und Schreibprozesses sind z. B. visuelle Wahrnehmungsübungen zur Figur-Grund-Wahrnehmung geeignet (rasches Erfassen von Details vor einem mehr oder weniger komplexen Hintergrund). Sie verbessern die Voraussetzungen für das rasche Erkennen und Finden von Buchstaben und Symbolen und erleichtern die Orientierung auf Arbeitsblättern und in Büchern.
Im Unterricht können Wahrnehmungsübungen in der Form von Suchspielen durchgeführt werden. (Beispiele für die Erkundung vor Ort gibt Mann 1981/216.)
– Markiertechniken: Farbiges Unterlegen oder Unterstreichen bestimmter Symbole im Arbeitsbuch (als Erinnerungshilfe für die Hausaufgaben in der Anfangsphase des Erstunterrichts), Markieren wichtiger Begriffe und Wörter (Schreiben – Rechtschreiben).
– Visualisierung: Zeichnen von Bildern und Skizzen zu bestimmten Begriffen und Themen (Lernplakate). Der Stoff wird so mit den Bildern assoziiert und leichter behalten.
– Ansprechen vieler Sinneskanäle (Hören, Sehen, Tasten/Greifen, Handeln/Tun): Bei vielen Schülern ist es günstig und notwendig, die Aufmerksamkeit bei akustischen Anweisungen durch visuelle oder akustische Hinweisreize zu verstärken (»Paßt auf, jetzt kommt

etwas Wichtiges!« – Lehrer senkt die Stimme; Wiederholen der Anweisung durch Lehrer oder Schüler; Symbole).
– Verwendung/Einführung optischer Signale (um die oft starke Überbetonung des akustischen Kanals abzubauen):

Handzeichen   Symbolkarten

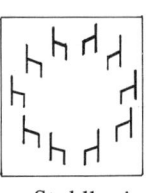

pssst

= Stillarbeit

= Stuhlkreis

– Einübung des »aktiven Lesens« (ab 2./3. Jahrgangsstufe):
Statt den Text immer wieder zu lesen, um den Sinn zu entnehmen, bieten sich vier Schritte an, die das sinnentnehmende Lesen variabler und effektiver machen:
1. Text lesen,
2. wichtige Stellen markieren,
3. Merk-, Arbeitszeichen, Bilder, Notizen am Rand anbringen,
4. mündlich wiederholen.
– Arbeit mit der Lernkartei:
Bereits ab der zweiten Klasse kann z. B. der Grundwortschatz in eine Lernkartei eingespeichert werden. Dabei sollten in erster Linie die für den einzelnen Schüler schwierigen Wörter eingegeben werden, die dann in Partnerarbeit (mit einem Mitschüler, einem Elternteil) oder selbständig geübt werden können. Auch das Einmaleins läßt sich mit einer Lernkartei gut lernen und üben. Die Kinder schreiben dabei auf die Vorderseite einer Karteikarte die Einmaleins-Aufgabe, auf die Rückseite die Lösung. Mit diesen Karteikarten lassen sich variable Übungsmöglichkeiten durchführen.
– Einführung eines Hausaufgabenheftes ab der zweiten Hälfte des ersten Schuljahres (vorher bietet sich eine Hausaufgabenmappe an: die Blätter, die zu Hause bearbeitet werden sollen, liegen in der Hausaufgabenmappe).
Der Umgang mit dem Hausaufgabenheft sollte wie andere Arbeitstechniken so früh wie möglich eingeübt werden. Dabei bietet sich folgendes Vorgehen an:
• Eintragen der Hausaufgaben in den entsprechenden Unterrichtsstunden,

- Überprüfen der Hausaufgabeneinträge am Ende des Vormittags-
  unterrichts,
- Hinweis für zu Hause: Wenn ich eine Hausaufgabe erledigt
  habe, mache ich einen Haken an der entsprechenden Stelle.
– Einsatz von Lernspielen und Lernprogrammen:
  (Viele Möglichkeiten finden sich in dem Buch von Regelein 1984;
  eine Sammlung von Spielen sollte auch in der Spielecke im Klassen-
  zimmer vorhanden sein [s. dazu Liste über Spiele und Material Kap.
  4.3]).
– Anwenden einfacher Gedächtnistechniken:
  - Merkverse, Eselsbrücken
  - Rhythmisches Sprechen
  - Herausstellen sinntragender Wörter (Markieren, Notieren)

REGELN FÜR DAS ABSCHREIBEN

– Schaue das ganze Wort genau an.

– Schaue auf Besonderheiten. Was mußt du dir besonders
  merken?

– Stelle dir das Wort mit geschlossenen Augen vor. Vielleicht
  kannst du es in deiner Phantasie erscheinen lassen.

– Jetzt schau nochmals genau hin. Hast du dir das Wort schon
  genau so wie in der Vorlage vorstellen können?

– Schreibe jetzt das ganze Wort auswendig hin.

– Wenn du nicht weiterweißt, schau lieber nochmals hin, bevor
  du einen Fehler schreibst.

– Vergleiche mit der Vorlage: Hast du das Wort richtig geschrieben?

– Wenn Du es richtig geschrieben hast, lobe dich selbst (z. B.
  »Das hab ich gut gemacht!«)

Abb. 26: Regeln für das Abschreiben

- Mundartliche Hilfen (Dialekt)
- Merken der Anfangsbuchstaben von *Merk*wörtern zu Heimat-
  und Sachkundethemen

Einüben von Lösungsstrategien

– zum Abschreiben (Abb. 26),
– zum Lösen von Textaufgaben (Abb. 27),
– »inneres Sprechen« (nach Wagner 1976):

WIE GEHE ICH BEI DER LÖSUNG VON
TEXTAUFGABEN VOR?

– LESEN
  - bis ich den Sinn verstanden habe
  - bei Schwierigkeiten: Nachfragen

– MARKIEREN
  - wichtige Angaben
  - Fragen

– ZEICHNEN

– ÜBERSETZEN

– RECHENWEG ENTWERFEN

Schwierigkeiten?

– ÜBERSCHLAGEN

– RECHNEN

– VERGLEICHEN UND KONTROLLIEREN

– ANTWORT FORMULIEREN

– ANTWORT SAUBER INS HEFT SCHREIBEN

– SELBST LOBEN, WENN DIE LÖSUNG GEGLÜCKT IST

Abb. 27: Textaufgaben

Die kleine Hexe

Morgens früh um sechs
kommt die kleine Hex'.

Morgens früh um sieben
schabt sie gelbe Rüben.

Morgens früh um acht
wird Kaffee gemacht.

Morgens früh um neun
geht sie in die Scheun'.

Morgens früh um zehn
holt sie Holz und Spän'.

Feuert an um elf,
kocht dann bis um zwölf:

Fröschebein und Krebs und Fisch,
hurtig, Kinder, kommt zu Tisch!

Abb. 28: Assoziationshilfen

– Einübung der Technik nach folgenden Schritten:
- Vormachen des Trainers (= Lehrer, Elternteil als Modell),
- Kind löst Aufgabe, Trainer begleitet Lösungsschritte durch Sprechen,
- Kind löst Aufgabe und spricht selbst laut dazu (wichtig: Zeit lassen, Selbstverstärkung: »Das habe ich gut gemacht!«),
- Kind löst Aufgabe und spricht leise zu sich selbst,
- Kind löst Aufgabe und denkt Anweisungen nur noch dazu.
– Vermitteln von Lernhilfen zum Gedichtlernen/Auswendiglernen:
- rhythmisches Einzel- und Gruppensprechen,
- Markieren der Reimwörter oder Schlüsselwörter,
- Begleitung des Sprechens durch entsprechende Fingerspiele, Gesten, mimische Äußerungen,
- Bebildern der einzelnen Strophen (Assoziationshilfe – vgl. Abb. 28),
- Finden von »Eselsbrücken«,
- verteiltes Lernen versus massiertes Lernen (gezielte Lernpausen).

Praxisorientierte Literatur:

Drunkemühle, L. & Pollert, M.: Differenzieren läßt sich lernen. Frankfurt/M.: Diesterweg, 1980
Englbrecht, A.: Hilfen zum richtigen Lern- und Arbeitsverhalten. In: Kormann, A.: Beurteilen und Fördern in der Erziehung. Salzburg: O. Müller, 1987, S. 182–211
Pallasch, W. & Zopf, D.: Methodix. Bausteine für den Unterricht. 2. Aufl. Weinheim u. a.: Beltz,. 1981
Regelein, S.: Lernspiele für die Grundschule. Ansbach: Prögel, 1984

4.2.4 Lernprozeßbeurteilung

Ein Lehrer an der Grundschule hat folgende *Möglichkeiten der Lernprozeßbeurteilung:*
– Formelle (standardisierte) Schulleistungstests in Form von Lesetests, Rechtschreibtests, Mathematiktests und allgemeinen Schulleistungstests (vgl. den Überblick bei Horn 1984 und Kormann 1984),
– informelle Schulleistungstests, die vom Lehrer selbst konstruiert und ausgewertet werden, sogenannte Lernkontrolltests (vgl. die grundlegende Information bei Rosemann 1984),

– Beobachtung und Beurteilung des Schülerverhaltens im Unterricht,
– Bewertung mündlicher Prüfungsleistungen,
– schriftliche Prüfungen in Klassenarbeiten und Schüleraufsätzen.

Bei all diesen Formen der Lernprozeßbeurteilung können dem Lehrer/der Lehrerin Beurteilungsfehler unterlaufen (vgl. Kalb 1988, S. 2f.). Das sollte immer im Auge behalten werden, damit Fehler verhindert werden und man sich selbst der Komplexität der Schülerbeurteilung bewußt bleibt.

Fehlerquellen, die die Lernprozeßbeurteilung beeinflussen, sind:

– Mangelnde Vertrautheit mit dem zu beobachtenden System (z. B. gymnasiale Kriterien bei der Beurteilung in der Grundschule oder keine Berücksichtigung des Lernhintergrunds bei Kindern aus der sozialen Grundschicht oder aus Subkulturen),
– Referenzfehler (der Beobachtende orientiert sich in seinem Urteil nur an der jeweiligen Bezugsgruppe, so daß beispielsweise Noten aus verschiedenen Klassen nicht vergleichbar sind),
– Einstellungsfehler (die Zielperson wird im Vergleich zur eigenen Person als eher abweichend, gegenteilig [= Kontrastfehler] oder auch als ähnlich [= Ähnlichkeitsfehler] beurteilt),
– selektive Wahrnehmung (Verhaltensmerkmale, die bestimmten eigenen Einstellungen und Erwartungen entsprechen, werden unwillkürlich mit erhöhter Aufmerksamkeit registriert; jeweils andersgerichtete Merkmale werden eher übersehen oder in ihrer Bedeutung niedriger eingestuft),
– Projektionsfehler (Beobachter neigen dazu, eigene Wünsche und Motive auf den Schüler zu übertragen),
– Halo-Effekt (einzelne Merkmale oder Eigenschaften einer Person werden vom Gesamteindruck ausgehend eingestuft); Fehler des ersten Eindrucks (der erste Eindruck ist so prägend, daß alle weiteren Eigenschaften und Merkmale mitbeeinflußt werden),
– Perseverationsfehler (es wird starr an einem einmal gefällten Urteil, z. B. der ersten Note festgehalten),
– Erwartungsfehler (die Beobachtung kann dadurch verfälscht werden, daß der Beobachter auf Grund vorhergehender Information das Auftreten eines bestimmten Verhaltens erwartet),
– logische Fehler (Eigenschaften werden nach einer stillschweigend zugrundegelegten »impliziten« Persönlichkeitstheorie eingeschätzt und interpretiert, z. B. »Wer lügt, der stiehlt!«; es werden auch »gesetzmäßige« Zusammenhänge zwischen bestimmten Aktionen und Reaktionen angenommen, z. B. »Bei Faulen hilft nur Druck!«),

- Fehler der zentralen Tendenz (in der Einschätzung von Leistungen finden keine Extremwertungen statt, die Einstufungen erfolgen im Mittelbereich),
- Fehler der Milde (grundsätzlich wird zu günstig oder zu milde beurteilt),
- Fehler der Strenge (grundsätzlich wird zu ungünstig beurteilt).

Schüler mit Lernbeeinträchtigungen werden besonders leicht Opfer von Einstellungsfehlern, Erwartungsfehlern, Fehlern des ersten Eindrucks, Perseverationsfehlern, Halo-Effekten, logischen Fehlern und Strengefehlern.

Die herkömmliche Lernprozeßbeurteilung in der Grundschule (ebenso in anderen Schulsystemen) ist pädagogisch und psychologisch mehr als bedenklich,

- »weil die gleiche Leistung von Schule zu Schule, von Klasse zu Klasse und von Lehrer zu Lehrer verschieden bewertet wird,
- weil die gleiche Leistung selbst vom selben Lehrer zu verschiedenen Zeiten verschieden bewertet wird,
- weil in einer leistungsstarken Klasse strenger bewertet wird als in einer leistungsschwachen,
- weil Mädchen günstiger bewertet werden als Jungen, Beliebte und Brave günstiger als Ungeliebte und Ungehorsame,
- weil Kinder der sozialen Unterschicht schlechter als Kinder der gehobenen Mittelschicht bewertet werden,
- weil in verschiedenen Fächern verschieden streng bewertet wird« (Bartnitzky/Christiani 1983 a/17 f.)

Kurz gesagt: Zensuren sind »nicht gerecht, nicht objektiv, nicht zuverlässig, nicht individuell aussagekräftig und nicht vergleichbar, sie sind mithin auch nicht informativ« (ebd.).

Im Gegensatz zu Ziffernnoten ermöglichen Wortbeurteilungen »eher Aussagen darüber,

- was der einzelne Schüler kann und was nicht,
- warum er bestimmte Dinge nicht kann,
- wie es um seinen individuellen Lernfortschritt bestellt ist,
- wie ihm geholfen werden kann (Fördermaßnahmen)« (Kalb 1988/3).

In Stichpunkten kurz einige Argumente für Wortbeurteilungen (vgl. Kalb 1988/3 f.):

- geringerer Leistungsdruck,
- mehr Selbstvertrauen (Ermutigung),
- angstfreies Lernen,

- Aufzeigen individueller Fördermöglichkeiten,
- Berücksichtigung auch kleinster Bemühungen des Schülers,
- ausführliches und detailliertes Eingehen auf Vorzüge, Schwächen und Eigenarten des Schülers,
- größere Transparenz der Unterrichtsziele,
- stärkere Hervorhebung des Affektiven (Einstellungen, Arbeitsverhalten, emotionale Faktoren),
- detaillierte Hilfen für Eltern,
- stärkere Kooperation zwischen Elternhaus und Schule,
- allmählich situationsgerechte Einschätzung der Leistungen durch die Kinder selbst.

Wie ein Wortgutachten aussehen kann, zeigt folgendes Beispiel:

»J. ist ein ruhiger und bescheidener Junge, der gerne in die Schule geht. Er hat sich in die Klassengemeinschaft gut eingefügt und macht auch der Lehrerin keine Schwierigkeiten. Der Schule steht er durchwegs aufgeschlossen und lernbereit gegenüber, ist vielseitig interessierbar und folgt meist aufmerksam dem Unterrichtsgeschehen. Jedoch arbeitet er nur selten aktiv mit.
In allen Fächern kann er grundlegende Sachverhalte zügig und sicher erkennen. Recht erfolgreich ist er in Heimat- und Sachkunde. Besonderen Ehrgeiz entwickelt er im Fach Sport.
J. verfügt über einen für seine Altersgruppe durchschnittlichen Wortschatz. Mit der deutlichen Aussprache hat er jedoch noch seine Schwierigkeiten.
Auf Anhieb kann er alle bisher erlernten Buchstaben erkennen und sie nach Diktat richtig niederschreiben. Silben und Wörter mit bis zu vier Buchstaben vermag er selbständig zusammenzulesen. Diktate gelingen bei Silben mit zwei Buchstaben, bei Silben und Wörtern mit drei Buchstaben bedarf er noch der unterstützenden Hilfe der Lehrerin. So gesehen hat J. in den letzten Wochen erhebliche Fortschritte im Leselernprozeß gemacht.
In Mathematik gelingen Mengenbestimmungen und Mengenbildungen bis 10 (er kann schon in Zweierschritten zählen). Ergänzen und Halbieren glückt bisher auf der konkreten und symbolischen Ebene. Abstrakte Additionen werden bei Aufgaben mit »+1« und »+2« sicher ausgeführt.«

Die umfangreiche Kritik an der Wortbeurteilung soll nicht verschwiegen werden. Hier einige bedenkenswerte Argumente:
- in den Wortberichten sind oft nur Zensuren versteckt;
- es besteht die Gefahr formelhafter und nichtssagender Formulierungen;
- Eltern können aufgrund des Wortgutachtens nicht einordnen, in welcher Rangposition sich ihr Kind in der Klasse befindet;
- der Text kann vielerlei Interpretationen und Fehlschlüsse zulassen;
- auch die Kinder können kaum Leistungen miteinander vergleichen;

- im Hinblick auf die pädagogische Diagnostik und speziell auf Wortbeurteilungen ist die Ausbildung und Fortbildung der Lehrer dürftig;
- in Wortgutachten spielen subjektive Einstellungen der Lehrer eine große Rolle;
- die Fehlerquellen, die die Ziffernnoten verfälschen, beeinflussen auch die Wortbeurteilungen;
- es handelt sich nur um eine Problemverschiebung, da in späteren Klassen ohnehin wieder Ziffernbenotung vorgeschrieben ist (vgl. auch Kalb 1988/4).

Im Grunde haben beide Systeme – Ziffernbenotung und Wortgutachten – ihre Vor- und Nachteile. Die Grundschullehrer und -lehrerinnen sind ohnehin verpflichtet, die entsprechenden Verordnungen zur Ermittlung und Beschreibung von Schülerleistungen zu beachten (vgl. ISB 1987/14–17).

Damit die gegenwärtige Beurteilungspraxis verbessert werden kann, geben wir im folgenden einige Anregungen:

- *Gewährung von »Verarbeitungszeit«:*
  Es empfiehlt sich, Tests und Probearbeiten erst nach einem längeren Zeitraum des Instruierens und Übens (vier und mehr Wochen) und auch in Wiederholungen den Kindern vorzulegen. Denn Schüler mit Lernbeeinträchtigungen schneiden wesentlich erfolgreicher ab, wenn ihnen die Unterrichtsziele und Prüfungstechniken allmählich einsichtig geworden sind und sie mit einem gesteigerten Sicherheitsgefühl in die Erfolgskontrolle eintreten (vgl. Baier/Falke 1984; Mager 1977/16). Diese Schüler »lernen wahrscheinlich mehr und vegessen weniger, als es in den üblichen Lernzielkontrollen zutage tritt« (Baier/Falke 1984/177).
- *Kriterienorientierte Bewertung in einem individuellen Bezugsrahmen:*
  Nicht der »soziale Vergleich« soll als Bezugsrahmen in der Lernprozeßbeurteilung gelten, vielmehr sollen kriteriumsorientierte (= lehrzielorientierte) Bewertungen innerhalb eines individuellen Bezugsrahmens (d. h. intraindividueller Vergleich, Bewertung der individuellen Fortschritte) erfolgen (vgl. Kleber 1980/154f.). Dazu ein weiteres Beispiel eines Wortgutachtens:

»Arbeits- und Sozialverhalten:
Frank schien zunächst nicht auf soziale Kontakte angewiesen zu sein. Er ruhte in sich selbst, beschäftigte sich mit sich selbst und mit Dingen seiner Umgebung. Er forschte, baute, arbeitete mit Werkzeug. Bei den Kindern war er

bald als Sachverständiger anerkannt und gefragt. Bereitwillig informierte er seine Mitschüler über Steine, ließ sie durch sein Mikroskop sehen oder brachte ihnen Schnitzen bei. Seine Kontakte begann er in der letzten Zeit zu intensivieren. Eine Freundschaft mit Ria bahnte sich an ... In Widerspruch zu seinem selbstbewußten Verhalten, seiner konzentrierten Beteiligung, seiner Initiative bei Sachfragen stand seine vorsichtige Zurückhaltung bei Arbeiten in den Lernbereichen ...

Hinweise zu den Lernbereichen:

Sein anfängliches Ausweichverhalten baute er langsam ab, als er kleine Sätze erlesen konnte und seine Lesefähigkeit im Spiel und bei der Klärung von Sachfragen anwenden lernte. Er ist jetzt in der Lage, kurze zusammenhängende Texte zu erlesen und zu verstehen. Frank entwickelte seinen Schreibstil langsam, vorsichtig und manchmal etwas verkrampft. Bald aber konnte er Buchstaben formen, und Wortverbindungen gelangen ihm fast fehlerfrei ... Obwohl Frank Plus- und Minusgleichungen im Zahlenraum bis 10 lösen, Vergleiche mit entsprechenden Zeichen darstellen und Mengenoperationen richtig durchführen kann, braucht er häufig Zuspruch von Erwachsenen, um gestellte Aufgaben zu beginnen und zügig durchzuführen ...« (zit. n. Mörtel 1988/8).

Günter Kalb empfiehlt in diesem Zusammenhang auch die Vergabe besonderer Lernfortschrittsnoten, »bei denen nicht das Ergebnis, sondern der Lernfortschritt des einzelnen Schülers gemessen wird. Für ein Gesamturteil bietet sich eine Kombination aus Leistungsnote und Lernfortschrittnote an« (1988/4).

Tests

Wegen der zahlreichen Fehlerquellen bei der Lernprozeßbeurteilung bieten (standardisierte) Tests objektive Ergänzungen zu eigenen Beobachtungen und Beurteilungen an.

Die im folgenden angegebenen Schulleistungstests können vom Lehrer klassenweise durchgeführt werden; günstig ist die Kooperation mit einem Beratungslehrer.

Vor Einsatz der Tests ist das schriftliche Einverständnis der Erziehungsberechtigten einzuholen. Selbstverständlich müssen die datenschutzrechtlichen Bestimmungen und die jeweiligen kultusministeriellen Verordnungen beachtet werden; eine Rücksprache mit der Schulleitung und der Schulaufsicht empfiehlt sich.

Für den Bereich der Grundschule seien vor allem folgende formelle und informelle Tests empfohlen:

Müller, R.: Diagnostischer Lesetest zur Frühdiagnose von Lesestörungen. DLF 1–2. Weinheim: Beltz, 1984
Müller, R.: Diagnostischer Rechtschreibtest. DRT 2. Weinheim: Beltz, 1982
Müller, R.: Diagnostischer Rechtschreibtest. DRT 3. Weinheim: Beltz, 1983

Niemeyer, W.: Bremer Verfahren zur Feststellung einer Lese-Rechtschreib-schwäche (LRS). Bremen: Paul Herbig, 1976

Rathenow, P.: Westermann Rechtschreibtest 4/5. Braunschweig: Westermann, 1979

Feller, G. & Kugow, H.: Mathematiktest für 2. Klassen. MT 2. Weinheim: Beltz, o. J.

Samstag, K. & Sander, A. & Schmidt, R.: Diagnostischer Rechentest für 3. Klassen. DRE 3. Weinheim: Beltz, 1971

Stark, G. & Thyen, H.: Mathematische Sachzusammenhänge 3. Weinheim: Beltz, 1973

Kopka, H. & Portmann, R.: Mathematische Sachzusammenhänge 4. Weinheim: Beltz, o. J.

Storath, R. u. a.: Aufgabensammlung zur informellen Schulleistungsdiagnostik
– Mathematik 1.–6. Jahrgangsstufe
– Rechtschreiben 1.–4. Jahrgangsstufe
– Lesen 1.–3. Jahrgangsstufe
Nürnberg: Regierung von Mittelfranken, 1988

Schätzverfahren

Mit dieser Methode kann ein geschulter Beobachter sehr viele und verschiedene Aspekte des gesamten Verhaltens- und Leistungsspektrums erfassen: Individualverhalten, Sozialverhalten, Lernverhalten, Arbeitsverhalten (vgl. Bleidick 1975/21–28; Krenz 1980/56–65; Weigert 1987a/298–314).

Schülerbeobachtungsbogen/Schülerbeurteilungsbogen

An Methoden systematischer Beobachtung wollen wir besonders empfehlen:

»Beurteilungsbogen zur Feststellung der Lernausgangslage von Schulanfängern« (Besser/Wöbcke/Ziegenspeck 1977/80–86; Ullrich/Wöbcke 1981/208–215);

»Lernfortschrittsbogen für die erste Klasse« (Schwark/Weiß/Regelein 1987/116f.);

»Diagnosebogen. Informationen zum Stand des Lernprozesses« (Besser/Wöbcke/Ziegenspeck 1977/91);

»Schülerbeobachtungsbogen« (Barnitzky/Christiani 1983a/74–77 u. 156–160);

»Schülerbeobachtungsbogen« (Besser/Wöbcke/Ziegenspeck 1977/182–185).

Kriterienorientierte Benotung

Wenn schon nicht auf Ziffernnoten verzichtet werden kann oder darf, so sollen die Lehrer(innen) statt einer Bewertung, die sich am Klassendurchschnitt orientiert, nach folgendem Prozentrangmodell vorgehen:

100–90 % der Aufgaben gelöst: Note 1
90–76 % der Aufgaben gelöst: Note 2
75–51 % der Aufgaben gelöst: Note 3
50–26 % der Aufgaben gelöst: Note 4
25–11 % der Aufgaben gelöst: Note 5
10– 0 % der Aufgaben gelöst: Note 6

Bei diesem Modell wird der Mittelbereich (Notenstufen 3 und 4) auf Kosten der Extrembereiche (Notenstufen 1, 2, 5 und 6) etwas gespreizt.

Denkbar wäre auch folgende Notenformel:

$$\text{Note} = 6 - \frac{5 \text{ mal Anzahl der erreichten Punkte}}{\text{Anzahl der möglichen Punkte}}$$

(vgl. Klauer 1975/39).

Nach dieser Formel bzw. nach dem obigen Modell werden Lernerfolgskontrollen häufig günstiger ausfallen als nach herkömmlichen »Notenschlüsseln«. Die Noten orientieren sich an einer sachlichen Bezugsnorm, also an der Anzahl richtig gelöster Aufgaben.

Der Lehrer sollte sich durchaus auch der Tatsache bewußt sein, daß eine derartige kriterienorientierte Benotung für ihn selbst eine Rückmeldung für die Qualität seines Unterrichts sein kann. Eine »gut ausgefallene« Probe hieße dann: er/sie hat einen derart guten Unterricht gegeben, daß ein Großteil seiner Schüler [und Schülerinnen] die Lehr- und Lernziele erreicht hat. Eine Zurücknahme der Probe oder eine nachträgliche Notenverschärfung wäre daher aus pädagogischer Sicht absurd.

4.2.5 Elternarbeit

Viele der unter 4.1 angesprochenen Maßnahmen bieten sich als Themen für Elternabende oder im Zusammenhang mit Elternarbeit an.

Im Mittelpunkt der Elternarbeit sollten konkrete Informationen zu wichtigen schulischen Themen und die Aussprache über Problemverhalten von Schülern oder Schülerinnen stehen. Auch über allgemeine Problembereiche kann diskutiert werden.

Wünschenswert ist dabei eine vertrauensvolle Kooperation zwischen Eltern und Lehrern; sie sollten ›an einem Strang ziehen‹, wenn es um die ihnen anvertrauten Kinder geht. Das bedeutet, daß die Eltern die Bemühungen der Lehrer unterstützen und umgekehrt die Lehrer auf die Sorgen und Nöte der Eltern eingehen.

Eine große Bedeutung kommt in diesem Zusammenhang dem Lehrer-Eltern-Gespräch zu. Dazu ist festzustellen, daß von seiten der Eltern immer wieder über Schwierigkeiten und Störungen bei Gesprächen mit Lehrern geklagt wird: »Ich komme mit dem Lehrer/der Lehrerin nicht klar, ich kann bei ihm/ihr eigentlich nie sagen, was ich eigentlich möchte!« – »Sie/Er hört mir gar nicht zu, sie/er geht nicht auf das ein, was mir wichtig ist!« – »Mit der Lehrerin/dem Lehrer kann man nicht reden!«

Genauso berichten aber Lehrer von ihren Schwierigkeiten beim Gespräch mit den Eltern: »Die Eltern nehmen meine gutgemeinten Ratschläge nicht an!« – »Immer wieder steht sie morgens vor der Schultür und erwartet von mir in fünf Minuten Patentlösungen!« – »Dauernd höre ich bloß Vorwürfe von den Eltern!«

Es scheint, als ob die Kommunikation, das »Sich-einander-mitteilen« zwischen Eltern und Lehrern häufig mit erheblichen Schwierigkeiten verbunden ist, die zum Teil unterschwellig, zum Teil auch offen ausgetragen werden.

Was ist angesichts solcher Probleme zu beachten, damit die Kommunikation zwischen Eltern und Lehrern (besser) gelingt? Zunächst zu den äußeren Voraussetzungen, die zum Erfolg eines Gesprächs beitragen können:
– angenehmer äußerer Rahmen: angemessen ausgestatteter, heller, freundlicher Raum mit bequemem Gestühl;
– Vermeidung von Störungen während des Gesprächs: keine Störungen durch Geräusche von außen, durch fremde Personen, durch plötzliche Unterbrechungen;
– angemessene Platzverteilung: sie sollte so sein, daß sie Gleichstellung und Kooperation der Gesprächspartner ausdrückt (nicht verschieden hohe Sitzflächen → symbolische Über- bzw. Unterordnung);
– nicht direktes Gegenübersitzen: wirkt möglicherweise zu stark konfrontierend (günstig: Sitzen übereck an einem Tisch);
– Beachtung von Nähe und Distanz: finden eines angemessenen räumlichen Abstandes zwischen den Gesprächspartnern (nicht zu nahe – nicht zu weit auseinander);
– Vereinbarung von *genügend Zeit* für das Gespräch: evtl. telefoni-

sche Vereinbarung, keine »Zwischen-Tür-und-Angel-Gespräche«, keine »Flur-Gespräche« im Stehen;
– bei Elternabenden und Gruppengesprächen: evtl. Anordnung im Sitzkreis → Fördern von Gesprächsbereitschaft und Offenheit.

Besonders dann, wenn die äußeren Voraussetzungen für Eltern-Lehrer-Gespräche nicht optimal erscheinen, sollte auf Elternabenden, in Elternbeiratssitzungen und bei Lehrerkonferenzen darüber gesprochen werden, um nach Möglichkeit für Abhilfe zu sorgen. Damit das Gespräch in Bewegung bleibt und sogenannte Kommunikationsstörungen möglichst vermieden werden, ist während des Gesprächs die Beachtung nachfolgend aufgeführter Verhaltensweisen auf der Inhalts- und Beziehungsebene von Nutzen.

Förderliches Gesprächsverhalten auf der *Inhaltsebene*:
– Beschränkung des Gesprächs auf wesentliche Fragen;
– Nachfragen bei Verständnisschwierigkeiten;
– Überprüfen auf richtiges Verstehen durch Nachfragen;
– Anhören auch unangenehm empfundener Sachverhalte und Stellungnahme dazu – nicht sofort Beginnen eines »Gegenangriffs«;
– Führen des Gesprächs anhand von konkreten, anschaulichen Beispielen (z. B. Schwierigkeiten des Kindes im Unterricht, bei den Hausaufgaben, in einem bestimmten Fach, bei der Lösung von Textaufgaben, ...);
– bei Schwierigkeiten *gemeinsames* Suchen nach Lösungen, Diskussion verschiedener Möglichkeiten (auch bzgl. ihrer Durchführbarkeit!);
– Vermeiden eines vordergründigen Feststellens einfacher Ursache-Wirkungs-Zusammenhänge (Problemverhalten ist in der Regel durch viele Faktoren bedingt, die häufig wechselseitig miteinander verknüpft sind).

Förderliches Gesprächsverhalten auf der *Beziehungsebene*:
– Sich dem Gesprächspartner körperlich zuwenden, Blickkontakt aufnehmen (nicht anstarren!), möglichst ruhiger Tonfall;
– keine zu langatmigen Erklärungen, den Gesprächspartner in angemessener Weise zu Wort kommen lassen;
– nicht (ver)urteilen, werten;
– den Gesprächspartner nicht belehren, alles besser wissen;
– keine gegenseitigen Vorwürfe machen;
– keine »Ja-Aber«-Haltung: »Das finde ich ganz gut, was Sie da sagen, *aber* es läßt sich leider nicht verwirklichen.«;

- gemeinsame Ziele entdecken;
- sich gegenseitig zuhören, sich in die Situation des Gesprächspartners versetzen, ihn als Persönlichkeit annehmen (Empathie = einfühlendes Verstehen);
- auch positive Dinge (am Kind, an den Eltern, am Lehrer, an der Schule) ansprechen;
- eigene Schwierigkeiten z. B. in der Beziehung zum »Problemschüler«/»Problemkind« eingestehen;
- bei starken Gefühlen (starker Betroffenheit) erst auf die Gefühle/Betroffenheit eingehen, bevor über die Inhalte gesprochen wird.

Eine grobe Strukturierung für ein Elterngespräch, das auch tieferliegende Ursachenbereiche für auftretende Auffälligkeiten bei Kindern berücksichtigt, vermittelt die folgende Übersicht (Abb. 29).

Grundvoraussetzung für das Gelingen eines Gespräches ist die positive Beziehung zwischen Eltern und Lehrer, damit die Eltern auch wirklich bereit sind, offen über die Schwierigkeiten des Kindes zu sprechen. Der Lehrer ist in seiner Funktion als Berater und nicht als »Be-lehrer« gefragt und gefordert.

Ziel eines Eltern-Lehrer-Gespräches ist es, gemeinsam nach Lösungen zu suchen, wobei Schuldzuschreibungen von beiden Seiten vermieden werden sollten. Es sollte auch geklärt werden, inwieweit Eltern und Lehrer vorgeschlagene Maßnahmen realisieren können.

Da Eltern – was die Gesprächsführung angeht – in der Regel benachteiligt sind und weil sie evtl. mit »schlechtem Gewissen« und mit Hemmschwellen zur Sprechstunde kommen oder Vorwürfe vom Lehrer erwarten, sollten folgende Dinge beachtet werden:

- in erster Linie die Eltern reden lassen, Lösungen entwickeln lassen, die Verantwortung für bestimmte Probleme bei den Eltern belassen (ohne ihnen Vorwürfe zu machen!): »Was meinen Sie, können Sie tun?« »Welche Möglichkeiten sehen Sie?« »Was denken Sie, sollte ich (der Lehrer/die Lehrerin) tun?«;
- keine vorgefertigten Lösungen anbieten, die durchgeführt werden »müssen« (lösen häufig bei den Eltern eine »Ja-Aber«-Haltung aus oder werden als Rat-*Schläge* empfunden);
- den Eltern, wenn es um schulische Lernhilfen geht, *konkret vormachen,* wie sie ihr Kind unterstützen können (im Rollenspiel mit den Eltern oder mit dem Kind, wenn es bei dem Gespräch anwesend ist).

Für viele Eltern ist es hilfreich, wenn sie etwas Konkretes von dem Gespräch mit nach Hause nehmen. Als Erinnerungsstütze kann z. B.

Welche Problembereiche sehen die Eltern? (Eingrenzung, Auftreten, Dauer, Schweregrad, ...)

↓

Seit wann kennen die Eltern diese Probleme? Wie gehen sie mit den Problemen um?

↓

Wie verlief die frühkindliche Entwicklung?
– Wahrnehmung/Motorik
– Sprache
– Krankheiten
– Bezugspersonen
– Selbständigkeit
– wichtige Ereignisse im Leben des Kindes (z. B. Geburt v. Geschwistern, Verlust v. Bezugspersonen, Milieuveränderung, ...)

↓

Wie verliefen Schwangerschaft und Geburt?
– physische und psychische Situation der Mutter
– Schwangerschafts- und Geburtsverlauf

↓

Was kann jetzt getan werden (Vorausschau/Perspektive)
– Ziele, Wünsche, Hoffnungen der Eltern
– Was können/wollen die Eltern tun?
– Was kann/will der Lehrer/Berater tun?

Abb. 29: Mögliche Grobstruktur eines (anamnestischen) Gesprächs

Die ersten beiden Punkte bieten einen günstigen Einstieg in das Gespräch; der weitere Gesprächsverlauf hängt stark von den jeweiligen Umständen und den zu besprechenden Problembereichen ab. Eine Fixierung auf das angegebene Schema im Sinne eines »Abfragens« ist zu vermeiden. Die Erfahrung zeigt, daß sich Eltern nicht von vornherein offen über Themen wie Schwangerschaft und Geburt äußern. Es empfiehlt sich daher, die Entwicklungsgeschichte des Kindes rückwärts zu besprechen. Voraussetzung für ein offenes Gespräch ist auch hier wieder eine positive emotionale Beziehung zwischen Eltern und Lehrer oder Lehrerin.

ein Notizzettel mit einer Literaturangabe oder mit einem Stichwort zu einem bestimmten durchgesprochenen Thema dienen. Auch Handzettel, wie sie im folgenden aufgeführt werden, (Abb. 30–32) können sinnvoll sein.

Es sollte den Eltern klargemacht werden, daß sie nicht sofort alle ins Auge gefaßten Maßnahmen durchführen können, sondern daß Schwerpunkte gesetzt werden müssen.

Wichtig ist auch die Rückmeldung zwischen Eltern und Lehrer nach ein oder zwei Wochen. Dabei sollte über Probleme, die während der Maßnahmen aufgetaucht sind, gesprochen und Lösungsmöglichkeiten erörtert werden.

Im folgenden seien noch einige Möglichkeiten der Zusammenarbeit zwischen Lehrern und Eltern aufgeführt:

– Schulfest,
– Klassenfest,
– gemeinsame Ausflüge,
– Eltern-Lehrer-Stammtisch,
– Tag der offenen Schultür,
– Sprechstunde zu dritt (Elternteil, Kind, Lehrer/Lehrerin),
– eine wöchentliche Telefonsprechstunde (am Abend),
– eine Sprechstunde am Nachmittag (nach telefonischer Voranmeldung, als Angebot für berufstätige Eltern).

Praxisorientierte Literatur:

Schulz v. Thun, F.: Miteinander reden. Störungen und Klärungen. Reinbek: Rowohlt, 1984
Wittenbruch, W.: In der Schule leben. Theorie und Praxis des Schullebens. Stuttgart: Kohlhammer, 1980

Hausaufgaben: Tips für Eltern

○ Zeigen Sie Interesse für die schulische Arbeit Ihres Kindes.
  • Zuhören, was das Kind über die Schule erzählt (*nicht:* Ausfragen!);
  • Schulhefte durchsehen und sich über die bearbeiteten Themen unterhalten;
  • Probearbeiten zeigen lassen und über Fehler und gute Aufgabenlösungen sprechen.

○ Zeigen Sie Ihrem Kind, daß Sie Hausaufgaben für wichtig halten.

○ Sorgen Sie für einen ruhigen Arbeitsplatz, an dem das Kind regelmäßig arbeitet.

○ Unterstützen Sie das Kind bei der Strukturierung des Tagesablaufs.
  • Führen Sie bestimmte Rituale ein (Aufstehen, gemeinsames Frühstück *ohne Hektik,* zu Bett gehen – evtl. mit Gute-Nacht-Geschichte, Hausaufgabenzeit, Spielzeit, . . .).
  • Legen Sie gemeinsam mit dem Kind eine Hausaufgabenzeit fest.
  • Achten Sie auf konzentrierte und zügige Erledigung der Hausaufgaben. (Motto: Gut ist, wer die Hausaufgaben rasch und doch richtig erledigt.)

○ Unterstützen Sie das Kind bei der Erledigung der Hausaufgaben angemessen.
  • Geben Sie nur Denkanstöße, nehmen Sie dem Kind nicht die Arbeit ab.
  • Helfen Sie beim Nachschlagen (in Lexika, Wörterbüchern, . . .)
  • Lassen Sie in erster Linie das Kind erklären, wie es zur Lösung einer Aufgabe kommt. (Lassen *Sie sich* von ihrem Kind etwas beibringen!)
  • Nehmen Sie auch die mündlichen Hausaufgaben ernst.

○ Denken Sie daran: Lob ist immer besser als Tadel! Lob auch für kleine Erfolge spornt an.

○ Fördern Sie das Allgemeinwissen und die natürliche Neugier des Kindes.
  • Gehen Sie auf die Fragen des Kindes ein.
  • Fördern Sie die Hobbies des Kindes.

○ Suchen Sie Geschenke zielgerichtet aus:
  • spannende Bücher, die das Allgemeinwissen fördern,
  • Bau- und Konstruktionsspiele, Konzentrationsspiele, Lernspiele.

○ Bleiben Sie in Kontakt mit der Schule.
  • Lassen Sie sich vom Lehrer Anregungen geben, wie Sie Ihrem Kind bei den Hausaufgaben helfen können.

Abb. 30: Hausaufgabentips für Eltern

Förderung der Konzentration – 12 Tips für Eltern

○ Gehen Sie auf die Fragen des Kindes ein, nehmen Sie sich der Schwierigkeiten und Probleme des Kindes an.

○ Seien Sie in Ihrem erzieherischen Verhalten gegenüber Ihrem Kind konsequent und eindeutig.

○ Versuchen Sie bei Konflikten mit Ihrem Kind *gemeinsam* mit ihm Lösungsmöglichkeiten zu finden.

○ Fördern Sie das selbständige Verhalten und das gezielte Arbeitsverhalten des Kindes.

○ Versuchen Sie erwünschtes Verhalten bei Ihrem Kind zu bekräftigen durch Lob und Anerkennung (»Gut!« »Prima!«), Ermutigung (»Weiter so!«), Bestätigung (»Ja!« »Richtig!«), Zuwendung (gemeinsame Unternehmungen, Körperkontakt) und Belohnungen (Kinobesuch, Ausflug, ...).

○ Verlangen Sie von Ihrem Kind nur das, was es auch wirklich leisten kann. Wenn Sie sich nicht sicher sind, wenden Sie sich an Fachleute (Lehrer, Fachlehrer, Beratungslehrer, Schulpsychologe, Arzt).

○ Kaufen Sie Ihrem Kind Spielzeug, das viele Verwendungsmöglichkeiten zuläßt und die Konzentration fördert (Konstruktionsspiele, Puzzles, Memory, Mühle, Dame, ...).

○ Wählen Sie *gemeinsam* mit Ihrem Kind Fernsehsendungen bewußt und gezielt aus (evtl. Fernsehplan für die Woche).

○ Achten Sie darauf, daß Ihr Kind genügend Freiraum und Freizeit hat, seine Bewegungsimpulse auszuleben.

○ Bereiten Sie Ihrem Kind ein zweckmäßiges Frühstück (kalorienreiche Getränke: Milch, Kakao) und achten Sie darauf, daß das Kind ausreichend Zeit zum Frühstück hat.

○ Regen Sie das Kind zu bewußter und überlegter Zeiteinteilung im Zusammenhang mit der Hausaufgabenerstellung an.

○ Achten Sie darauf, daß der Arbeitsplatz des Kindes konzentratives Verhalten fördert (ruhiger Arbeitsplatz, Ordnung, keine Ablenkungen, ...).

Abb. 31: Förderung der Konzentration

Frühstück – die wichtigste Mahlzeit des Tages!
Empfehlungen für Eltern

Lassen Sie sich zum Frühstück Zeit! Lieber eine Viertelstunde früher aufstehen und das Frühstück in Ruhe, ohne Hast und Eile zu sich nehmen! Decken Sie den Tisch (vielleicht auch schon am Vorabend)! Nach Möglichkeit soll die Familie gemeinsam frühstücken. Dabei soll nicht über die Schule, über die Noten oder über die Arbeit der Eltern gesprochen werden.
An Getränken sind für Schulkinder zu empfehlen:
– Milch in allen Variationen,
– Kräutertees,
– Malzkaffee, Milchkaffee,
– Kakao (aus Milch, Kakao und Honig zubereitet),
– Fruchtsäfte (gegebenenfalls mit Mineralwasser verdünnt; noch gesünder als ein Fruchtsaft ist allerdings frisches Obst).
Die Getränke, falls überhaupt notwendig, nur mit Honig süßen, nicht mit Zucker!
Abwechslung beim Frühstück ist wichtig:
– ungezuckertes Müsli (allenfalls mit Trockenfrüchten süßen),
– Frischkornbrei, Getreidebrei, Porridge,
– Joghurt, Kefir, Quark, Frischkäse, Käse, Butter, Diät-Margarine,
– Vollkornbrote und Vollkornprodukte,
– Obst,
– Honig, Sirup, hausgemachte Marmelade.
Der Tag sollte nicht mit Fleisch und Wurst anfangen!

Pausenbrot
Es ist wichtig, daß die Eltern Kontrolle über das Pausenbrot ihrer Kinder haben; also den Kindern statt des Geldes ein Pausenfrühstück mitgeben!
– Vollkornbrote, Vollkornprodukte,
– Butter, Honig, Käse, Quark (mit Schinken und Wurst sparen!),
– Obst,
– Milch, Tee oder Mineralwasser.

Abb. 32: Frühstück – Empfehlungen für Eltern

4.3   Exemplarische Auswahl von Fördermaterialien

Eine Auswahl der folgenden Fördermaterialien sollte (z. B. für den Einsatz in der Freiarbeitszeit) im Klassenraum zur Verfügung stehen.

Wahrnehmung, Gedächtnis, Konzentration:
Differix – Schau genau – Koffer packen – Memory (Original Memory, Junior Memory, Lese Memory) – Schnipp Schnapp – Mühle – Dame – Mensch ärgere dich nicht – Sehen und Ergänzen – Suchbilder – Mikado – Scrabble – Lük-Arbeitshefte – Zeitschrift »Spielen und Lernen« – Schreib- oder Malspiele: Punkte verbinden, Linien nachfahren, Ausmalen (v. Formen, Feldern, Gleichem, Unterschiedlichem), Durchstreichspiele, Markierspiele (Buchstaben, geometrische Figuren, ... markieren, durchstreichen, unterstreichen)

Räumliche Vorstellung, Farb- und Formwahrnehmung:
Puzzles – Legespiele – (farbige) Holzklötzchen – Steckwürfel – Logische Blöcke – Cuisenaire Stäbe – Muster, Formen, Figuren – Blinde Kuh – Tangram – Hexagramm – Symmetrix

Mengen und Zahlen:
Plus und Minus – Stachelspiel (Domino) – Rechendomino – Heinevetters Rechentrainer – Murmeln, Würfel, Bälle, Kugeln – »Meßecke« mit Meterstab, Maßband, Meßlatte, Gewichten, Sandsäcken, Gefäßen, ... – Zeitleiste: Monate, Jahreszeiten, Jahreslauf, Advent, Geburtstage der Schüler, ...

Lesen und Sprache:
Wörterschlange – 1000 Namen von A bis Z – Was kommt dazu – ABC-Spiel – Kontraste (Wie heißt das Gegenteil von ...?) – Buchstabensuppe – Wörter-Domino – Lese-Memory – Schreibmaschine(n) – Bücher: »Bilderbücher« – reich bebilderte Bücher mit wenig Text (z. B. A. Mitgutsch: Rundherum in unserer Stadt, Herders Bilderlexikon; Wörterbücher; »Mein erster Brockhaus« und andere Nachschlagewerke).

5 Spezielle Maßnahmen zur Förderung von Basisqualifikationen und Kompetenzen

Im folgenden werden einige Möglichkeiten aufgezeigt, grundlegende Kompetenzen von Schülern zu fördern. Dabei soll es vor allem um die Fähigkeiten gehen, die Voraussetzungen für schulisches Lernen sind. Kinder erwerben sie in der Regel in ihrer vorschulischen Entwicklung sozusagen nebenbei (z. B. Bewußtheit des eigenen Körpers, Aufnahme- und Wahrnehmungsfähigkeit, soziale Kompetenz). Diese grundlegenden Fertigkeiten sind u. a. die Basis für »Selbst-bewußt-sein« und Selbstwertgefühl.

In unserer von Reizüberflutung geprägten Gesellschaft finden wir heute in der Schuleingangsstufe jedoch mehr und mehr Kinder, denen diese Basisqualifikationen fehlen.

Ziel der im folgenden dargestellten Übungen und »Spiele« ist es auch, den Kindern Möglichkeiten zu eröffnen, sich in ihrer Ganzheitlichkeit zu erfahren bzw. vom Unterricht her einen ganzheitlichen Zugang zu den Kindern zu ermöglichen. Denn Schüler sind Wesen mit Leib, Seele und Geist – das wird in der Schule häufig noch zu wenig berücksichtigt.

Erfahrungen aus dem Therapiebereich lassen erkennen, daß es, wenn physische und/oder psychische Grundbedürfnisse über längere Zeit unberücksichtigt bleiben, zu einem inneren Ungleichgewicht kommt. Schüler zeigen dann nach außen hin oft »gestörtes« Verhalten. Gerade heute scheinen unsere Kinder durch die vielfältigen und teilweise schädigenden Umweltreize in ihrem inneren Gleichgewicht bedroht.

Die folgenden Übungen können dazu beitragen, Unterricht lebendig zu gestalten, Schülern neue Freude am Lernen zu vermitteln, der Kopflastigkeit im Unterricht entgegenzuwirken, die Schüler als »ganze« Personen in unterrichtliche Prozesse einzubeziehen. Sie sind damit eine Hilfe, das innere Gleichgewicht von Schülern zu stabilisieren.

5.1 Förderung von Körperwahrnehmung und Körperbewußtsein

Entwicklungspsychologisch gesehen ist die Wahrnehmung – das Spüren, Fühlen und Kennen – des eigenen Körpers ein erster und wichtiger Baustein in der ontogenetischen Entwicklung. Körperwahrnehmung fußt auf taktiler, propriozeptiver und vestibulärer Wahrnehmung und fördert so die Wahrnehmungsdifferenzierung in grundlegenden Kanälen. Körperwahrnehmung ist damit auch eine wichtige Basis für die Wachheit und Aufmerksamkeit des Kindes. Darüber hinaus sind Körperschema (das Bewußtsein des eigenen Körpers) und Körperbegriff (die Kenntnis des eigenen Körpers) Grundlage für den Zugang zur Umwelt und für die Orientierung darin. Sie bilden die Basis für die Orientierung in Räumen und – auf höherem Niveau – die Orientierung und das Operieren in mathematischen Dimensionen.

Kinder, Jugendliche und Erwachsene haben in unserer von Leistung geprägten Gesellschaft häufig den Zugang zu ihrer Leiblichkeit verloren. Dem sollen die folgenden Übungen zur Förderung von Körperwahrnehmung und Körperbewußtsein entgegenwirken. Die Übungen haben sich in der schulischen Praxis bewährt.

• *Wärmen* (Selbstmassage)
Die Kinder sitzen auf dem Boden (Schuhe ausgezogen) und klopfen mit den Fingerkuppen Arme, Schultern, Brust, Becken, Beine und Füße ab. (Die Übung aktiviert sehr stark die Atmung und erhöht den Energiepegel des Organismus, der Körper wird sehr stark erwärmt – bietet sich z. B. an, wenn die Kinder über Kälte klagen.)

• *Ich lerne meine Füße kennen*
Die Kinder betasten und kneten ihren linken Fuß (viel Zeit lassen!), anschließend legen sie den Fuß ab und spüren den Unterschied zwischen den beiden Füßen. Danach dasselbe mit dem rechten Fuß.

• *Beinwärmer*
Die Kinder beklopfen, drücken, kneten die Fußsohlen, Füße und Unterschenkel (belebt, bringt Aktivierung, erhöht die »Standfestigkeit), danach stellen sie sich mit leicht gebeugten Knien auf den Boden und spüren ihre Füße und Beine.

• *Locker hüpfen*
Schrittweise wird der Körper lockergeschüttelt: Ausschütteln der Finger – der Hand – der Arme – der Schultern – der Knie – des Kopfes – des ganzen Körpers (günstig mit rhythmischer Musikbegleitung).

• *Ich lerne meine Hände kennen*
Die Kinder betasten, drücken, kneten Hände und Finger, »winden« Finger und Hände aus, beklopfen die Finger und Hände. Danach lassen sie die Hände nach unten hängen und spüren, wie sie sich jetzt anfühlen.

- *Ich bereite meine Hände und Arme auf das Arbeiten vor*
- Hände ausschütteln;
- Finger spreizen – zur Faust ballen im Wechsel;
- Hände im Handgelenk drehen;
- im Stehen bei nach der Seite ausgestreckten Armen Hände, dann Arme kreisen;
- Schultern hochziehen und fallen lassen im Wechsel;
- mit den Fingern nacheinander auf die Tischplatte klopfen (»Trommeln«);
- mit der flachen Hand (pantomimisch) einen Gegenstand rollen;
- Finger auswringen (Vorsicht: nicht zu kräftig!).

(Die hier angegebenen Übungen bieten sich vor, zwischen und nach Schreibaufgaben an.)

- *Schneemann*
Die Kinder stellen sich vor, sie seien ein Schneemann, der in der Sonne taut. Sie »zerfließen« *langsam*. Erst pendelt der Kopf nach unten zur Brust hin, dann fallen die Schultern nach vorn – schließlich knicken die Knie ein – der Schneemann zerfließt auf dem Boden (Kinder experimentieren lassen!)
- *Regenspiel* (Partnerübung)

Die Sonne scheint	– Hände liegen warm auf dem Rücken.
Wolken und erste Regentropfen	– einzelne Finger trommeln auf den Rücken.
Der Regen prasselt	– alle Finger trommeln auf den Rücken.
Es hagelt	– die Fäuste trommeln auf den Rücken (Vorsicht: nicht zu fest!).
Der Hagel läßt nach/hört auf, es prasselt aber noch immer	– s. o.
Es tröpfelt nur mehr	– s. o.
Die Sonne scheint wieder	– Hände streichen warm über den Rücken.

Anmerkung: Das Spiel setzt Vorerfahrungen mit körperorientierten Kontaktübungen voraus sowie eine positive emotionale Beziehung zwischen den Partnern.

* *Elefant*
Die Kinder stehen mit leicht gebeugten Knien, lassen dann *langsam* von der Halswirbelsäule aus Wirbel für Wirbel locker, bis der Oberkörper vom Becken aus nach unten hängt. Die Arme können evtl. locker hin und her pendeln, oder die Kinder können sich leicht auf die Handflächen aufstützen (Kinder experimentieren lassen!). Nach einiger Zeit aufrichten (*sehr langsam,* da sonst Schwindelgefühle auftreten können), spüren, wie man auf dem Boden steht.

* *Räkeln im Liegen*
Die Kinder stellen sich vor, wie sie am Morgen aufwachen. Welche Körperteile bewege ich, wie mache ich mich wach: Dehnen, Strecken, Gähnen, Verwinden, Geräusche von sich geben, . . .

* *Ich gehe mit den Füßen*
Zunächst werden die Füße massiert und bewußt gespürt. Danach gehen die Kinder »blind« (mit geschlossenen Augen) im Raum herum und verlassen sich ganz auf die Füße, die ihnen den Weg weisen (*sehr langsam gehen*). Evtl. auf den Boden verschiedenes Material auslegen (Schaumgummi, Papier, Filz, Teppichboden, Gummimatte, . . .).

* *Ich lerne mein Gesicht kennen* (Lockerung der Gesichtsmuskulatur)
Die Kinder betasten ihr Gesicht, den Mund, die Kaumuskeln am Unterkiefer, die Nase, reiben sich die Augen, die Stirn, zupfen sich am Ohrläppchen (im Liegen).
Danach bewegen sie das Gesicht in möglichst vielfältiger Art und Weise (Grimassen schneiden). Zum Schluß lassen sie das Gesicht ganz locker werden – Kopf hin und her schütteln – und streichen sich einige Male über das Gesicht. Wie fühlt sich das Gesicht jetzt an?

* *Ich spüre mich – Ich spüre dich*
Die Kinder fühlen den Puls (am Handgelenk, am Hals) bei sich selbst oder bei einem Partner.

* *Äpfelpflücken*
Die Kinder greifen mit den Armen (im Stehen) abwechselnd oder gleichzeitig nach oben (nach einem fiktiven Gegenstand), dabei stehen sie *fest auf dem Boden* mit lockeren Knien (Arme von den Schultergelenken aus dehnen).

* *Schwingen*
Die Kinder schwingen den Oberkörper vom Becken ausgehend, dabei stehen sie mit lockeren Knien (leicht gebeugt) auf dem Boden, die Arme dabei schlenkern lassen, so wie sie sich bewegen. (Arme nicht bewußt bewegen!)

- *Räkeln im Stehen*

Die Kinder strecken und dehnen sich im Stehen unter Einbeziehung möglichst vieler Muskeln, machen möglichst viele ungewohnte Bewegungen, stehen auf Zehenspitzen, »pflücken Äpfel«, binden die Schnürsenkel (mit gestreckten Beinen), drehen und wenden sich im Becken, in den Schultern, verdrehen den Nacken,...

- *Atemschaukel*

Die Kinder schwingen locker in den Knien durch, führen die Arme nach oben (nicht überstrecken – locker bleiben!) – atmen beim Hochgehen ein. Danach schwingen die Arme wieder nach unten – die Kinder atmen aus.

- *Atemübungen* (im Liegen)
- Die Kinder spüren beim Ein- und Ausatmen bewußt die Luft an den Nasenwänden vorbeistreichen.
- Die Kinder spüren beim Ein- und Ausatmen das Auf- und Abbewegen der Bauchdecke (Unterstützung: Hände liegen auf dem Bauch).
- Die Kinder »denken« beim Einatmen, daß sie Kraft und Energie aufnehmen, und beim Ausatmen, daß sie Verbrauchtes, Belastendes und Spannung »wegatmen«.

- *Atemübungen* (im Stehen)
- Die Kinder führen beim Einatmen die Arme nach oben, lassen sie beim Ausatmen wieder fallen.
- Die Schüler heben beim Einatmen den Kopf, lassen ihn beim Ausatmen auf die Brust fallen.
- »Holzhacker«: Die Kinder verschränken die Hände, strecken sie beim Einatmen über den Kopf, beim Ausatmen schwingen die verschränkten Hände durch die gespreizten Beine nach hinten.

- *Isometrische Übungen*
- Mund und Augen so weit wie möglich aufreißen (»Gesicht auseinanderziehen«);
- Gesicht, Augen, Lippen zusammenkneifen (»so klein wie möglich machen«);
- Kopf gegen Widerstand (z. B. Hand) nach vorn, nach hinten, nach der Seite drücken;
- Hände verschränken – auseinanderziehen;
- Handflächen an die Außenseite der Knie legen (gekreuzte Arme) – gegen Widerstand der Arme Beine nach außen drücken;
- Arme nach vorn strecken und Handflächen übereinander legen – gegeneinanderdrücken;

– Im Sitz Beine gestreckt, Hände auf die Schienbeine legen – mit den Händen abwärts, mit den Beinen aufwärts drücken.
(Anmerkung: Jeweils nur *kurz* anspannen (ca. 6 Sek.), dann wieder loslassen.)

Anmerkungen zu den Übungen:
Es hat sich bewährt, den einzelnen Übungen Namen zu geben. Das motiviert die Kinder, und sie verbinden mit einem Namen häufig positive Assoziationen. Bei der Einführung einer Übung sollte der Lehrer gezielte Anweisungen geben und die Übung – an sich selbst oder an einem Kind – vormachen. Ist die Klasse oder Gruppe ausreichend mit einer Übung vertraut, kann sich der Lehrer um die Kinder kümmern, die noch Schwierigkeiten haben und Hilfe benötigen.
Manche Übungen sind für die Kinder zunächst neu und fremd. Je öfter sie jedoch durchgeführt werden, desto mehr machen sie den Kindern in der Regel Spaß. Die Übungen können auch in der Sportstunde eingesetzt werden. Es sollte den Kindern jedoch vermittelt werden, daß es nicht darum geht, sportliche Höchstleistungen zu erzielen, sondern darum, sich selbst besser zu spüren und zu erfahren. Die o. a. Anregungen können auch an die Eltern weitergegeben werden, denn das starke Bedürfnis der Kinder – besonders der jüngeren – nach Körperkontakt, wird manchmal nicht in ausreichendem Maß von den Eltern befriedigt.
Ein Vorteil der Übungen liegt nicht zuletzt darin, daß der verbale Kommunikationskanal verlassen wird und auf einer (positiven) nonverbalen Ebene kommuniziert wird.
Wichtig für die Förderung des Körperbewußtseins ist das Angebot von Rückmelderunden, in denen die Kinder ihre Erfahrungen äußern können (»Wie hat dir die Übung gefallen?« »Was hast du gefühlt, gespürt?«)

5.2   Wahrnehmungsübungen

Durch Wahrnehmungsübungen lassen sich basale Grundfunktionen, die als Voraussetzung für das Erlernen der Kulturtechniken anzusehen sind, schulen.
Basale Voraussetzung für das Erlernen des Lesens sind z. B. die optische/akustische Differenzierung und die optische/akustische Figur-Grund-Wahrnehmung. Grundlage für das Erfassen mathematischer Zusammenhänge ist eine gute und differenzierte Körper- und Raumwahrnehmung.
Wahrnehmungsübungen wirken sich nicht nur positiv auf diese Grundfunktionen aus, sondern fordern und fördern darüber hinaus

Aufmerksamkeit und Konzentration. Auch der Aspekt der Motivierung ist von Bedeutung.
Die folgenden Übungen können helfen, bestehende Lernschwierigkeiten zu bewältigen, ohne daß ein oft mit negativen Assoziationen behafteter Lernstoff im Mittelpunkt steht. Die Kinder machen die Erfahrung, daß Schule und Lernen auch Freude machen können.

5.2.1   Wahrnehmungsübungen im taktilen Bereich

• *Taststraßen*
Die Kinder bewegen sich (ohne Schuhe bzw. barfuß) »blind« über einen Parcours mit verschiedenen Unterlagen (Teppichfließen, Styroporgranulat, Schaumgummi, Tücher, Sandsäcke, Schmirgelpapier,...) und benennen evtl. die unterschiedlichen Materialien oder Tastqualitäten.
• *Wasch-Spiele*
Die Kinder reiben verschiedene Körperteile nach Anweisung oder Vormachen durch den Lehrer oder die Lehrerin.
• *Hautzeichnung*
Auf Hand, Rücken, Bauch werden Muster, Figuren gezeichnet, die von den Schülern erkannt/benannt werden sollen.
• *Ratespiele mit Körperteilen*
Den Kindern werden Gegenstände/Materialien auf bestimmte Körperteile gelegt. Wie viele/Welche Gegenstände spüre ich?
• *Finger, Zehen, Körperteile nach Tastreizen erkennen*
Die Körperteile werden mit Fingern, der flachen Hand, der Faust, mit Bällen oder Sandsäcken unterschiedlichen Gewichts, mit Pinseln berührt. Die Körperteile sollen benannt werden, evtl. auch noch, womit sie berührt wurden. (Erschwerung: Die Reihenfolge der Tastreize und der berührten Körperteile soll benannt werden.)
• *Windspiel*
Einzelne Körperteile werden mit einem Föhn angeblasen. Die Kinder sollen die Körperteile berühren oder/und sie benennen.
• *Körperkontakt aufnehmen*
Die Kinder nehmen (Körper-)Kontakt auf an Kopf, Haaren, Schultern, Handflächen.
– Sie spielen »Führspiele« (ein Partner führt den »blinden« Partner)
– Nacheinander rollen sie sich über die Gruppe (längsseits), die bäuchlings auf dem Boden liegt.

- *Massieren*
Die Kinder massieren sich einzelne Körperteile selbst nach Vorgabe durch die Lehrerin (evtl. auch nach einem Thema, z. B. »Wir lernen unsere Hände kennen« s. dazu Kap. 5.1., S. 118).
- *Kartoffeltransport*
Zwischen die Handflächen zweier Kinder wird eine Kartoffel (ein Gegenstand) gelegt. Die beiden Kinder sollen die Kartoffel (den Gegenstand) zu einem vorher festgelegten Ziel hin transportieren.
- *Tastsack*
Die Kinder ertasten Stofftiere, Gegenstände, Formen, Zahlen, Buchstaben »blind«.
Die Kinder zählen »blind« Gegenstände ab und legen sie in ein Gefäß.
- *Stille Post einmal anders*
Die Kinder sitzen im Kreis. Gegenstände, Holzbuchstaben, Holzzahlen, werden im Kreis weitergegeben. Wie viele/Welche Gegenstände wurden im Kreis herumgegeben?
- *Turmbau*
Die Kinder sitzen mit geschlossenen Augen um eine Schulbank/einen Schultisch herum (max. 6 Kinder). Nach vorher festgelegter Reihenfolge werden erst alle rechten Hände, dann alle linken Hände übereinandergelegt. Wenn der »Turm« fertig ist, wird er wieder abgebaut.
- *Zungenspiele*
Die Zunge macht bestimmte Bewegungen bzw. wird an bestimmte Stellen in der Mundhöhle geführt: an die Backe, an die oberen/unteren Schneidezähne, zwischen die Schneidezähne, auf die Oberlippe, die Zunge wird »wild« hin und her, vor und zurück bewegt, . . .
- *Weitergeben einmal anders*
Ein Gegenstand wird (»blind«) mit den Füßen weitergegeben.
- *Schnurtasten*
Schnüre werden »blind« abgetastet. Die Kinder erkennen und benennen die Anzahl von Knoten, Perlen, . . .
- *Tastfiguren*
Die Kinder ertasten auf dem Boden ausgelegte Figuren, Buchstaben, Zahlen oder krabbeln/gehen sie nach. Danach versuchen sie selbst die Figuren zu legen (z. B. mit Plastilin, mit Wollfäden).
- *Blindenstock*
Die Kinder ertasten mit einem Gymnastikstab Hindernisse, benennen sie und umgehen sie.

• *Finde ich mich auf meinem Platz zurecht?*
Die Kinder sitzen »blind« auf ihrem Stuhl vor dem Tisch und führen
auf Anweisung des Lehrers Tätigkeiten aus, z. B. aufstehen, beide
Handflächen auf den Tisch legen, hinter den Stuhl stellen, die Stuhl-
lehne ergreifen. (Diese Übung erfordert viel Selbstdisziplin, vor allem
bei großen Klassen!)

5.2.2   *Wahrnehmungsübungen im auditiven Bereich*

• *Geräuschlos hinsetzen*
Die Gruppe sitzt im Kreis, ein Kind in der Mitte ist »blind«. Ein
anderes Kind aus dem Kreis versucht sich geräuschlos daneben zu
setzen, das »blinde« Kind hebt den Arm, wenn es glaubt, daß jemand
neben ihm sitzt.
• *Der Schlüsselbund geht um*
Die Gruppe sitzt im Kreis. Ein Kind oder die Lehrerin legt einen
Schlüsselbund (einen Gegenstand) möglichst geräuschlos hinter einem
Kind ab. Bemerkt das Kind den Gegenstand unter seinem Stuhl?
• *Detektiv*
Ein Gegenstand wird im Kreis herumgegeben (Geräuschdose, Schlüs-
selbund, Rassel, . . .). Ein »blindes« Kind in der Mitte des Kreises
zeigt in die entsprechende Richtung, wenn es das Geräusch des
Gegenstandes hört.
• *Hund und Knochen*
Ein »blinder Hund« in der Mitte des Sitzkreises bewacht einen »Kno-
chen« (z. B. Rassel). Gruppenmitglieder versuchen dem Hund den
Knochen zu rauben, indem sie sich möglichst geräuschlos zu ihm
hinschleichen. Hört der »Hund«, wie sich jemand nähert, deutet er in
die entsprechende Richtung.
• *Stille Post*
Ein Wort (Satz) wird im Sitzkreis reihum ins Ohr des Nachbarn
geflüstert. Wenn das Wort (der Satz) beim Satzgeber ankommt, wird
er laut gesprochen. Ist das Wort (der Satz) noch richtig?
• *Geräusche – Geräusche*
Der Lehrer erzeugt (Abfolgen von) Geräusche(n). Die Kinder nähern
sich »blind« den Geräuschquellen, zeigen in die Richtung der Geräusche oder benennen die Anzahl (und die Art) der Geräusche.

- *Lotse*

Ein »Lotse« geleitet ein »Schiff« (ein »blindes« Kind) in den »Hafen« durch Erzeugen von Leitsignalen. Der Weg wird zusätzlich markiert durch »Geräuschbojen«, die andere Kinder mit Orff-Instrumenten markieren.

- *Aufräumen ohne Ton*

Die Kinder räumen Schulsachen auf. Ein »blindes« Kind soll erkennen, was gerade getan wird (z. B. aufstehen, ein Buch vom Tisch nehmen, . . .) Die Aufträge werden von der Lehrerin für die Klasse an die Tafel geschrieben oder auf Plakaten gezeigt.

- *Gehen*

Die Kinder bewegen sich im Raum (Turnhalle), ohne gegenseitig anzustoßen. Der Takt wird durch ein Tamburin vorgegeben. Die Kinder sollen bei lauten Schlägen die Knie an die Brust hochziehen, bei leisen Schlägen in die Knie gehen.

- *Gewitter*

Die Gruppe sitzt im Kreis, einer nach dem anderen macht die folgenden Geräusche nach: Handflächen aneinanderreiben – mit den Fingerkuppen aneinandertrommeln – auf die Oberschenkel klatschen – mit den Füßen stampfen – in die Hände klatschen (steigern bis zum Höhepunkt – L schlägt ein Becken) – danach die ganze Reihe in umgekehrter Reihenfolge.

- *Führen*

Ein »Blinder« wird durch eine Hindernisbahn geführt. Der Partner gibt entsprechende akustische Signale zum Überwinden der Hindernisse (z. B. hoher Summton – Fuß heben).

- *Rattenfänger*

Ein Kind (oder der Lehrer) geht durch den Raum und schlägt das Tamburin, die Gruppe folgt ihm »blind«.

- *Ton einkreisen*

Die Lehrerin erzeugt einen Ton im Raum, die Kinder bilden »blind« einen Kreis um den Ton.

- *Hör genau*

Ein Ton wird erzeugt, die Kinder sitzen mit geschlossenen Augen im Raum. Wie lange wird der Ton gehört? Die Kinder heben den Arm, wenn sie den Ton nicht mehr hören.

- *Indianer*

Ein Kind steht in einer Ecke des Raumes. »Indianer« schleichen sich an und bleiben hinter dem Kind stehen. Wie viele »Indianer« haben sich angeschlichen?

- *Hänschen piep einmal!*
Die Kinder erkennen Mitschüler oder Mitschülerinnen an deren Stimme.
- *Blind gehen*
Die Kinder verteilen sich im Raum oder an einer Seite des Raumes (hängt von Gruppengröße und von den Anweisungen ab). Der Lehrer gibt nun einfache Anweisungen, wie die Kinder gehen sollen: »Ein Schritt vor – ein Schritt rechts – zwei Schritt zurück . . .« Die Kinder gehen mit geschlossenen Augen.
- *Wer war der Täter?*
Die Kinder sitzen mit einer Augenbinde oder geschlossenen Augen auf den Stühlen. Ein Kind geht (nach Antippen durch den Lehrer) an die Tafel und schreibt ein Wort an oder zeichnet etwas. Die Klasse versucht den »Täter« oder die »Täterin« zu erraten.
- *Klatschen*
– Die Lehrerin beginnt zu klatschen, aufeinanderfolgend stimmen alle Kinder ein.
– Ein Kind beginnt zu klatschen, die Gruppe stimmt nach den Vornamen alphabetisch geordnet ein.
– Die Klasse beginnt zu klatschen, einigt sich schließlich auf einen Klatschrhythmus.
– Die Klasse klatscht immer lauter/schneller, dann wieder leiser/langsamer.
– Die Klasse beginnt auf Kommando zu klatschen und hört auf Kommando (optisches Signal) schlagartig zu klatschen auf.
- *Ball fangen einmal anders*
Die Kinder stehen verteilt im Raum (in der Turnhalle). Sie lassen einen Ball zu Boden fallen und fangen ihn dann wieder auf. Danach konzentrieren sie sich kurz (Einstimmung durch den Lehrer) und führen jetzt die gleiche Übung »blind« durch.
- *Ton und Bewegung*
Die Kinder gehen im Raum umher und reagieren auf die Tonqualitäten (Blockflöte, Gitarre, Orff-Instrumente) »hoch – tief«. Bei hohen Tönen gehen die Kinder auf Zehenspitzen, bei tiefen gehen sie in der Hocke.
- *Geräusche*
Die Kinder nehmen die Qualitäten von Geräuschen wahr, benennen sie und/oder ordnen sie Bildkarten, Gegenständen zu bzw. zeichnen entsprechende Symbole auf.

• *Weckruf*
Die Kinder liegen rücklings/bäuchlings auf dem Boden oder sitzen mit in die Armbeugen gelegtem Kopf in der Bank. Der Lehrer läßt über dem Kopf der Kinder ein Becken erklingen, wonach sich die Kinder aufrichten.

5.2.3   Wahrnehmungsübungen im visuellen Bereich

• *Spuren verfolgen*
Die Kinder verfolgen farbige Schnüre (Wollfäden) oder Figuren mit den Augen/mit dem Finger und markieren die Endpunkte.
• *Puzzles*
Die Kinder fertigen selbst Puzzles an, indem sie mitgebrachte (oder von der Lehrerin zur Verfügung gestellte) Bilder zerschneiden und wieder zusammenlegen.
• *Aufblendübungen*
Wortkarten, Figuren, Bilder, räumliche Anordnungen werden den Kindern (mit dem Tageslichtprojektor) kurzzeitig dargeboten. Die Kinder benennen die Gegenstände oder schreiben auf (zeichnen nach), was sie gesehen haben.
• *KIM-Spiele*
Gegenstände werden gezeigt und danach mit einem Tuch verdeckt. Wie viele/Welche Gegenstände habe ich gesehen?
Variante: Die Lage einzelner vorgezeigter Gegenstände wird verändert. Was hat sich verändert? (Alternative: Die Kinder legen die Gegenstände an ihre ursprüngliche Stelle.)
• *Adlerauge*
Wörter, Zahlen, Buchstaben, Gegenstände werden auf Vorgabe durch den Lehrer/durch Kinder mit der Taschenlampe angeleuchtet. (Figur-Grund-Wahrnehmung!)
• *Luftmalen*
Die Lehrerin malt Gegenstände, Buchstaben, Zahlen in die Luft. Die Kinder benennen sie oder malen sie nach.
• *Belauern*
Die Gruppe sitzt im Kreis um ein Kind. Das Kind in der Mitte verhält sich reglos. Sobald das Kind einen (vorher festgelegten) Körperteil bewegt, versuchen die übrigen Kinder das in der Mitte liegende so schnell wie möglich zu erreichen und anzutippen. Wer das Kind zuerst angetippt hat, legt sich in die Mitte.

- *Kopieren*

Der Lehrer/ein Kind macht einzelne Bewegungen vor. Die Gruppe kopiert die Bewegungen des Modells (wichtig: Bewegungen *langsam* vormachen).

- *Schau genau*

Gegenstände werden hinter dem Rücken in der Runde weitergegeben (die Kinder stehen in einem Kreis). Einige »Späher« stehen in der Kreismitte und versuchen die Gegenstände zu identifizieren. Nach kurzer Beratungszeit benennen sie die Gegenstände. Welche Spähergruppe hat die meisten Gegenstände richtig erkannt?

- *Ich sehe was, was du nicht siehst*

Die Lehrerin oder ein Kind sucht sich Gegenstände im Klassenzimmer aus, beschreibt sie kurz, ebenso den Ort, an dem sie sich befinden. Die Kinder schreiben oder zeichnen auf, welcher Gegenstand gemeint sein könnte.

- *Zeichenmeister*

Auf der Tafel/dem Tageslichtprojektor/Plakaten werden geometrische Figuren vorgegeben (z. B.

Die Kinder zeichnen sie (in der Luft) nach/zeichnen sie mit den Füßen auf den Boden/gehen sie auf dem Boden nach.

- *Ich und das Zimmer/der Raum*

Die Kinder gehen im Raum herum, erfahren nach Anweisung den Raum: »Was siehst du in der Ecke beim Waschbecken?« »Wie viele Schritte brauchst du bis zur Tafel?« . . .
Die Kinder kehren wieder in ihr »Haus« zurück (Gymnastikreifen, Gymnastiktuch), schließen die Augen und beantworten für sich die Fragen.

- *Sandsäckchen/Gegenstände fangen*

Zwei Kinder sitzen sich gegenüber. Ein Kind wirft ein Sandsäckchen hoch, das andere fängt es auf. (Die Übung ist mit Sandsäckchen am einfachsten, deshalb damit anfangen!) Erschwerung: Nachdem das eine Kind das Sandsäckchen hochgeworfen hat, klatscht es in die Hände.

- *Zeichnen auf Kommando*

Die Kinder zeichnen auf Karo-Papier nach Anweisung, z. B. zwei Kästchen nach rechts, ein Kästchen nach unten usw. (Es lassen sich hier gut geometrische Figuren darstellen, was die Erfolgskontrolle erleichtert.)

- *Von Wand zu Wand*

Die Kinder gehen »blind« von einer Zimmerwand zur anderen. Wichtig ist die Vorbereitung des Versuchs: die Strecke mit offenen Augen gehen, Schritte zählen, Augen schließen und den Weg in Gedanken gehen. Erschwerung: Einbau von Hindernissen.

- *Ziel finden*

Auf ein vorgegebenes Ziel zunächst mit offenen Augen, dann mit geschlossenen Augen zugehen. Wie gut habe ich die Aufgabe gelöst? Was kann ich tun, um die Aufgabe noch besser zu erfüllen? (s. o.)

- *Figuren gehen*

Der Lehrer/ein Kind geht Figuren (Kreis, Viereck, . . .), Buchstaben, Zahlen vor, die übrigen Kinder benennen die Figur.

- *Wer trifft das Ziel*
  - Die Kinder werfen/rollen mit Bällen/Kegeln/Murmeln auf ein Ziel.
  - Sie schlagen die oberste Büchse von einem Büchsenturm.
  - Sie springen von einem Kastenteil/einer Bank/einem Stuhl genau auf einen Zielpunkt.
  - Sie lassen einen Gymnastikstab, den sie senkrecht in der Hand halten, kurz los und greifen an einer markierten Zone wieder zu.
  - Sie versuchen mit dem Finger/mit der Faust einen vor ihnen schwingenden Ball zu treffen (Ballpendel – Partnerübung).

- *Balancierkünstler*

Die Kinder balancieren einen Stock/einen Gymnastikstab auf dem Zeigefinger. Was muß ich tun, um den Stock möglichst lang in Balance halten zu können?

- *Luftballon, bleib in der Luft!*

Die Schüler halten einen Luftballon möglichst lange in der Luft. (Wichtig: Hinweis auf *ruhige* Bewegungen beim Führen des Luftballons; Zeitbegrenzung, nach mehr Übungserfolg Ausdehnen der Zeitspanne!)

- *Fang den Schlangenschwanz* (Partnerübung)

Ein Kind schleudert ein Seil auf dem Boden hin und her, ein anderes versucht, auf den »Schwanz« zu treten. Bei Erfolg Partnerwechsel.

- *Rechts-Links*
  - Die Kinder stehen im Raum verteilt. Die Lehrerin schlägt einmal auf das Tamburin → halbe Drehung nach rechts. Der Lehrer schlägt zweimal auf das Tamburin → halbe Drehung nach links.
  - Die Kinder hüpfen nach Anweisung auf dem rechten, auf dem linken, auf beiden Beinen.

– Die Kinder verteilen nach Anweisung Gegenstände im Raum, z. B.: »Lege das Klötzchen rechts neben den Schrank!«
– Gegenstände sind im Raum verteilt, darauf liegen Wortkarten: »rechts«, »links«. Die Kinder gehen durch den Parcours und stellen sich rechts oder links neben die Gegenstände bzw. gehen entsprechend links oder rechts an den Gegenständen vorbei.
(Wichtig bei diesen Übungen ist die *Festlegung eines Bezugspunktes!*)

5.3 Interaktionsspiele

Interaktionsspiele sind von einem (Spiel-)/Gruppenleiter in Gang gesetzte Interaktionen (wechselseitige Beziehungen) zwischen Kindern (Personen).

Die Interaktionsspiele haben nach unserer Meinung deshalb hervorragende Bedeutung, weil sie die kindliche Persönlichkeit in ihrer Ganzheit ansprechen. Sie aktivieren gleichzeitig Körper, Geist und Psyche.

Neben der Schulung grundlegender Wahrnehmungsfähigkeiten bewirken Interaktionsspiele vor allem die Förderung sozialer Kompetenz: Kinder lernen, sich selbst und andere besser wahrzunehmen, mit anderen in Kontakt zu treten, Konflikte offen und mitmenschlich auszutragen, Beziehungen aufzunehmen und »Selbst-bewußt-sein« aufzubauen.

Getragen werden die Interaktionen von einem spielerischen Rahmen, der Offenheit, Kreativität und Spontaneität fördert. In einem Schonraum kann so soziales Lernen stattfinden.

Erfahrungen zeigen, daß regelmäßig durchgeführte »Spielstunden« die Klassenatmosphäre langfristig sehr positiv beeinflussen und integrierende Wirkung auf sogenannte verhaltensgestörte Kinder haben können. Wie bei den Übungen zur Körperwahrnehmung setzt der Einsatz dieser Spiele einen entsprechenden Hintergrund und entsprechende Vor-(Selbst-)erfahrung beim Spielleiter voraus, sollen die »Spiele« Wirkung zeigen. Wichtigste Voraussetzung ist, daß der Lehrer selbst Freude am Spiel hat und sich selbst entsprechend einbringt.

Die Interaktionsspiele sollten unserer Meinung nach nicht immer nach einer starren Struktur vorgegeben und durchgeführt werden (vgl. Vopel 1980), im Vordergrund sollte die Spielfreude bei den Schülern stehen. Von daher lassen sich einzelne Spiele auch als entspannende, lösende Elemente in den Unterricht einbauen, um die Kinder wieder frei und offen zu machen für die Aufnahme von Lerninhalten.

Aus den im folgenden dargestellten Übungen (und weiteren in der Literatur beschriebenen) lassen sich im Bausteinsystem »Spielstunden« kombinieren (s. Böschemeyer/Vopel 1985). Dabei ist eine gewisse Planung zwar sinnvoll, aber ein starres »Durchziehen« eines »Programms« nicht empfehlenswert. Letztlich bestimmt die Gruppe oder die Situation der Gruppe, was gerade »dran« ist. Das erfordert ein großes Maß an Flexibilität beim Gruppenleiter. Es kommt oft vor, daß ein Spiel (z. B. das Spiel »Freude und Angst« s. Vopel 1980) eine volle Stunde füllt.

Oft ergeben sich auch während oder aufgrund eines Spieles Konflikte. Reflexionsphasen haben deshalb eine wichtige Funktion. In ihnen wird in »Spielsituationen« geäußertes eigenes und fremdes Verhalten bewußt gemacht und damit einer Veränderung zugänglich. Eine wichtige Anmerkung zum Schluß: Ein Kind darf niemals zu einer Übung/ zu einem Spiel gezwungen werden! Ein Spiel, das gespielt werden muß, ist kein Spiel mehr!

Im folgenden eine Auswahl von Interaktionsspielen, die sich im Unterricht bewährt haben.

5.3.1   Kennenlernen/Kontakt

• *Pim Pam*
Die Gruppe sitzt/steht im Kreis, die Spielleiterin in der Mitte. Auf Zuwurf eines Balles/Gegenstandes muß der/die Betreffende den Vornamen des linken (bei »Pim«) bzw. des rechten Nachbarn (bei »Pam«) sagen. Wer einen Fehler macht, wird Spielleiter oder Spielleiterin.

• *Atome*
Die Gruppe bewegt sich im Raum. Der Gruppenleiter ruft verschiedene Zahlen (z. B. 3, 5, 8, . . .). Daraufhin bilden sich möglichst schnell Gruppen in entsprechender Zahl (durch Fassen an den Händen, Fassen an den Schultern).

• *Mein rechter Nebenplatz ist leer*
Die Gruppe sitzt im Kreis, ein Stuhl bleibt frei. Das Kind links vom Stuhl spricht folgenden Satz: »Mein rechter, rechter Platz ist leer, da wünsch' ich mir den/die . . . her.« (Das Spiel wird von den Kindern der ersten Klassen sehr gern gespielt; es macht den Sozialstatus einzelner Kinder deutlich.)

- *Ich heiße... und begrüße dich so...*

Die Gruppe steht/sitzt im Kreis. Jedes Gruppenmitglied sagt den obigen Satz mit seinem Namen und macht eine Bewegung dazu. Die Gruppe wiederholt die Bewegung.

- *Ich bin der... mit dem...*

Jedes Gruppenmitglied nennt seinen Namen und einen Gegenstand/ ein Kleidungsstück, den es bei sich hat/das es trägt. Der Nachbar wiederholt jeweils die Information, die sein Vorgänger bzw. seine Vorgänger gegeben haben und fügt eine neue Information von sich hinzu.

- *Gesucht wird...*

Die Gruppe bewegt sich im Raum. Die Spielleiterin sagt obigen Satz und nennt den Namen eines Gruppenmitgliedes. Sofort nehmen alle Gruppenmitglieder Kontakt mit dem oder der Betreffenden auf (z. B. durch Anfassen an den Armen/Schultern oder am Rücken/Kopf). Bei größeren Gruppen werden mehrere Namen genannt.

- *Kontakti*

Die Gruppe sitzt im Kreis. Ein Gegenstand (Stift, Ball, ...) wird herumgegeben mit folgendem Satz: »Ich heiße... und behaupte, das ist ein ›Kontakti‹.« Der Nachfolger wiederholt jeweils die Namen seiner Vorgänger: »Ich heiße... und behaupte wie der... und die... und der..., dies ist ein ›Kontakti‹.«

- *Ein Gegenstand erzählt über seinen Besitzer*

Jedes Gruppenmitglied legt einen Gegenstand, der ihm gehört und der ihm wichtig ist, vor sich hin und läßt diesen Gegenstand von sich erzählen (z. B. »Ich bin die neue Uhr vom Franz. Der Franz hat mich erst kürzlich bekommen. Der Franz ist...«).

- *Mein Ich-Bild*

Jedes Kind der Gruppe malt ein Bild zum Thema »Das bin ich« oder zu einem ähnlichen personbezogenen Thema (z. B. »Was ich gerne mache/mag«). Nach dem Malen stellen sich die Kinder mit ihren Bildern vor.

- *Ich und mein Bild*

Im Raum werden Bilder ausgelegt (Landschaften, Menschen, Bauwerke, abstrakte Malerei, ... – mindestens dreimal soviel Bilder wie Kinder!). Jedes Kind sucht sich ein Bild aus und stellt sich mit dem Bild vor. Möglich ist auch eine Auswahl unter bestimmten Aspekten, z. B. »Ein Bild, das (heute) zu mir paßt«.

5.3.2   Selbst- und Fremdwahrnehmung

• *Liegen*
Die Kinder liegen auf dem Boden (auf dem Rücken, Augen möglichst
geschlossen). Sie spüren ihren Atem, hören auf Umweltgeräusche,
nehmen Körpergefühle und -empfindungen wahr.
(Anmerkung: Die Übung setzt Vertrautheit mit körperorientierten Übungen
voraus!)

• *Stehen*
Die Kinder stehen verteilt im Raum. Nach Anweisung(Vormachen)
des Leiters/Lehrers dehnen sie ihre Schultern, gähnen ausgiebig,
drehen den Kopf langsam hin und her, drehen vom Becken aus den
Körper um die Längsachse, so daß die Arme zu »fliegen« beginnen.
Mit geschlossenen Augen versuchen sie zu »pendeln«. Die Knie sind
locker (nicht durchgesteckt!), der Körper schwingt vor und zurück,
nach links und rechts, evtl. im Kreis. Schließlich kommen alle wieder
zur Ruhe, spüren ihren Körper.

• *Gehen*
Die Kinder probieren nach Anweisung der Leiterin verschiedene
Arten zu gehen aus: auf der Innen- oder Außenkante des Fußes; auf
Zehenspitzen; mit eingezogenen Zehen; mit steifen Knien; mit einge-
zogenem Bauch; mit hochgezogenen Schultern . . . – Wie fühlen sich
diese Arten zu gehen an?

• *Summen*
Die Kinder stehen mit geschlossenen Augen im Kreis. Sie gehen
langsam aufeinander zu und lassen dabei einen Summton erklingen
(beim Aufeinanderzugehen anschwellen, beim Auseinandergehen ab-
schwellen lassen).

• *Nähe – Distanz*
Die Kinder stehen im Kreis und gehen (mit offenen oder geschlossenen Augen) aufeinander zu, gehen wieder auseinander, experimentieren mit Nähe und Distanz. Dasselbe läßt sich auch im Sitzen, mit
Stühlen ausprobieren. (Wichtig hinterher: Reflexion!)

• *Urschrei*
Die Kinder stehen im Kreis, gehen langsam aufeinander zu – sobald
sie sich berühren, stoßen alle einen Schrei aus (so laut als möglich –
evtl. 15–30 sec. durchhalten).

• *Mein Gesicht*
Die Kinder drücken vor einem Taschenspiegel Stimmungen aus (z. B.
Langeweile, Ärger, Freude, Trauer, Wut, Verzweiflung, . . . – günstig

als Anregung: Tausch 1975, »Weinen, Wüten, Lachen«). Danach setzt sich die Gruppe in einen Kreis, einzelne Kinder stellen Stimmungen mimisch dar, die gesamte Gruppe vollzieht die Mimik nach.

• *Spiegeln* (Partnerübung)
Zwei Kinder stehen sich gegenüber, das eine macht Bewegungen *(langsam)* vor, der Partner oder die Partnerin versucht sie zu spiegeln. Danach Wechsel der Rolle.

• *Ich sehe dich* (Partnerübung)
Zwei Kinder stehen sich gegenüber und versuchen sich ganz genau wahrzunehmen (z. B. »Ich sehe an Dir braune Augen, eine blauen Pullover, . . .«). Variante: »Mir gefällt an dir . . .«

• *Eins, zwei, drei, vier – wer steht vor dir . . .?*
Ein Kind steht innerhalb eines Gymnastikreifens, vier Kinder gehen, den Reifen haltend, um das Kind herum und sprechen dabei den obigen Vers. Nach einem Stopp soll das Kind in der Mitte durch Tasten herausfinden, welches der vier Kinder gerade vor ihm steht.

• *Veränderung* (Partnerübung)
Zwei Kinder stehen sich gegenüber. Eines von beiden schließt die Augen, währenddessen verändert das andere etwas an seiner Kleidung oder Körperposition. Der Partner oder die Partnerin soll die Veränderung möglichst schnell erfassen.

5.3.3   Kontakt und Kooperation

• *Stille Kette*
Die Gruppe faßt sich an den Händen und bewegt sich gemeinsam mit geschlossenen Augen durch den Raum (Turnhalle). Die Kette soll nicht abreißen (günstig: ruhige Musikuntermalung).

• *Begrüßung einmal anders*
– Die Kinder bewegen sich im Raum und begrüßen sich nonverbal mit den Ellbogen, mit dem Rücken, mit den Füßen, mit den Händen, mit den Knien, . . .
– Sie nehmen Kontakt miteinander auf, indem sie einen festgelegten Satz (z. B. Kinderlied, Kindervers) immer wieder vor sich hersagen. Dabei sind sie einmal traurig, einmal wütend, einmal belehrend, einmal streng,
– Die Kinder nehmen miteinander Kontakt auf, indem sie über sinnlose oder banale Themen ein Gespräch beginnen, z. B. »Wie wird's wohl den Ameisen gerade gehen?« oder »Immer das Wetter!«

- *Massagekette*
Ein nonverbales Signal (Händedruck, Greifen an den Ellbogen, ans Knie, . . .) wird in der Runde weitergegeben. Was kommt an?

- *Krokodil und Besitzer*
Eine Hälfte der Kinder sind Krokodile, die andere Hälfte deren Besitzer. Die Krokodile liegen ruhig im »Wasser«, während eine beruhigende Musik erklingt, die Besitzer können in dieser Zeit im »Wasser schwimmen«. Sobald aber die Musik aufhört, werden die Krokodile wild und die Besitzer müssen sofort zu ihnen eilen und sie beruhigen (durch Streicheln auf dem Rücken oder Kopf). Nachdem die Musik wieder erklingt, liegen die Krokodile wieder ruhig im Wasser.

- *Anlehnen*
Je zwei Kinder stehen möglichst locker Rücken an Rücken. Wie finden beide einen guten Stand? Wer stützt wen? Was ist schwierig/leicht an dieser Übung?

- *Blindenhund*
Ein Kind führt seinen Partner (der die Augen geschlossen hat) Handfläche an Handfläche, Fingerspitze an Fingerspitze, an den Schultern, durch einen Summton, durch verbale Anweisungen.

- *Ich suche ›meine‹ Gruppe*
Die Kinder stehen mit geschlossenen Augen verteilt im Raum. Vom Spielleiter werden Gegenstände (Holzwürfel, Tennisbälle, Holzstäbe, . . .) verteilt. Auf ein Zeichen hin setzen sich die Kinder in Bewegung und suchen durch Tasten »ihre« Gruppenmitglieder, die den gleichen Gegenstand in der Hand haben.

- *Fallen lassen* (Partnerübung)
Ein Kind steht mit geschlossenen Augen vor dem anderen und läßt sich in dessen Hände fallen. Das andere Kind fängt das fallende Kind an den Schultern ab. (Wichtig: Der Lehrer sollte die Übung mit einem Kind vormachen und betonen, daß der »Fänger« die Verantwortung für den »Fallenden« übernimmt, der »Fallende« sich in die Hände des »Fängers« begibt. Das setzt vertrauensvolle Beziehung innerhalb der Gruppe voraus bzw. fördert diese.) Variante: Ein Kind steht innerhalb eines Kreises von Kindern (mindestens vier!) und läßt sich fallen.

- *Unterhaltung der Hände (der Füße, der Rücken)*
Zwei Kinder sitzen sich gegenüber und nehmen mit den entsprechenden Körperteilen Kontakt auf. Danach bewegen sie sich gemeinsam zu einer Musik.

- *Führung und Widerstand*
Kontaktaufnahme wie oben. Nach Anweisung durch die Lehrerin sich im Wechsel führen lassen und Widerstand gegen die Führung leisten. Evtl. ausprobieren mit verschiedenen Partnern.
- *Aggressionsspiele*
– Zwei Kinder stehen sich gegenüber und versuchen sich durch gegenseitiges Patschen der Hände aus dem Gleichgewicht zu bringen (kein sonstiger Körperkontakt erlaubt);
– Arm drücken,
– Finger hakeln,
– Schulter schieben/drücken.
(Wichtig: Der Lehrer sollte darauf achten, daß die Partner ungefähr gleichwertig sind, und den Spaß in den Vordergrund stellen!)
- *Faust öffnen*
Zwei Kinder sitzen sich gegenüber, eines macht eine Faust, das andere versucht sie zu öffnen. (Wichtig: Die Lehrerin gibt den Hinweis, daß die Faust nicht um jeden Preis geöffnet werden sollte!) Danach Partnerwechsel. Anschließend Erfahrungsaustausch.
- *Paarweise*
Je zwei Kinder halten ein Streichholz/einen Stock/einen Gymnastikstab zwischen den Fingern und bewegen sich gemeinsam im Raum – evtl. mit ruhiger Musikbegleitung. (Das fördert das Zusammenspiel zweier Partner.) Wie gut haben wir harmonisiert? Was haben wir gemacht, daß die Übung (nicht) gut klappte?
- *Hupe*
Ein Kind spielt eine defekte Autohupe, die permanent tönt. Ein Mitschüler ist der Mechaniker, der die Hupe abstellt, indem er die Stelle am Körper findet, wo der »Schaden« sitzt. Das Kind, das die Hupe spielt, hat vor Beginn des Spiels für sich eine »Schadensstelle« festgelegt.
- *Lieder mit Bewegung*
– »Sitz Boogie«,
– »Kriacht a Schneckn«,
– »Hörst du die Regenwürmer...«,
– »Aram Sam Sam«,
– »Ein kleines graues Eselchen«.

5.3.4   Ausdrucksübungen

• *Wir gehen auf verschiedene Arten*
Schlendern, trotten, tänzeln, schleichen, stampfen, schreiten, schlur-
fen, hüpfen, stapfen, trippeln, . . .
• *Leittier*
Ein Kind geht in verschiedenen Gangarten verschiedene Wege im
Raum, die Gruppe folgt ihm. ·
• *Verwandeln*
Die Kinder liegen auf dem Boden. Der Gruppenleiter beginnt die
Kinder in einer gelenkten Phantasie anzuregen, sich in ein Tier ihrer
Wahl zu verwandeln. Nach einiger Zeit der Identifikation Anregung
zu Interaktionen zwischen den »Tieren« (oder auch Pflanzen).
• *Verzaubern*
Die Gruppenleiterin steht in der Raummitte (evtl. auf einem Stuhl),
die Gruppe ist im Raum verteilt. Die Gruppenleiterin »verzaubert«
die Kinder (z. B. in Elefanten, die durch den Urwald stampfen; in
wilde Motorradfahrer; in Bäume, die ihre Äste im Wind bewe-
gen; . . .).
• *Tierkonzert*
Die Kinder erhalten Namenskärtchen (verdeckt) mit Tiernamen (z. B.
Ente, Frosch, Amsel). Die einzelnen »Tiergruppen« sollen sich durch
Verständigung in der Tiersprache finden.
• *Sprichwörter und Redensarten*
Die Kinder stellen Sprichwörter und Redensarten dar, z. B. »An der
Nase herumführen«, »Affentheater machen«, »Den Buckel runterrut-
schen«, »Die Haare raufen«, »Sich die Beine ausreißen«, »Mit dem
Kopf durch die Wand gehen«, . . .
• *Stimmungen*
Die Kinder drücken auf verbale Anweisung des Lehrers Stimmungen
aus. »Du hast eine gute/schlechte Note erhalten.« »Du hast im Lotto
1000 DM gewonnen.« »Die Schule ist abgebrannt.« . . .
• *Gefühle*
Die Kinder sitzen/stehen im Kreis, drücken Gefühle (panto)mimisch
aus, z. B. Ärger: die Zähne fletschen und mit den Füßen auf den
Boden stampfen, oder Freude: lachen und herumtanzen. Einzelne
Kinder machen Gefühle vor, die Gruppe errät sie und macht sie
nach.

* *Da stimmt was nicht*

Die Kinder stellen Diskrepanzen zwischen Körperhaltung/Mimik/Gestik und verbalem Ausdruck dar (z. B. Lächeln und dabei Traurigkeit äußern oder: gebückt dahinschleichen, ein trauriges Gesicht machen und dazu äußern: »Heute geht's mir wirklich gut!«) Die Kinder erfinden selbst Beispiele, die Gruppe vollzieht die Beispiele entsprechend nach. Dabei bietet sich eine entsprechende Reflexion an.

* *Freude und Angst machen*

Die Gruppe bewegt sich um einen leeren Stuhl. Die Kinder stellen sich vor, auf dem Stuhl sitzt jemand, dem sie einmal tüchtig Angst machen wollen. Einzelne Kinder probieren dies aus. Danach setzt sich ein Kind (das sich dies zutraut) auf den leeren Stuhl. In einer zweiten Runde sind die Kinder zu der fiktiven Person freundlich und probieren entsprechende Möglichkeiten aus. Weiteres Vorgehen wie oben. Danach Erfahrungsaustausch.

* *Ich will nicht – Du mußt*

Zwei Kinder stehen sich gegenüber, das eine sagt immer nur »Ich will nicht,«, das andere »Du mußt!« Die Kinder experimentieren mit Stimme, Körperausdruck, Nähe und Distanz. (Wichtig: Keine körperliche Berührung!) Erfahrungsaustausch und evtl. Transfer auf Alltagssituationen.

* *Ich bin wütend*

Die Kinder gehen im Kreis und drücken ihre Wut aus (entladen ihre Wut), indem sie mit einem Fuß fest auf den Boden stampfen, evtl. dazu einen Schrei ausstoßen, eine Faust ballen und diese nach unten außen stoßen. (Wichtig: Regel einführen – kein Körperkontakt zu Mitschülern während des Spiels!)

* *Stimmungen raten*

Einzelne Kinder lesen einen beliebigen Text vor, und zwar versuchen sie, durch Stimmlage und Gestik/Mimik dabei eine bestimmte Stimmung auszudrücken. Die Gruppe errät die Stimmung.

* *Ohne Worte*

Die Kinder sitzen im Kreis. Die Lehrerin gibt pantomimisch einen Gegenstand weiter, der reihum gehen soll (z. B. einen schweren Stein, ein brennendes Streichholz, einen verletzten Vogel, klebrigen Kaugummi, . . .)

* *Was ist da los?*

Die Kinder stellen bestimmte Aktivitäten dar.
Beispiele: Weltmeisterschaftsendkampf im Schattenboxen.
          Ein Polizist regelt den Verkehr.

Ein Gewichtheber stemmt ein schweres Gewicht.
Ein Wanderer kämpft gegen einen Schneesturm an.
Ein Musiker spielt ein Instrument (Geige, Flöte, . . .).
Das Spiel läßt sich auch als Ratespiel organisieren, ein Kind spielt etwas vor, die Gruppe errät die Aktivität (ähnlich wie bei Scharaden).

• *Bildhauer und Modell*
Ein »Bildhauer« formt aus vier Kindern eine Skulptur oder eine Maschine. Es darf dabei nicht gesprochen werden.

5.4 Ruhe und Entspannung

Unserer Meinung nach ist es heute mehr denn je nötig, der vielfach (auch in der Schule) anzutreffenden Reizüberflutung und Hektik etwas entgegenzusetzen. Eine Möglichkeit besteht darin, daß der Stille in der Schule wieder mehr Beachtung geschenkt wird. Ein Anfang dazu kann mit einer Selbstreflexion bei Lehrern und Lehrerinnen oder innerhalb des Kollegiums gemacht werden: Welche Möglichkeiten sehe ich/sehen wir, Momente der Ruhe zu schaffen? Wo kann ich/können wir Lärm, Hektik, Reizüberflutung reduzieren oder vermeiden? Wie ist es um meine eigene innere und äußere Ruhe bestellt?

Da ja, wie schon besprochen, die Lehrer und Lehrerinnen die Atmosphäre in einem Schulhaus entscheidend mitbestimmen, kommt der *gemeinsamen* Erörterung dieses Themas eine sehr große Bedeutung zu. Im kollegialen (Team-)Gespräch können Möglichkeiten diskutiert und entwickelt werden, wie Stille und Ruhe im Rahmen der Schule umgesetzt werden können. Es sei jedoch darauf hingewiesen, daß dies sicher eine sehr schwierige Aufgabe ist, die nur in einem langsamen Prozeß erfüllt werden kann und die von *allen* Kollegen und Kolleginnen einer Schule mitgetragen werden muß.

Für viele Kinder ist es sehr schwer, das Gefühl der Ruhe und Stille überhaupt als positiv zu empfinden, und es bedarf vieler Übungen und Zeit, bis sie die Ruhe genießen können.

Die Heraushebung des Aspektes Ruhe und Entspannung bedeutet nun nicht, daß in einem Schulhaus kein »Leben« mehr stattfindet. Vielmehr sollte bewußt auf den Wechsel zwischen Anspannung/Aktivität und Ruhe/Entspannung geachtet werden. Im folgenden dazu einige Anregungen:

- *Stille Minute* (z. B. als Einstieg in das Thema »Ruhe«)
Die Kinder sind eine Minute (oder länger) ganz still – danach Erfahrungsaustausch: Was habe ich wahrgenommen? Wie war die Übung für mich?
- *Dunkle Fläche* (für bereits geübte Kinder)
Die Kinder schließen die Augen. Vor ihrem inneren Auge soll nun eine dunkle Fläche entstehen, nichts soll sich darauf bewegen (1–5 Minuten).
- *Rückblick*
Die Kinder schließen die Augen und lassen nochmals die vergangene Unterrichtsstunde, den Unterrichtsvormittag an sich vorbeiziehen. Was haben wir neu erfahren/gelernt? Was hat mir gefallen? Was hat mir nicht gefallen? Evtl. »Blitzlicht«: Jedes Kind sagt im Rahmen einer Rückmelderunde einen Satz/ein Wort.
- *Aktive Entspannung*
Der Lehrer wiederholt den durchgenommenen Stoff, während die Kinder ruhig (und mit geschlossenen Augen, evtl. den Kopf in die auf der Bank liegenden Arme gelegt) auf den Plätzen sitzen.
Für geübte Klassen: Die Kinder stellen sich selbst etwas vor, wiederholen innerlich einen Unterrichtsgang, ein Thema (evtl. mit meditativer Musik als Untermalung). Danach Austausch in der Kleingruppe/in der Klasse oder Aufschreiben, Malen, Kurztest.
- *Phantasiereise* (evtl. mit Musik)
Die Lehrerin erzählt nach Vorlage oder frei eine Phantasiereise zur Erholung und Entspannung (s. dazu: E. Müller: Auf der Silberlichtstraße des Mondes).
- *Flüstergeschichte*
Der Lehrer/ein Kind liest eine (kurze) Geschichte im Flüsterton vor.
- *Ruhe – Ruhe*
Die Kinder setzen sich möglichst geräuschlos auf die Plätze, stehen möglichst geräuschlos auf, packen entsprechend ihre Schulsachen ein, ...
- *Ich spüre mich*
– Die Kinder liegen entspannt auf dem Boden (günstig: auf dem Rücken). Die Lehrerin gibt gezielte Anweisungen, die nach einiger Zeit von den Kindern innerlich selbst gesprochen werden können: Du spürst, wie du auf dem Boden liegst – mit deinem Kopf – mit deinen Schultern – mit deinem Rücken – mit deinem Gesäß – mit deinen Beinen und Füßen – mit deinen Armen und Händen. – Du

bist ganz ruhig und still. – Alles um dich herum ist unwichtig. – Nur du bist jetzt wichtig. – Du genießt die Ruhe und Stille. – . . .
- Die Kinder liegen entspannt mit dem Rücken auf dem Boden. Sie heben langsam die Arme zur Senkrechten hoch – entspannen dann die Muskeln und lassen die Arme neben dem Körper auf den Boden fallen. Danach Wiederholung. (Wichtig: Unterlage unter dem Körper oder unter den Armen, um Verletzungsgefahr zu verhindern!)

• *Ich und mein Körper*

Die Kinder liegen mit geschlossenen Augen entspannt auf dem Boden (Rückenlage). Der Lehrer nennt nun Körperteile, die dann geringfügig bewegt werden oder zu denen »hingedacht« wird (z. B. rechter Fuß, linke Hand, Bauch, Mund, . . .) – Erfahrungsaustausch.

• *Finden der Hände*

Die Kinder liegen auf dem Rücken mit seitlich ausgestreckten Armen (Augen geschlossen). Nach einiger Zeit der Ruhe und Entspannung (evtl. mit Entspannungsanweisungen) werden nun die Arme *sehr langsam* hochgebracht (Hilfsvorstellung: die Arme werden langsam mit einer Schnur hochgezogen) – evtl. Vibrieren zulassen. – Nachdem sich die Hände gefunden haben, bewegen sie sich *langsam* zurück zum Ausgangspunkt – Ausruhen.

• *Muskelentspannung*
- Sitz auf dem Boden, Beine gestreckt – Fußspitzen zum Körper hinziehen – wieder loslassen;
- Sitz auf dem Boden, Beine gestreckt – Fußspitzen vom Körper weg bewegen – wieder loslassen;
- Hände nach vorn ausgestreckt – Handflächen nach oben anspannen – wieder loslassen;
- Hände nach vorn ausgestreckt – Handflächen nach unten anspannen – wieder loslassen;
- Fäuste ganz fest anspannen – wieder loslassen.

(Die einzelnen Übungen können zwei- bis dreimal hintereinander ausgeführt werden. Wichtig dabei ist, die Kinder auf das Gefühl der Spannung und der Entspannung hinzuweisen. Sie sollen beides ganz deutlich spüren!)

• *Unterricht ohne Sprache*
- Die Lehrerin gibt pantomimische Anweisungen: aufstehen, hinsetzen, einen Kreis bilden, zur Tafel vorgehen, . . .
- Anweisungen werden mit entsprechenden Symbolkarten gegeben.
- Die Lehrerin spricht »ohne Ton«: Die Kinder versuchen anhand der Beobachtung der Mundmotorik die Anweisungen zu verstehen.

• *Musikmalen*

Die Kinder malen zu begleitender Musik das, was ihnen in den Sinn
kommt; sie probieren aus, wie schnelle/langsame/rhythmische Musik
das Ergebnis beeinflußt. Danach Erfahrungsaustausch. Variante: Malen mit einem Partner.

• *Wer findet den Gegenstand?*

Der Lehrer versteckt einen (vorher festgelegten) Gegenstand offen im
Klassenraum. Die Kinder betreten (z. B. nach dem Fachunterricht,
Turnunterricht) das Zimmer und gehen still im Raum umher. Wer den
Gegenstand wahrgenommen hat, setzt sich auf seinen Platz.

• *Ich bin ruhig*

Die Kinder setzen sich/legen sich ruhig hin und hören dazu meditative
Musik. Dabei evtl. Selbstverbalisationen wie: »Ich bin ganz ruhig«,
»Ich bin ganz still«, »Ich genieße die Ruhe«. (Eignet sich gut zum
Ausklang einer Stunde oder zum Ausklang des Unterrichts.)

• *Ich und der Gegenstand*

Die Kinder betrachten bewußt einen Gegenstand (Apfel, Baum, . . .).
Sie schließen die Augen und bilden den Gegenstand vor ihrem inneren Auge ab. Danach schauen sie den Gegenstand wieder an und
vergleichen: Wie genau habe ich mir den Gegenstand vorstellen
können?

• *Lärm und Stille*

Die Kinder schreien eine halbe oder eine Minute so laut sie können.
Danach sind sie ganz still. Wie ist der Unterschied? Was gefällt mir
(besser)?

• *Meditative Übungen*

– Betrachten einer Kerze, Blume, Knospe, eines Baums, einer
  Wiese, eines Ährenfeldes, real oder auf einem Bild/Dia;

– einige Minuten still sein; danach Einzelarbeit: »Stille ist für mich
  wie . . .«; oder: Malen/Zeichnen der Stille/des Lärms;

– Meditation mit Musik;

– sich als Baum, Blume, Pflanze empfinden (und evtl. nach Musik
  bewegen);

– Energiekreis: Die Kinder liegen kreisförmig am Boden und halten
  sich an den Händen. Sie lassen ihre Wärme/Energie von ihrem
  linken Arm/ihrer linken Hand in die rechte Hand des Nachbarn
  weiterfließen.

Wichtige Anmerkung:
Die o. a. Entspannungsübungen lassen sich *in keinem Fall als bloße Techniken* einsetzen. Sie gelingen immer dann gut, wenn der Lehrer oder die Lehrerin selbst in diesen Bereichen bereits Vor- bzw. Selbsterfahrung hat.
Anfängliche Schwierigkeiten bei den Kindern (für die diese Übungen oft fremd sind) werden dann am ehesten überwunden, wenn die Einstellung des Lehrers oder der Lehrerin zu Ruhe und Entspannung positiv ist und wenn er oder sie mit diesen Schwierigkeiten rechnet.
Die Erfahrung zeigt, daß auch Kinder, die zunächst sehr unruhig bei Entspannungsübungen sind, nach einiger Zeit die Ruhe, Stille und Erholung genießen können.
Falls eine Gruppe oft Schwierigkeiten mit Entspannungsübungen hat, sollte über dieses Problem gesprochen werden.
Man muß davon ausgehen, daß Kinder sich nur auf solche Übungen einlassen können, wenn sie sich innerlich einigermaßen frei fühlen und keinen besonderen inneren und äußeren Belastungen ausgesetzt sind. Eine negative Beziehung zum Leiter oder der Leiterin der Entspannung läßt in der Regel ein Einlassen auf Entspannungsübungen nicht zu.

5.5   Literaturhinweise

Körperwahrnehmung und Körperbewußtsein

Lowen, A.: Bioenergetik. Bern u. a.: Scherz, 1986
Lowen, A. & Lowen, L.: Bioenergetik für jeden. Gauting: Kirchheim, 1983
Mittermair, F.: Körpererfahrung und Körperkontakt. München: Kösel, 1985
Obeck, V.: Isometrik. München: Knaur, 1965

Taktile, auditive und visuelle Wahrnehmung

Brand, E. & Breitenbach, E. & Maisel, V.: Integrationsstörungen. Diagnose und Therapie im Erstunterricht. Würzburg: Maria-Stern-Schule, 1985
Eggert, D. (Hrsg.): Psychomotorisches Training mit lese-rechtschreibschwachen Schülern. 2. Aufl. Weinheim u. a.: Beltz, 1979
Frostig, M.: Bewegungserziehung. Neue Wege der Heilpädagogik. 3. Aufl. München u. a.: Reinhardt, 1980

Interaktionsspiele

Böschemeyer, H. & Vopel, K. W.: Kommunikation im ersten Schuljahr. Hamburg: Isko-Press, 1985
Bundesjugendwerk der Arbeiterwohlfahrt: Spiele für Kinder, Jugendliche und Erwachsene. Bonn: Arbeiterwohlfahrt, 1982
Gudjons, H.: Spielbuch Interaktionserziehung. Bad Heilbrunn: Klinkhardt, 1987

Huberich, P. & Huberich, H.: Spiele für die Gruppe. Heidelberg: Quelle & Meyer, 1981
Vopel, K.: Interaktionsspiele für Kinder. Affektives Lernen für 8–12jährige. Teil 1–4. Hamburg: Isko-Press, 1980

Ruhe und Entspannung

Eberlein, G.: Autogenes Training für Kinder. Berlin u. a.: Springer, 1985
Faust-Siehl, G. u. a.: Mit Kindern Stille entdecken. Frankfurt/M.: Diesterweg, 1990
Müller, E.: Hilfe gegen Schulstreß. Reinbek: Rowohlt, 1984
Müller, E.: Auf der Silberlichtstraße des Mondes. Frankfurt/M.: Fischer, 1986
Peter, B. & Gerl, W.: Entspannung. München: Goldmann, 1983
Rozman, D.: Mit Kindern meditieren. Neuaufl. Frankfurt/M.: Fischer, 1988

6 Spezielle Problemfelder – theoretischer Abriß und Handlungsmöglichkeiten

Im folgenden Kapitel sollen so knapp wie möglich wesentliche Problemfelder, die Lernbeeinträchtigungen betreffen, vorgestellt werden. Die aus unserer Sicht wichtigsten Gesichtspunkte wollen wir ins Blickfeld rücken und pädagogische Konsequenzen für die Praxis aufzeigen.

Wir verstehen unsere Ausführungen und Vorschläge als Anregungen für Lehrerinnen und Lehrer. Wichtig ist immer, bei Interventionen die spezifische Klassensituation bzw. die Situation einzelner Schüler zu reflektieren und dann entsprechende Maßnahmen adäquat einzusetzen.

Jeder der im folgenden angesprochenen Bereiche könnte ein eigenes Buch füllen; wir wollen jedoch mit Blick auf die Praxis die Thematik lediglich in Umrissen darlegen; für weitere Information verweisen wir auf praxisorientierte Literatur und gegebenenfalls auf Institutionen, die sich mit den entsprechenden Problemfeldern befassen.

6.1 Förderung der Motivation

Die Bedeutung der Motivation liegt darin, daß sie entscheidende Grundlage gezielten Lernens ist. Häufig sind Lernschwierigkeiten durch zugrundeliegende Motivationsschwierigkeiten bedingt. Von daher ist es von ausschlaggebender Bedeutung, die Schüler zu motivieren – oder besser – die Motivation der Schüler zu treffen.

6.1.1 Begriffliche Klärung

Unter Motivation versteht man die Freisetzung von Motiven, nach Heckhausen »die momentane Bereitschaft des Individuums, seine kognitiven, sensorischen, affektiven Fähigkeiten auf die Erreichung eines künftigen Zielzustandes zu richten und zu koordinieren« (Heckhausen 1980/194).

Im Grundschul- und Vorschulbereich lassen sich Motive (Antriebe, Bedürfnisse) zum Lernen noch relativ leicht durch entsprechend angebotenes Material oder angebotene Betätigung hervorrufen: Gelernt wird dann sozusagen nebenbei – Lernen als Selbstzweck, aus Funktionslust, wegen des Vergnügens, der Spannung, des Überraschungsmomentes. Wenn das Ziel (Lernziel) um seiner selbst willen angestrebt wird, weil es als angenehm oder erstrebenswert empfunden wird, spricht man von *intrinsischer Motivation.*

Häufig sind aber auch gezielte Anregungen und Anstöße durch den Lehrer (und durch die Eltern/Erzieher) nötig, damit Schüler bestimmte Lerninhalte, die der Schule durch den Lehrplan vorgegeben sind, aufnehmen. Hier trifft dann der Begriff der *extrinsischen Motivation* zu. Der Schüler lernt, um eine Belohnung, um Anerkennung des Lehrers/der Eltern, um gute Leistungen usw. zu erreichen oder um negative Sanktionen (Nacharbeiten, schlechte Noten, Bestrafung durch Eltern oder Lehrer) zu vermeiden.

6.1.2   Variablen der Lernmotivierung

Von besonderer Bedeutung für den schulischen Bereich ist die Lernmotivierung, also die Motivation zum Lernen, mit der sich u. a. Heckhausen (1971) beschäftigt hat. Im folgenden haben wir versucht, die nach unserem Empfinden wesentlichen Variablen in einer Übersicht (Abb. 33) darzustellen.

6.1.3   Konsequenzen für die schulische Praxis

Aus jedem der in Abbildung 33 aufgezeigten Bereiche können sich Schwierigkeiten ergeben. Für den Lehrer oder die Lehrerin ist es daher wichtig, bei der Vor- und Aufbereitung des Unterrichts sowohl das Thema, als auch die Person des Kindes und die Gruppe mit ihren Einzelindividuen im Blick zu haben. Diesen Aspekt der Unterrichtsvorbereitung betont das *Modell der Themenzentrierten Interaktion* (vgl. M. Kroeger 1983/237–258). Dieser Ansatz erscheint uns sehr bedenkenswert, weil hier das Prinzip der Ganzheitlichkeit auf Unterrichtsprozesse übertragen wird. In unserem Rahmen kann darauf jedoch nicht weiter eingegangen werden.

Im folgenden stichpunktartig einige Anregungen zur Förderung motivationaler Prozesse beim Schüler und im Unterricht:

– Schaffung eines persönlichen Bezugs zum Schüler (den Schüler als Persönlichkeit ernst nehmen): Umsetzung der Variablen von Rogers und Tausch (Empathie, Wärme, Echtheit), Gesprächsangebote (Schülersprechstunden);

– Verwirklichung einer positiven Lernatmosphäre in der Klasse: Aus-

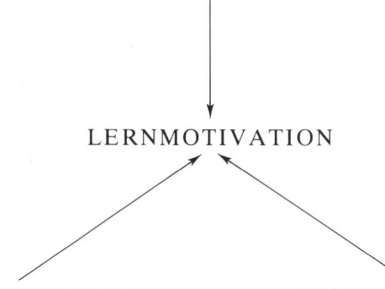

SOZIALE MOTIVE

– Bedürfnis nach Identifikation mit einem Modell
– Bedürfnis nach Geltung und Anerkennung
– Bedürfnis nach Zustimmung zur Person
– Bedürfnis nach Zustimmung zur erbrachten Leistung
– Bedürfnis nach Strafvermeidung

LERNMOTIVATION

PERSÖNLICHKEITSVARIABLEN

– Leistungsmotivation
  • Hoffnung auf Erfolg
  • Furcht vor Mißerfolg
– Konstitutionelle Faktoren
  • Allgemeines Aktivitätsniveau
  • Wachheit (Aufnahmebereitschaft)
– Psychisch-emotionale Befindlichkeit

AUFGABENVARIABLEN

– Aufgabenanreiz
– Schwierigkeitsgrad
– Neuigkeitsgehalt
– Aufgabenstruktur
– Lernstruktur (Transparenz
  und Übersichtlichkeit)

Abb. 33: Variablen der Lernmotivierung

gestaltung des Klassenraums, Klassendiskussionen über Probleme und Schwierigkeiten in der Klasse, Kummerkasten ...;
– möglichst häufiger Einsatz positiver Verstärkung: Lob für entsprechende Leistungen und entsprechendes Verhalten (dabei möglichst Anwendung der individuellen Bezugsnorm!), »Randbemerkungen« in den Heften (nicht als bloße Technik, sondern im Sinne von weiterführenden Hilfen und Anregungen);
– häufige Rückmeldungen über den Lernerfolg: Hinweise auf den derzeitigen Kenntnisstand und Anregungen zur weiterführenden Arbeit;

– Nutzung der Neugiermotivation: Verfremdung von Unterrichtsstoffen, entdeckendes Lernen, Konfrontation mit Überraschendem und Spannendem;
– Ermöglichung optimaler Informationsaufnahme: deutliche Reize, wiederholte Impulse, Hinweise auf besonders wichtige Informationen, angemessene Informationsdichte (nicht zu schnell sprechen, nicht zu komplexe Information), Nutzung verschiedener Sinneskanäle;
– Hinführung zu selbstverantwortetem Lernen (den Schüler schrittweise zu seinem eigenen »Meister« machen): selbständiges Arbeiten und selbständige Wahl des Betätigungsfeldes (z. B. Freiarbeitszeit), Hinführung zu Selbstverstärkung (z. B. über Selbstverbalisierungsmuster wie »Das habe ich gut gemacht!«), Aufbau und Einsatz von Lerntechniken und Lernstrategien (z. B. Strategien zum Lösen von Textaufgaben in Mathematik);
– Ermöglichung von »originaler Begegnung«: Unterrichtsgänge, Museumsbesuche, Besuche von Ämtern und Einrichtungen (z. B. Stadtverwaltung, Sparkasse, Feuerwehr), Einladung von Fachreferenten (z. B. Wasserwacht, Feuerwehr, Polizei);
– Strukturierung des Unterrichtsvormittags: klare Zielvorgaben, Arbeitsrhythmen, Wechsel zwischen Anspannung und Entspannung, (kurze) Arbeitspausen;
– Lehrweg- und Lernwegabwechslung (vgl. Abb. 25, S. 93);
– Vorstrukturierung des Lernstoffes (vor allem für lernschwächere Schüler): klare Zielangabe, kleine Lernschritte, angemessenes Schwierigkeitsniveau, häufige Rückmeldung über den Lernerfolg;
– Herstellen von Ich-Bezügen, *die Motivation des Schülers* (möglichst) *treffen* (statt: den Schüler motivieren): Berücksichtigung der kindlichen Erlebniswelt, Ich-nahe Themen, »Erspüren« von Themen der Gruppe/Klasse, Ich-bezogene Formulierung von Themen (z. B. »Wie will *ich* . . .«, »Wie gehe *ich* um mit . . .«, »Wie lerne *ich* . . . kennen«), Einführung eines »Ich-Buches« (vgl. Schächtl 1986);
– Nutzung des Tätigkeits- und Schaffensdranges der Kinder: handlungsorientiertes Lernen, spielerische Aktivitäten, Förderung kreativer Unterrichtsphasen, Bereitstellen eines entsprechenden Materialangebotes im Klassenzimmer;
– Einführung verschiedener Sozialformen des Lernens: Partner-, Gruppenarbeit, Einzel-, Stillarbeit, Helfersysteme;

- Entwicklung von Formen der Mitentscheidung bei der Gestaltung des Unterrichtsvormittags bzw. von Unterrichtsstunden;
- Einbau von spielerischen Aktivitäten in den Unterricht: Konzentrations- und Entspannungsübungen, Wahrnehmungsübungen, Interaktions- und Rollenspiele (s. Kap. 5);
- Erziehung der Schüler zu einer Fragehaltung: Erarbeitung von Texten unter bestimmten Fragestellungen, häufiger Einsatz von W-Fragen (Warum, Wozu, Wie, . . .), Hinführung zum selbständigen Umgang mit obigen Fragen;
- Ermutigung von Schülern, die in ihrem Selbstwertgefühl beeinträchtigt sind: Wertschätzung des Kindes (»Ich mag an Dir . . .«, »Du kannst gut . . .«), Anerkennung für echtes Bemühen (»Du hast Dich wirklich angestrengt!« »Versuch es weiter so, laß nicht nach!«), Betonung von Stärken statt Herausstellung von Schwächen (s. dazu Dinkmeyer/Dreikurs 1970/55–83);
- Elternarbeit: Gespräche mit den Eltern (auch Elternabende), in denen die Variablen der Lernmotivation thematisiert werden; Besprechen von Hilfen zur Förderung der Motivation; gemeinsame Gespräche Lehrer/Eltern/Schüler, in denen über die Zielorientierung (Was kann ich/will ich erreichen?) des Schülers und der Eltern und über mögliche Realisierungsmaßnahmen diskutiert wird.

6.1.4 Praxisorientierte Literatur

Dinkmeyer, D. & Dreikurs, R.: Ermutigung als Lernhilfe. Stuttgart: Klett, 1970

Kroeger, M.: Themenzentrierte Seelsorge. (Kapitel VI: Zwei Praxiskapitel zur TZI) Stuttgart: Kohlhammer (Urban-Tb.), 1983, S. 229–258

Pallasch, W. & Zopf, D.: Methodix. Bausteine für den Unterricht. Weinheim: Beltz, 1980

Satir, V.: Selbstwert und Kommunikation. München: Pfeiffer, 1987

Schächtl, A.: Pädagogisch-therapeutische Maßnahmen in der 5. Klasse einer Schule zur Erziehungshilfe. In: Zeitschrift für Heilpädagogik 37 (1986), S. 2–4

6.2 Angst in der Schule

Über Angst in der Schule oder im Schulalltag wird selten gesprochen. Angst ist ein Tabu; aber weil man sich zu wenig mit ihr auseinandersetzt, wirkt sie im verborgenen.

Häufig stehen massive Störungen des Unterrichtsgeschehens, Verhaltensauffälligkeiten und Disziplinprobleme so im Vordergrund, daß dahinter verborgene Ängste beim einzelnen Schüler nicht mehr wahrgenommen werden oder daß die stillen, unsicheren und ängstlichen Schüler nicht mehr die Aufmerksamkeit und das Maß an Zuwendung bekommen, dessen sie eigentlich bedürften. Das ist insofern fatal, als Angst erwiesenermaßen die Lernleistung negativ beeinflussen kann.

6.2.1 Begriffliches Umfeld und Äußerungsformen von Angst

In der Literatur findet sich keine allgemein anerkannte Definition des Begriffes »Angst«. Sehr allgemein läßt sich sagen, daß Angst ein Gefühlszustand ist, ein Zustand, der sich beschreiben läßt als »gegenwärtige oder zukünftige Bedrohung, Unruhe oder psychische Einengung (lat. angustus = eng)« (Schwarzer 1978/143). Die früher häufig gemachte Trennung zwischen Angst (als Zustand, der aus einer unbestimmten, mehrdeutigen und komplexen Situation der Bedrohung, die die Handlungsfähigkeit ganz oder teilweise blockiert, resultiert) und Furcht (als Zustand, der durch eine mehr objektiv gegebene und eingrenzbare Gefahrenquelle oder Bedrohung ausgelöst wird), findet sich in der neueren Fachliteratur nicht mehr. Angst- und Furchtreaktionen lassen sich nicht sicher voneinander trennen, so daß eine begriffliche Differenzierung für die Praxis wenig Erklärungswert hat. Die beiden Begriffe werden deshalb synonym verwendet.
Unterschieden wird in der Fachliteratur jedoch zwischen Angst und Ängstlichkeit. Während mit »Angst« eher ein Gefühlszustand (auf eine erwartete oder erlebte Bedrohung hin) umschrieben wird, drückt der Begriff »Ängstlichkeit« eine Eigenschaft im Sinne einer Disposition (Angstbereitschaft) aus.
Es gibt sogenannte neurotische Ängste, die die psychische Befindlichkeit und das (Leistungs-)Verhalten stark beeinträchtigen können. Neurotische Ängste bedürfen in der Regel der Behandlung durch den Fachpsychologen.
Schulische Ängste haben eher situationsspezifischen Charakter, d. h. es handelt sich dabei um Angstreaktionen, die mit dem schulischen Kontext in Verbindung stehen bzw. innerhalb schulischer Lernprozesse oder durch dieselben ausgelöst werden.

In bezug auf die Schule gehen die erlebten Bedrohungen für die
Schüler konkret von Lehrern, von Prüfungssituationen, von sozialen
Situationen innerhalb der Schule aus.
Begriffe wie Schulangst, Leistungsangst, Prüfungsangst spezifizieren
diese den schulischen Bereich betreffenden Ängste.
Die Angst hat insofern eine bedeutsame Funktion für menschliches
Leben, als sie dem Organismus Bedrohung signalisiert und ihn für
bedrohliche Situationen sensibilisiert. Der Organismus wird aktiviert,
auf erhöhte Wachsamkeit, auf Kampf- und Fluchtbereitschaft einge-
stellt.
Diese Aktivierung ist einerseits wichtig, um Anforderungen gerecht
werden zu können, andererseits kann sie – auch bezogen auf schulische Anforderungssituationen – den Schüler lähmen, ihn handlungs-
unfähig machen, wenn sie ein gewisses Maß überschreitet. Die folgende Grafik (Abb. 34) zeigt den Zusammenhang zwischen geistiger
Leistungsfähigkeit und Aktivierung/Wachheit/Erregung.
Da Angst durch innere wie äußere Erregung gekennzeichnet ist, läßt
sich der durch die Abbildung verdeutlichte Zusammenhang auch auf
das Symptombild der Angst übertragen.
Sehr vereinfacht zeigt die Abb. 34 folgenden Sachverhalt:
Eine mittlere Aktivierung erscheint für Anforderungssituationen, wie

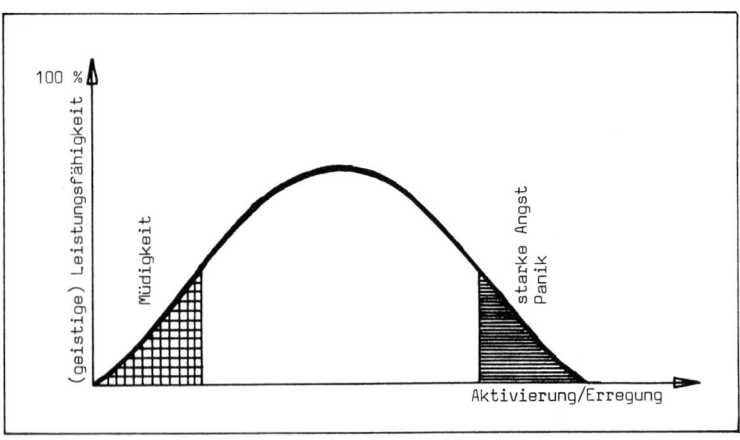

Abb. 34: Zusammenhang zwischen Erregungsniveau und Leistung (n. Richter/
Pieritz 1983/10)

sie in der Schule häufig vorkommen, optimal. In Prüfungssituationen ist dies für den Schüler spürbar durch eine mehr oder weniger deutliche Nervosität, die jedoch als normal anzusehen ist.

Bei zu geringer Aktivierung des Organismus ist dieser nicht in der Lage, Tätigkeiten aufzunehmen bzw. Leistungen zu erbringen – der Schüler ist zu wenig »wach«.

Ist die Aktivierung/Erregung sehr hoch, bricht die Leistungsfähigkeit zusammen. In schulischen Situationen kann es vorkommen, daß Schüler sozusagen von Angst »überflutet« werden. Sie werden damit unfähig, Problem-, Prüfungs- oder soziale Situationen »bei klarem Verstand« anzugehen. Aufgrund körperlich-emotionaler Erregung und häufig damit einhergehender »Angstgedanken« wird ruhiges, schrittweises und zielgerichtetes Vorgehen und Handeln blockiert.

Im folgenden wollen wir noch einmal etwas detaillierter auf die Angstreaktion eingehen. Drei Ebenen können unterschieden werden:

Ebene 1: Veränderung physiologischer und biochemischer Prozesse des Körpers

Erhöhte Adrenalinausschüttung im Blut, Blutdrucksteigerung, Pulsbeschleunigung, Hautblässe oder Hautröte, Erhöhung der Aktivität der Schweißdrüsen, Erniedrigung der Aktivität der Speicheldrüsen, Steigerung der Darmmotorik und der Harnproduktion u. a.

Ebene 2: Veränderung des subjektiven Erlebens

Wahrnehmung von Anspannung und Beklemmung, allgemeine Unruhe und Aufgeregtheit, Auftreten von »Angstgedanken«: Ich schaff das nicht! Das wird sicher schlecht ausgehen! Ich weiß nicht, was ich machen soll!

Die Intensität und Qualität der Angstgedanken ist abhängig vom erlebten bzw. eingeschätzten Ausmaß der Bedrohung und den vorweggenommenen Möglichkeiten, die bedrohliche Situation zu bewältigen.

Ebene 3: Veränderung des äußeren Verhaltens

Rückzug- und Vermeidungstendenzen werden sichtbar. Im Unterricht beteiligen sich Ängstliche kaum, nehmen von sich aus wenig Kontakt zu Mitschülern auf, haben Schwierigkeiten, sich auf neue Situationen einzustellen, bleiben oft »stumm« im Hintergrund.

Äußerlich können sichtbar werden: allgemeine motorische Unruhe, angespannte Gesichtsmimik und Körperhaltung,

Zittern, undeutliche Sprechweise, Stottern bzw. Versprecher, nervöse Finger- und Handbewegungen u. a.
Einen Überblick über mögliches Ausdrucksverhalten bei Angst gibt Abb. 35.

Bereich	Merkmale des Verhaltens
Gesicht	– bleiches oder gerötetes Gesicht – angespannte Gesichtsmuskulatur – starrer Blick – Pupillenerweiterung – geringer Augenkontakt – häufiges Befeuchten der Lippen
Arme, Hände	– übertriebene Arm-Handbewegungen – tändeln – Arme verkrampft – Zittern der Hände – Schwitzen der Handflächen – Selbstmanipulationen (sich kratzen...)
gesamter Körper	– allgemeine motorische Unruhe – schaukelnde Bewegungen des Oberkörpers – häufiges Scharren mit den Füßen – unruhiges Hin- und Hergehen – zitternde Knie
Stimme	– im allgemeinen leise Stimme – monotoner Tonfall – zitternde Stimme
Sprechweise	– hastiges, schnelles Sprechtempo – häufiges Räuspern – häufige Versprecher, Konsonantenverwechslungen – Stottern, abgehacktes Sprechen – häufige Sprechpausen

Abb.35: Merkmale des Ausdrucksverhaltens bei Angst
(n. Staudacher 1983/6)

Dabei möchten wir darauf hinweisen, daß die einzelnen Merkmalsbereiche nur Anhaltspunkte sein können. Es ist darauf zu achten, daß einzelne Verhaltensbeobachtungen nicht fehl- oder überinterpretiert werden!

Einzelne Ausdrucksformen können auch auf andere Zustände hinweisen (z. B. stockender Redefluß → Nachdenken um eine prägnante Formulierung).

6.2.2   Die Entstehung von (Schul-)Angst – Erklärungsmodelle, Bedingungen

Bevor wir auf einzelne Maßnahmen eingehen, wollen wir kurz darlegen, wie (Schul-)Angst entstehen kann, denn die Kenntnis theoretischer Modelle zum Entstehen von Angst ist in zweierlei Hinsicht von Bedeutung. Zum einen wird eine Sensibilisierung und ein tieferes Verständnis für (schul-)ängstliche Schüler bewirkt. Zum anderen können aus den Modellen Möglichkeiten abgeleitet werden, dem ängstlichen Schüler Hilfen anzubieten oder aber unterrichtliche Situationen so zu gestalten, daß sie der Schulangst entgegenwirken oder zumindest weniger oder gar nicht angstauslösend sind.

Im folgenden einige wesentliche Erklärungsmodelle für die Entstehung von (Schul-)Angst:

Kognitionen

Angst ist nach neueren Theorien (Lazarus u. a. 1974, Schachter 1978, Liebhardt 1978, Heckhausen 1980) immer abhängig von den Kognitionen der Person, d. h. eine Person stuft für sich eine Situation als mehr oder weniger bedrohlich ein, was dann zu entsprechenden körperlichen Erregungszuständen und emotionalen Zuständen (Angst) führt.

Bestimmend für Angstverhalten sind demnach zum einen Ereignisse in der Umwelt und zum anderen deren subjektive Einschätzung.

Je nachdem, wie groß die Angstbereitschaft (Disposition) beim Kind/ Schüler ist, treten dann mehr oder weniger starke Ängste bei bestimmten (schulischen) Situationen auf.

Konditionierungsprozesse

Werden neutrale Reize (ein Lehrer, eine Prüfungssituation, eine Klassensituation) häufig mit Angstreizen gekoppelt (z. B. der Lehrer schimpft, die Eltern drohen mit negativen Konsequenzen bei einer

schlechten Note, ein Schüler wird im Sportunterricht wegen seiner
unkoordinierten Bewegungen verlacht), so können die ursprünglich
neutralen Reize zu konditionierten Angstauslösern werden, d. h., der
Schüler hat vor dem Lehrer, der Prüfungssituation, der Sportstunde
Angst. Angst wird nach diesem Modell also gelernt.
Aus lerntheoretischer Sicht kann Angstverhalten verstärkt werden,
wenn sehr stark auf Angstäußerungen eingegangen wird und das Kind
aus unvermeidlichen Angstsituationen (z. B. Kindergarteneintritt,
Schuleintritt) genommen wird. Dem Kind wird nicht die Chance
gegeben, mit der bedrohlichen Situation fertig zu werden, zu erleben,
wie es die Angstsituation überwindet. Statt dessen wird das Vermei-
dungsverhalten (Rückzug aus der bedrohlichen Situation) verstärkt.
Bei der nächsten gleichen oder ähnlichen Situation ist die Wahrscheinlichkeit, daß das Kind mit Angst reagiert, dann eher größer.

Modellernen
Angst kann über das Modellverhalten der Eltern gelernt werden.
Kinder übernehmen häufig das Angstverhalten der Eltern. Wenn z. B.
die Mutter/der Vater sich in Alltagssituationen (z. B. Einkaufen,
Straßenverkehr, Sozialkontakt) überdurchschnittlich ängstlich und
unsicher verhält, erhöht sich die Wahrscheinlichkeit für ängstliches
Verhalten des Kindes in diesen Situationen. Die Unsicherheit und
Ängstlichkeit kann sich langfristig generalisieren. Vor allem in der
Konfrontation mit neuen Situationen, die zunächst unüberschaubar
und von ihrem Ausgang her ungewiß sind (z. B. Agieren in und mit
einer unbekannten Gruppe, Prüfungssituation), wird das Kind mit
hoher Wahrscheinlichkeit mit Unsicherheit und Angst reagieren.

Attribuierungsmuster
Bestimmend für die Auslösung von (Schulangst) können auch soge-
nannte Attribuierungsmuster sein. Damit ist gemeint, daß z. B. das
Verhalten von Schülern durch Zuschreibungsmuster (z. B. »Mit der
Prüfungssituation werde ich nicht fertig!« »Gegen meine Prüfungsangst kann ich nichts machen!« »Das geht sicher wieder schief!« »Ich
bin nun mal ein Versager!«) gesteuert wird.
Diese Zuschreibungsmuster bestimmen u. a., wie bedrohlich der
Schüler eine Situation erlebt. In ihnen drückt sich auch aus, wie weit
sich das Kind selbst in der Lage sieht, bedrohliche Situationen zu
bewältigen.
Je nach Attribuierungsmuster wird z. B. durch äußere Ereignisse in
der Schule mehr oder weniger Angst ausgelöst.

Erwartungen

Werden Versagenserwartungen (z. B. »Ich bekomme bestimmt eine 5!« »Ich versage sicher wieder in der Prüfung!«) durch tatsächliche Ereignisse (schlechte Note, Versagen) bestätigt (verstärkt), so können allein diese Erwartungen angstauslösende Wirkung haben. Man spricht dann von Erwartungsangst.

Überforderungssituationen

Fortwährende Überforderungssituationen versetzen den Organismus in einen permanenten Alarmzustand (Streß). Ist ein Schüler durch unterrichtliche Inhalte häufig überfordert, so kann sich ein Zustand permanenter Erwartungsangst einstellen (z. B. Angst, aufgerufen zu werden; Angst, eine Aufgabe nicht richtig zu lösen; Angst, sich vor der Klasse zu blamieren). Durch diese permanente Angst ist der Schüler immer weniger in der Lage, schulischen Inhalten zu folgen, seine Leistungen fallen weiter ab, es entsteht weitere, evtl. noch stärkere Angst, ... Auf diese Weise kann ein Teufelskreis entstehen, der schließlich zum völligen Leistungsversagen und psychischen Zusammenbruch führen kann.

Überzogene Gütemaßstäbe

Hohe subjektive innere oder von außen herangetragene Gütemaßstäbe an die eigene Leistung (das eigene Verhalten) erhöhen die Versagenswahrscheinlichkeit. Erwarten die Eltern oder der Schüler selbst von sich nur Höchstleistungen (z. B. nur die Noten sehr gut oder gut in Klassenarbeiten), so kann jede Prüfungs- oder Leistungssituation je nach intellektuellem Leistungsniveau und Angstbereitschaft zu einer Streß- und Angstsituation werden.

Darüber hinaus kann durch überzogene Gütemaßstäbe langfristig eine permanente Spannung und innere Unzufriedenheit mit dem Gefühl, es immer noch besser machen zu müssen, entstehen.

6.2.3 *Maßnahmen zur Reduzierung oder Bewältigung von Angst in der Schule*

Aus den bisherigen Ausführungen lassen sich entsprechende Konsequenzen für die schulische Praxis ableiten.
Es ergeben sich zwei Zugänge, um Angst in der Schule entgegenzuwirken:

1. Es wird geprüft, inwieweit innerhalb der Schule Situationen auftreten, die für Schüler angstauslösend sein können. Danach kann versucht werden, diese Situationen so zu verändern oder die Schulatmosphäre so zu gestalten, daß positive, der Angst entgegenwirkende Rahmenbedingungen entstehen.
2. Es wird direkt mit dem betroffenen Schüler/der betroffenen Schülerin und deren Eltern gearbeitet. Dabei werden angstauslösende Faktoren und Situationen in der Entwicklungsgeschichte und zum jetzigen Zeitpunkt erhellt.

Evtl. übersteigertes subjektives Erleben von Bedrohung wird durch therapeutische Maßnahmen und entsprechende Bewältigungsstrategien zu vermindern versucht.

Dem Elternhaus (und der Schule) kommt hierbei eine wichtige Begleitfunktion zu in dem Sinne, daß sie angstvermindernde therapeutische Maßnahmen unterstützen.

Der zweite Ansatz ist eher individuumszentriert und bleibt im Regelfall (vor allem bei längerfristigen und starken Ängsten) dem psychologisch-therapeutischen Bereich überlassen.

Der erste Ansatz orientiert sich mehr am Modell der primären Prävention, wobei Schule und Lehrer versuchen können, sowohl situative Gegebenheiten weniger angstauslösend zu gestalten, als auch auf den einzelnen ängstlichen Schüler entsprechend einzugehen.

Im folgenden eine Auflistung möglicher Maßnahmen:

Lehrerverhalten

– Sensibilisierung für Angstauslöser in der/durch die Schule, z. B. Prüfungen, Leistungskontrollen, Noten, Elternerwartungen, eigenes Verhalten (evtl. Perspektivenwechsel: Wie fühle ich mich in der Rolle des Schülers X in der gegebenen Situation → Einfühlung in den ängstlichen Schüler),
– Verwirklichung eines sozial-integrativen Führungsstils mit den Variablen Achtung/Wärme/Rücksichtnahme und einem hohen Ausmaß an Wertschätzung bei mittlerer Lenkung (s. Abb. 36),
– Eingehen auf Schülergedanken und -gefühle → Förderung von Selbstwahrnehmung und Selbstreflexion,
– Gesprächsangebote für ängstliche Schüler (wichtig: setzt positive emotionale Beziehung zwischen Schüler und Lehrer voraus!): dabei die Probleme des Schülers ernst nehmen, geduldig zuhören, kein »Ausreden« der Angst, kein Ausfragen, keine Suggestivfragen (löst evtl. Äußerungen im Sinne sozialer Erwünschtheit aus!).

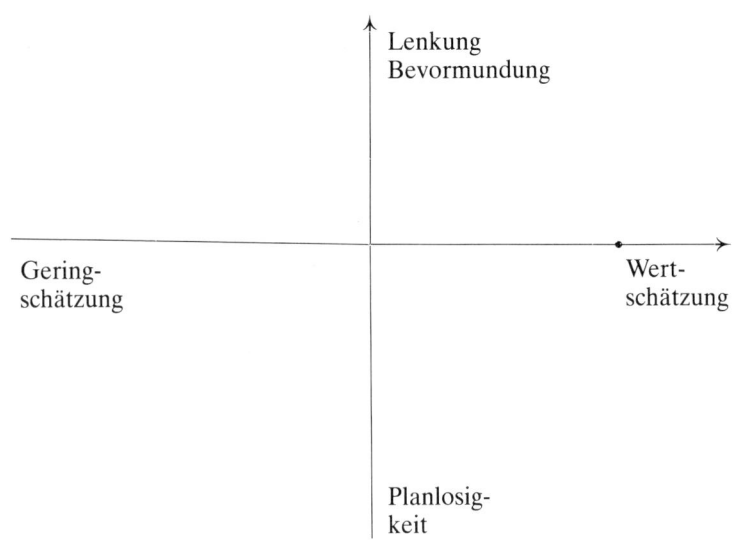

Abb. 36: Sozial-integrativer Führungsstil

– Aufbau bzw. Stabilisierung des Selbstwertgefühls durch
  • Förderung der allgemeinen schulischen Leistungsfähigkeit des Schülers (auch in individueller und kleingruppenmäßiger Betreuung),
  • Herausheben individueller Fähigkeiten (z. B. Organisationstalent, Leistungen in musischen Fächern),
  • Bestätigung (»Richtig!«, »Gut gemacht!«, »Stimmt genau!«),
  • Ermutigung (»Du schaffst das!« »Das nächste Mal geht's sicher besser!«),
  • stellvertretende Bekräftigung: häufige Herausstellung von Schülern, die sich selbstbehauptend und wenig ängstlich zeigen (langfristig darf erwartet werden, daß durch diese Strategie die hochängstlichen von den wenig ängstlichen Schülern lernen),
  • keine Verstärkung von Rückzugsstrategien: wohlwollendes Fordern und Fördern.
– Beeinflussung und Veränderung negativer Attribuierungsmuster
  • durch verbale Zuwendung (z. B. »Das hast du selbst geschafft!« → Verringerung von Hilflosigkeitsgefühlen),

- durch Anleitung zur Selbstverstärkung (z. B.: »Das hab ich gut gemacht!«, s. dazu Wagner 1976).
- Achten auf eine positive Lernatmosphäre: Klassenzimmergestaltung, Lehrerverhalten, Spielregeln für das soziale Miteinander der Schüler.
- Bewußtmachung von Bewältigungsstrategien für Angstsituationen und positive Verstärkung im Einzel- und Klassengespräch (z. B. Bewältigungsstrategien in Prüfungssituationen).
- Bei sichtbar werdenden starken Ängsten: behutsames Eingehen auf den Schüler, Kontaktaufnahme mit den Eltern und Zusammenarbeit mit dem Schulpsychologen oder mit Beratungsstellen.
- Kollegiale Zusammenarbeit in bezug auf das Thema Angst (Teamarbeit): Besprechung von Möglichkeiten der Angstprävention innerhalb der Schule (z. B. Gestaltung der Schulatmosphäre, Selbstdarstellung der Schule, Selbst- und Mitverantwortung der Schüler, Gestaltung des Schuleintritts, Gestaltung von Prüfungssituationen, . . .) sowie Fallbesprechungen (z. B.»Hans hat Angst«).

Unterrichtliche Maßnahmen
- Transparenz von Leistungsanforderungen:
  - Trennung zwischen Lern- und Prüfungssituation (keine Sanktionen bereits während der Lernphase!),
  - Ankündigung von Klassenarbeiten,
  - Vorinformationen über Prüfungsstoff,
  - Zusammenstellung möglicher Prüfungsfragen mit der Klasse.
- Eher viele kleine Leistungsanforderungen als wenige groß angekündigte Prüfungen und Klassenarbeiten.
  Gewichtung auch mündlicher Beiträge (Mitarbeit) und entsprechende Rückmeldung an die Schüler.
- Bewertung nach individuellen Bezugsnormen und Gütemaßstäben: Bewertung individueller Lernfortschritte und damit konsequenter Aufbau von Vertrauen in die eigene Leistungsfähigkeit und Leistungsmöglichkeit. Vermeidung von sozialen Vergleichen.
- Gute Strukturierung des Unterrichts, genaue Arbeitsanweisungen, (möglichst positiv formulierte) Lernerfolgsrückmeldungen, kleine Lernschritte, . . . (Überschaubare Strukturen geben dem ängstlichen Schüler eine gewisse Sicherheit.)
- Einüben von Strategien der Prüfungsvorbereitung (besonders in den Jahrgangsstufen 3 und 4):
  - Mitarbeit im Unterricht,

- Gestaltung von Hefteinträgen (deutlich, übersichtlich),
- Zusammenstellen des zu lernenden Stoffes,
- Stoffwiederholung (unter Einbeziehung von Lerntechniken),
- evtl. Erarbeiten eines Fragenkatalogs,
- Erstellung eines Zeitplans zur Vorbereitung auf die Prüfung (Wiederholungsphasen evtl. im Unterricht trainieren).

– Angst als Thema im Unterricht (Gespräch, Interaktionsspiel, Rollenspiel, z. B. »Was mir in der Schule gefällt – was mir in der Schule angst macht« – Anregungen dazu s. Vopel 1980a/33–42 und Vopel 1980b/2, 6, 7). Wichtig: Angst als »normal« hinstellen – nicht tabuisieren. Auch Erwachsene, Eltern, Lehrer haben in oder vor bestimmten Situationen Angst.

– Individual- oder Kleingruppenförderung in »Angstfächern« mit entsprechend positiv und angstfrei gehaltener Atmosphäre → möglicher Abbau von Aversion und Angst gegen das betreffende Fach.

– Hinführung zum konstruktiven Umgang mit Angst, Streß und Frustration:
- Schule und Prüfungen nicht überbewerten,
- Prüfungsvorbereitung gezielt planen,
- Erholungsphasen einplanen (Hinweise auch für Eltern: Freizeit der Kinder nicht zu sehr verplanen),
- Lernen aus Mißerfolgen (Mißerfolge nicht überbewerten),
- Setzung angemessener Maßstäbe (durch Eltern, durch den Schüler selbst),
- Rollenspiele: mit unvermeidbaren Angstsituationen fertig werden.

– bei leistungsmäßiger (und psychisch-emotionaler) Überforderung:
- freiwillige Zurückversetzung,
- Klassenwiederholung,
- Wechsel der Schulart,
- individuelle Förderung.

6.2.4   Praxisorientierte Literatur

Jegge, J.: Angst macht krumm. Erziehen oder Zahnrädchenschleifen. Reinbek: rororo, 1983

Meyer, E.: Unterrichtsthema Angst. Unterrichtspraxis Bd. 1. Wiesbaden: Akademische Verlagsgesellschaft, 1978

Staudacher, M.: Schulangst. In: Handbuch der Schulberatung. München: MVG, 1983

Stein, A.: Mein Kind hat Angst. München: Kösel, 1982
Vopel, K.: Interaktionsspiele für Kinder. Teil 2. Hamburg: Isko-Press, 1980a
Vopel, K.: Interaktionsspiele für Kinder. Teil 4. Hamburg: Isko-Press, 1980b

6.3 Unterrichts- und Verhaltensstörungen

6.3.1 *Begriffliches Umfeld*

Unterricht läßt sich sehr allgemein beschreiben als Interaktionsprozeß, in dem Schüler unter Anleitung eines Lehrers geistige
Inhalte, Fertigkeiten und Fähigkeiten erwerben. Etwas differenzierter
ist die folgende Definition:»Unterricht ist jene Form der Erziehung
(im umfassenden Sinne der Enkulturationshilfe), bei der man sich um
eine in Schulen (oder anderen Ausbildungseinrichtungen) organisierte
Auslösung, Steuerung und Kontrolle von systematisierten, methodi-
sierten und ökonomisierten Lernprozessen bemüht« (Weber 1976/57).
Unterricht gibt nach der Umschreibung von Weber Schülern Hilfestellungen beim Prozeß des Hineinwachsens in die Gesellschaft.
Bestimmende Faktoren in diesem pädagogischen Feld (des Unterrichts) sind Lehrer und Schüler mit ihren (Vor-)Erfahrungen, Er-
kenntnissen, Außenbeziehungen, verschiedenen Rollen u. a.
Zwischen Lehrern und Schülern entstehen entsprechend den o. a.
Variablen Beziehungsgeflechte und Beziehungsmuster. Diese sind
u. a. geprägt von didaktischen, methodischen, kommunikativen, in-
teraktiven und erzieherischen Prozessen, die im Unterricht bzw. in
der Schule ablaufen. Jede dieser Variablen ist in sich komplex und
trägt zur Störanfälligkeit von Unterricht bei. Man kann sagen, daß
kennzeichnend für Unterricht seine Störanfälligkeit ist.
Sehr global läßt sich mit Biller (1981/21) formulieren, daß »alles, was
den Prozeß oder das Beziehungsgefüge von Unterrichtssituationen
unterbricht oder unterbrechen könnte, ... als konkrete oder poten-
tielle Unterrichtsstörung definierbar« ist.
Neben vielen sogenannten »Bagatellstörungen« (Schwätzen, Dazwi-
schenrufen, »Vergessen« von Hausaufgaben, mangelnde Aufmerksamkeit, Beschäftigung mit unterrichtsfremden Gegenständen, ...)
fühlen sich Lehrerinnen und Lehrer häufig stark durch sogenannte
»verhaltensgestörte« Schüler belastet. Unter diesen Begriff werden
Schüler subsumiert, die in ihrem Verhalten soweit von bestimmten
gesetzten Normen abweichen, daß sie in ihrer inner- und außerschuli-

schen Umwelt auffallen und innerhalb einer Klasse oder Schule das Zusammenleben mehr oder weniger beeinträchtigen. Diese Schüler »stören« aufgrund ihres »gestörten« Verhaltens häufig den Unterrichts- und Schulbetrieb.

Aus pädagogisch-psychologischer Sicht läßt sich sagen, *daß diese »Problemschüler« in der Regel Probleme machen, weil sie Probleme haben.* Dies zu sehen, ist auch für entsprechend anzusetzende Hilfsmaßnahmen wichtig.

Inwieweit Störungen als solche gekennzeichnet werden, hängt von den angelegten Normen ab.

Man unterscheidet die sozio-kulturelle, die statistische (objektive) und die subjektive Norm.

Liegt die soziokulturelle Norm zugrunde, so orientieren sich Lehrer (und Schüler) im Unterricht nach Regeln (Verhaltensregeln, Umgangsregeln, Vorschriften, Gesetzen), was »man« tut. Dahinter stehen gruppenspezifische Wertmaßstäbe (z. B. Mittelschichtorientierung des Lehrers). In der Lehrer-Schüler-Interaktion ergeben sich Störungen, wenn der Schüler andere soziokulturelle Normen in die Schule mitbringt, als sie der Lehrer vertritt.

Nach der statistischen Norm ist ein Verhalten, eine Situation »normal«, das/die dem arithmetischen Mittel einer Gruppe/Schicht entspricht. Die Norm orientiert sich also am (»Verhaltens-«)»Durchschnitt«.

Die subjektive Norm ist von der Persönlichkeit des einzelnen geprägt und entwickelt sich aus dessen (Vor-)Erfahrungen. Bei Lehrern ist im Zusammenhang mit der Beurteilung von Schülern oft die »implizite Persönlichkeitstheorie« von Bedeutung; das ist ein subjektives Ordnungsschema, mittels dessen Schüler bewertet bzw. eingeordnet werden (z. B. Arbeitsverhalten, Schwierigkeit des Schülers, Begabung, Dominanz, soziale Zurückgezogenheit).

Was die unterrichtende Lehrerin/den unterrichtenden Lehrer betrifft, so ist wohl die subjektive Norm dafür entscheidend, was als Störung angesehen wird und wie man damit umgeht.

6.3.2 Auslöser für Unterrichts- und Verhaltensstörungen

Im folgenden versuchen wir überblicksartig aufzuzeigen, wie vielfältig Störungen des Verhaltens und des Unterrichts verursacht sind. Wir sehen vor allem vier Bereiche (s. Abb. 37):

SCHÜLER

Anlagebedingte Faktoren
- Kognitive Fähigkeiten
- Reaktionsbereitschaft d. autonomen Nervensystems
- Motorische Hyperaktivität und kognitive Impulsivität

Organische Faktoren
- nicht erkannte körperliche Defizite
- Funktionsstörungen des Gehirns

Ernährungsfehler
Mangelnde soziale Kompetenz
Mangel an Ich-Stärke und Frustrationstoleranz
Unangemessenes Selbstkonzept

SCHULISCHE UMWELT

Klassenzimmergestaltung
Klassenstärke und soziale Struktur der Klasse
Soziale Wahrnehmung des Lehrers
Unterrichtsstil des Lehrers
Didaktische-methodische Kompetenz des Lehrers
Lehrerreaktion auf Unterrichtsstörungen
Fehlender Minimalkonsens über Erziehungsfragen

FAMILIÄRE UMWELT

Trennungserlebnisse
Unvollständigkeit der Familie
Geschwisterkonstellation
Erziehungsverhalten
- überbehütend
- indifferent
- autoritär
- inkonsistent
Eheliche Disharmonie der Eltern
Verhaltensstörungen der Eltern

GESELLSCHAFTLICHES UMFELD

- Pluralismus im Bereich der Orientierungssysteme
- Zunahme der Liberalität
- Beziehungslosigkeit
- Konsumorientiertheit
- Leistungsorientiertheit
- Verkümmerung des Emotionalen

Abb. 37: Mögliche Verursachungsmomente für Unterrichts- und Verhaltensstörungen

Gesellschaftliches Umfeld
Hier möchten wir besonders auf die zunehmende Aufweichung von Norm- und Orientierungssystemen und die Konsumorientierung hinweisen. Viele Schüler und Jugendliche bekommen keine Orientierungsraster mehr vermittelt. Das »Haben« steht in unserer Gesellschaft im Vordergrund und spiegelt sich im Verhalten der Schüler und Schülerinnen wider. Ich-Bezogenheit, mangelnde Leistungsbereitschaft und mangelnde Sozialfähigkeit erschweren oft die Unterrichtsgestaltung und das soziale Miteinander in der Klasse.

Schulische Umwelt
Die Rahmenbedingungen, die die Schule bietet, tragen oft in sich schon den Keim für Störungen bzw. verstärken diese. Äußere Gegebenheiten (innere und äußere Gestaltung des Schulhauses und der Schulräume, Zusammensetzung der Klassen, [zu] große Schülerzahl in den Klassen) wie innere Gegebenheiten (fehlender Minimalkonsens der Kollegen in Erziehungsfragen, hektische Atmosphäre in der Schule, mangelnde Setzung von Richtlinien und Strukturen, mangelnde Schulung von Arbeitsverhalten und Arbeitstechniken) sind häufig bestimmend für Unterrichts- und Verhaltensstörungen.

Familiäre Umwelt
Die Familie als primäre Sozialisationsinstanz fällt nur zu häufig als Vermittler von Rahmenbedingungen und Normen aus. Manche Kinder erhalten oft nicht mehr den Schutz und die Sicherheit, die sie zum Erwachsenwerden brauchen (deprivierte Kinder), andere genießen zu viel Freiraum oder zu viel Fürsorge (überbehütete Kinder).
Aufgrund dieser ungünstigen Sozialisationsbedingungen sind sie nicht mehr in der Lage, sich selbst zu steuern. Diese Kinder stören dann oder sind »gestört«, weil sie unter »gestörten« Bedingungen aufgewachsen sind oder leben müssen.

Schüler
Schließlich seien noch Faktoren beim Schüler genannt. Sehr vereinfacht lassen sich diese in zwei Gruppen differenzieren, nämlich in Faktoren, die eher organisch bedingt sind oder auf Anlagefaktoren zurückgehen und Faktoren, die mehr Persönlichkeitsvariablen des Schülers betreffen.

6.3.3   Pädagogische Konsequenzen

Im folgenden zeigen wir Möglichkeiten auf, Unterrichts- und Verhaltensstörungen zu begegnen. Da sich im einzelnen Überschneidungen mit unseren Ausführungen in anderen Kapiteln ergeben, fassen wir uns sehr kurz:

Vorbeugung
- Methodisch-didaktisch gut geplanter Unterricht (Motivation, Passung, Differenzierung, Tätigkeitswechsel, . . .),
- Strukturierung des Unterrichtsablaufs (klare Zielsetzung, Teilschritte, Bereitstellung von Arbeitsmitteln, »Reibungslosigkeit«, »zügige Unterrichtsführung« [Kounin 1976]),
- »Rechenschaftsprinzip« und »Gruppenmobilisierung«,
- Hilfestellung zur Überwindung von Schwierigkeiten,
- Vermitteln von Verhaltensregeln und Signalen,
- Beachtung positiven Schülerverhaltens,
- stellvertretende Bekräftigung,
- Rollenspiele: Aufbau sozialer Kompetenz, Förderung des Selbstkonzepts,
- Umgruppierung (Veränderung der äußeren Struktur der Klasse),
- Schaffung von Ventilen: Pausen, Bewegungszeiten, . . . ,
- Beruhigen/Konzentrieren: Ruhe-, Atem-, Schweige-, Hörübungen,
- Regelmäßiges Feedback über die Klassen- und Unterrichtssituation (s. Gordon 1977),
- Kooperation zwischen den Kollegen: Einführung eines Normen-Standards.

Verhalten bei Störungen und Konflikten
- Bewußtes Ignorieren,
- Geben von Signalen (rasches, rechtzeitiges, kurzes Eingreifen – Anschauen, mimische oder gestische Signale, Näherkommen, kurzes »Nein«, . . .),
- körperliche Nähe oder körperliche Berührung (Ich-Stärkung),
- Deutung der Absichten des Handelnden,
- direkter Appell,
- verbale Zurechtweisung, Ermahnung, Mißbilligung,
- Ich-Botschaft: Äußern der eigenen Befindlichkeit, Betroffenheit,
- Einzel- oder Klassengespräch,
- Setzen einer unangenehmen Konsequenz im Sinne der natürlichen oder logischen Folge,

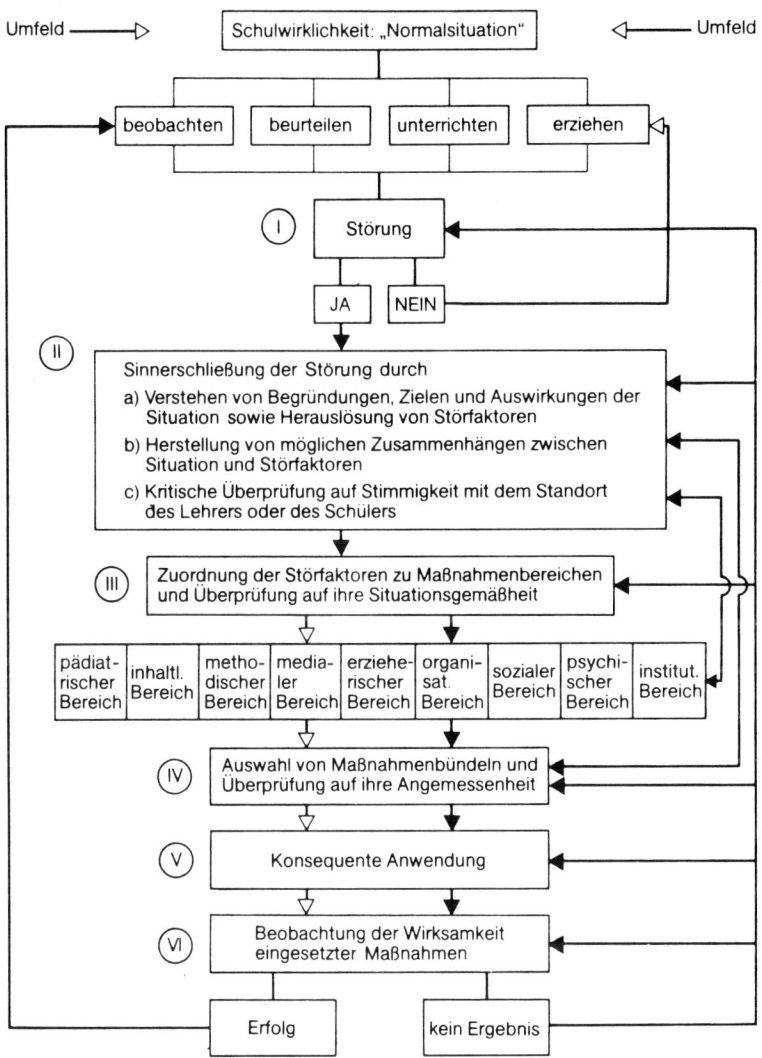

Abb. 38: Mögliches Vorgehen bei Störungen des Unterrichts durch Problemschüler (n. Biller 1981/130)

– Strafe als eindeutige Grenzsetzung,
– Ausschluß vom Unterricht oder von bestimmten Tätigkeiten (s.
  Redl 1986: »Antiseptischer Hinauswurf«),
– Physisches Eingreifen (bei Gefahr für den Schüler selbst und an-
  dere).

DIAGNOSE

o ERFASSUNG DER SICHTWEISE DES LEHRERS VOM PROBLEM
  (Lehrersicht – Kausalmodell)

o ERFASSUNG DER SCHÜLERSICHT VOM PROBLEM
  (Schülersicht – Schülerbefragung)

o GEMEINSAME PROBLEMSICHT
  (Konfrontation Lehrersicht – Schülersicht,
  gemeinsame Erstellung eines Bedingungsmodells)

PLANUNG

o GEMEINSAME ZIELPLANUNG
  (Zielklärung, Schülerregeln, Lehrerregeln)

o GEMEINSAME METHODENPLANUNG
  (Wahrnehmungshilfen, Selbststeuerungshilfen,
  Motivationshilfen, Rückmeldung)

o GEMEINSAME ZEITPLANUNG
  (Vorversuch, Zeitpunkt und Zeitdauer der
  Intervention)

INTERVENTION

o METHODENEINSATZ/ERFOLGSPRÜFUNG
  Veranschaulichung – Rückmeldung der Ergebnisse

o STABILISIERUNG
  (Ausblendung von Steuerungshilfen, Transfer)

o ABSCHLUSS
  (Abschlußfragebogen, Abschlußgespräch,
  gemeinsame Schlußbewertung)

Abb. 39: Kooperative Verhaltensmodifikation (n. Redlich/Schley 1978)

Schwerwiegende und anhaltende Konflikte
- Erstellen einer Problemanalyse (s. Abb. 38):
  • Problembeschreibung,
  • Analyse der Ursachen,
  • Suche nach Alternativen zur Lösung.
- Durchführung eines Projektes nach dem Modell der kooperativen Verhaltensmodifikation (s. Abb. 39),
- Weitergabe an bzw. Zusammenarbeit mit anderen Instanzen (Schulpsychologe, Beratungsstelle, Kinderzentrum, Schule zur Erziehungshilfe).

6.3.4   Praxisorientierte Literatur

Biller, K.-H.: Unterrichtsstörungen. Stuttgart: Klett, 1981
Dreikurs, R. & Soltz, V.: Kinder fordern uns heraus. Stuttgart: Klett, 1988
Kounin, J. S.: Techniken der Klassenführung. Bern u. a.: Huber u. a., 1976 (bes. S. 85–130)
Redl, F. & Winemann, D.: Steuerung des aggressiven Verhaltens beim Kind. München: Piper, 1978, [4]1986
Redlich, A. & Schley, W.: Kooperative Verhaltensmodifikation im Unterricht. München: Urban & Schwarzenberg, 1978

6.4   Konzentrationsschwierigkeiten

6.4.1   Begriffe

Voraussetzung für konzentratives Verhalten ist die Fähigkeit zur Aufmerksamkeit, wobei Aufmerksamkeit verstanden werden kann als »Prozeß der Auseinandersetzung mit realen oder vorgestellten Objekten, der durch externe Reizmerkmale (Neuigkeit, Überraschung) oder durch interne Prozesse (Einstellungen, willentliche Entscheidungen) ausgelöst wird und der die Funktion der *Auswahl* (aus dem Reizangebot), der *Intensivierung* der realen oder kognitiven Tätigkeiten und eine Verbesserung ihrer Produkte hat« (Rapp 1982/ 21).
Konzentration läßt sich dann definieren als »willkürliche und angespannte Aufmerksamkeit, die für eine beabsichtigte Zeitspanne bei selbst- oder fremdgestellten Aufgaben verbleibt« (Langhorst 1973/ 269) oder als »die Fähigkeit, das eigene Leistungsverhalten zielgerich-

tet über einen gewissen Zeitraum hinweg auf bestimmte Umweltreize zu richten« (Schwarzer 1980/47).

Insgesamt lassen sich zum Begriff »Konzentration« vor allem folgende Aspekte herausstellen:

– Konzentration setzt die *Fähigkeit zur Aufmerksamkeit* voraus und stellt eine *spezifische Form der Aufmerksamkeit* dar.
– Konzentratives Verhalten ist geprägt von *bewußtem Einsatz,* der über eine gewisse zeitliche Dauer durchgehalten wird – damit ist eine willensmäßige Komponente angesprochen.
– Konzentration umfaßt den Aspekt der *Sammlung,* eine Bündelung, Einengung auf das Detail bei großer Intensität und gleichzeitig das *Ausblenden von Störreizen,* die *Beschränkung auf wenige Sachverhalte.*

6.4.2 Mögliche Konzentrationsschwierigkeiten

In der Literatur finden sich im Zusammenhang mit Auffälligkeiten beim Konzentrationsverhalten drei Begriffe, die kurz charakterisiert werden sollen:

Konzentrationsmangel
Damit ist eine eher kurzzeitig andauernde, hauptsächlich durch situative Gegebenheiten bedingte oder durch fehlerhaftes Verhalten erworbene Störung der Aufmerksamkeit oder Konzentration gemeint (z. B. schlechte Gewohnheiten, ungünstige Arbeitsbedingungen in der Schule oder zu Hause).

Konzentrationsstörung
Dieser Begriff umfaßt eine partielle, zeitweilige, evtl. auch akute Störung der Konzentrationsfähigkeit, wobei die Ursachen dafür in Erziehungsfehlern, Milieueinflüssen oder in traumatischen Ereignissen für das Kind gesehen werden.

Konzentrationsschwäche
Dieser Begriff meint von der Ausprägung her die gravierendste Störung im Konzentrationsverhalten, eine zeitlich länger andauernde Unfähigkeit zu konzentrativem Verhalten, die eher anlagebedingt oder durch frühe intensive und/oder andauernde negative Erziehungseinflüsse bedingt sein kann.

6.4.3   Verursachungsmomente

Im folgenden eine Darstellung möglicher Ursachenbereiche von Konzentrationsschwierigkeiten (Abb. 40). Es wird deutlich, daß Konzentrationsprobleme vielfältig verursacht sein können. Häufig sind mehrere Variablen ausschlaggebend, die sich untereinander wieder gegenseitig bedingen können. Oft sind Konzentrationsschwierigkeiten auch Ausdruck eines tieferliegenden psychisch-emotionalen Problems.

Für den Lehrer ist es im Einzelfall schwierig, die Probleme angemessen anzugehen und adäquate Hilfestellung zu geben. Der *Kooperation* zwischen Lehrern (Teamarbeit, pädagogische Konferenzen) und zwischen Lehrern und Beratungsdiensten (Beratungslehrer, Schulpsychologin, Arzt, Beratungsstelle) kommt deshalb große Bedeutung zu.

6.4.4   Mögliche Maßnahmen

Zu dem Themenbereich Konzentration und Konzentrationsförderung ist in den letzten Jahren eine Vielzahl von Ratgebern erschienen, in denen sich im einzelnen recht brauchbare Anregungen finden (vgl. Literaturliste).

Wenn Fördermaßnahmen Erfolg haben sollen, dann muß zuallererst die Beziehung zwischen Trainer und zu förderndem Kind positiv sein. Wichtig ist es außerdem, das Kind in seiner Ganzheit zu sehen und nicht etwa Training im Sinne von Funktionsübungen anzubieten, wenn ersichtlich wird, daß beim Kind psychisch-emotionale Probleme im Vordergrund stehen.

Um dem Problem der Konzentrationsschwierigkeiten wirksam begegnen zu können, ist unserer Meinung nach ein umfassender Ansatz notwendig. Wie die nachfolgende Übersicht zeigt, muß ein solcher Ansatz die Ebene Schule/Lehrer, die Ebene Elternhaus/Schüler sowie die Ebene Unterricht/Curriculum umfassen (s. Abb. 41).

Hier einige Vorschläge für die Durchführung einzelner Maßnahmen.

○ *Maßnahmen durch Lehrer und Schule*

Unterrichtsgestaltung:
– Klare Aufgaben- und Zielstellung;
– klare Strukturierung der schulischen Lernanforderungen;
– Wirklichkeitsnähe des Lernstoffes;

SITUATIVE URSACHEN	ORGANISCHE URSACHEN	SCHULISCHE URSACHEN	PSYCHISCHE URSACHEN	FAMILIÄRE URSACHEN
– Arbeitsraum, Arbeitsplatz, Arbeitssituation ungünstig – zeitliche oder körperliche Überlastung (durch Hobbies, ungünstiges Freizeitverhalten, Schlafmangel) – Überreizung: Fernsehen, Video!	– Beeinträchtigung v. Sinnesorganen: Seh-, Hörfehler, Wahrnehmungsstörungen – Blutarmut – niedriger Blutdruck – Blutunterzucker – Kreislaufstörungen – Hormonstörungen – Störungen im Antriebsgeschehen: Hypermotorik, vegetative Labilität	– Überforderung: mangelnde Schulreife, Fähigkeitsmängel – Reizüberflutung: große Klassen, Lärm, Störung durch Mitschüler, … – Schulangst – unangemessenes Lehrerverhalten – ungünstige Klassensituation: Rivalitäten, Gruppenkämpfe	– innere Konflikte u. Beunruhigungen: Geburt eines Geschwisters, Umzug, Schulwechsel, bevorstehende Prüfung, drohende Strafe – Angst (vor Mißerfolg, vor einem Fach, vor einer Prüfung, …) – entwicklungsbedingte Störungen in Vorpubertät und Pubertät – motivationale Probleme: fehlende Leistungsbereitschaft, fehlende Interessen – Impulsivität – Konzentrationsschwierigkeit als »Hilferuf«	– Erziehungsmängel in der frühen Kindheit – Reizüberflutung: wenig Zeit, Ruhe u. Entspannung; Hektik; Unruhe nervöse Erzieher – Überforderung: überhöhte Erwartungen, Strenge – Überbehütung: keine Erziehung zu Selbststeuerung und Selbständigkeit – häufige Konflikte im Elternhaus

Abb. 40: Mögliche Ursachenbereiche für Konzentrationsschwierigkeiten

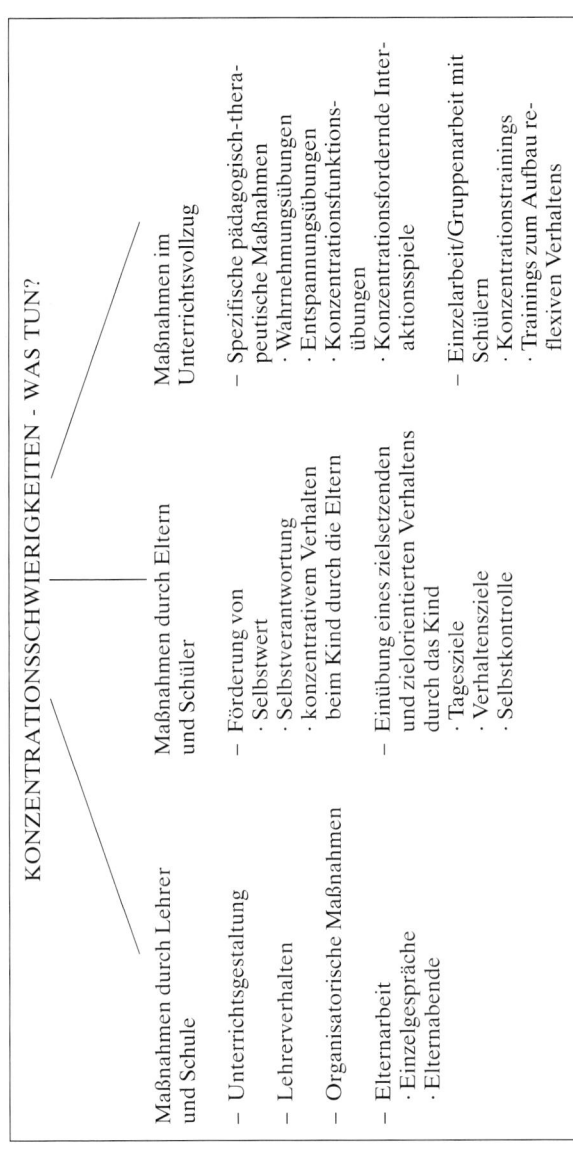

KONZENTRATIONSSCHWIERIGKEITEN - WAS TUN?

Maßnahmen durch Lehrer und Schule

– Unterrichtsgestaltung

– Lehrerverhalten

– Organisatorische Maßnahmen

– Elternarbeit
  · Einzelgespräche
  · Elternabende

Maßnahmen durch Eltern und Schüler

– Förderung von
  · Selbstwert
  · Selbstverantwortung
  · konzentrativem Verhalten beim Kind durch die Eltern

– Einübung eines zielsetzenden und zielorientierten Verhaltens durch das Kind
  · Tagesziele
  · Verhaltensziele
  · Selbstkontrolle

Maßnahmen im Unterrichtsvollzug

– Spezifische pädagogisch-therapeutische Maßnahmen
  · Wahrnehmungsübungen
  · Entspannungsübungen
  · Konzentrationsfunktionsübungen
  · Konzentrationsfordernde Interaktionsspiele

– Einzelarbeit/Gruppenarbeit mit Schülern
  · Konzentrationstrainings
  · Trainings zum Aufbau reflexiven Verhaltens

Abb. 41: Mögliche Maßnahmen bei Konzentrationsschwierigkeiten auf den verschiedenen Ebenen

- Abstellen der Leistungsanforderungen auf die Leistungsfähigkeit des Schülers;
- subjektive Bedeutsamkeit von Lehrmaterialien und Lernstoff für den Schüler;
- Tätigkeitswechsel;
- Wechsel von Phasen der Anregung mit Phasen der Verarbeitung (Anspannung – Erholung, Spannung – Entspannung);
- Gedächtnistraining und Gedächtnisschulung (Gedichte, Merktexte, Merkdaten, Kopfrechenübungen);
- Anschauungs- und Ordnungsübungen (Beobachten, Beschreiben, Analysieren, Planen);
- Training von Gewohnheiten, von Lösungsstrategien;
- Einbau von Ritualen: Unterrichtsbeginn, Beginn von Arbeitsphasen;
- Einbau von Konzentrationsübungen;
- Mut zur Lücke: lieber ein Thema intensiv und handlungsbezogen als viele Themen oberflächlich.

Lehrerverhalten:
- Vermeiden unnützen Sprechens – kurze, klare Anweisungen;
- Sprechpausen, variable Sprechgeschwindigkeit, Wechsel in Intonation und Lautstärke;
- Nonverbale Signale;
- verstärkende visuelle Reize;
- Wechsel der Interaktionsstile;
- Wechsel der angesprochenen Sinnesorgane;
- Platzwechsel des Lehrers/der Lehrerin;
- Geduld, Freundlichkeit;
- möglichst individueller Kontakt zu »Problemkindern« (Anlächeln, Anschauen, Berühren, direktes [leises] Ansprechen);
- Verstärkung des Lernverhaltens des Schülers (Erfolgskontrolle, Lob, Ermutigung, Bestätigung, Zuwendung, Belohnung);
- Präsenz des Lehrers (in der Pause, vor Unterrichtsbeginn) als Ansprechpartner: die Schüler möglichst wenig sich selbst überlassen! (Individualverhalten $\neq$ Gruppenverhalten);
- *Vorsicht vor Etikettierung:* der »Zappelphilipp«, der »Hypermotoriker«, der »Konzentrationsgestörte«;
- Hinzuziehen von Fachleuten bei Verdacht auf ernstere Störungen (Beratungslehrer, Schulpsychologischer Dienst, Psychologische Beratungsstelle, Arzt).

Organisatorische Maßnahmen:
- angemessene Ausgestaltung des Klassenzimmers,
  - nicht zu viele Posters, Bilder,
  - Lese-, Spielecke (Ermöglichung einer entspannten, aggressionsfreien Atmosphäre vor dem Unterricht und in Unterrichtspausen);
- ausreichend Frischluftzufuhr (angenehmes Raumklima);
- regelmäßige aktive Pausen;
- Beachtung der Konzentrationsspanne:
  - 5– 7 Jahre ca. 15 Min.,
  - 7–10 Jahre ca. 20 Min.,
  - 10–12 Jahre ca. 25 Min.,
  - ab 14 Jahre ca. 30 Min.;
- Organisation des Arbeitsplatzes (Bereitstellung aller in der betreffenden Unterrichtsstunde benötigten Arbeitsmittel durch Lehrer bzw. Schüler);
- möglichst günstige Stundenplangestaltung (Vermeiden von Häufung stark konzentrationsfordernder Fächer).

Elternarbeit:
Elternarbeit ist unserer Meinung nach im Zusammenhang mit Konzentrationsschwierigkeiten sehr wichtig.
Im Einzelgespräch kann der Lehrer mit den Eltern bestimmte Aspekte des psycho-sozialen und des Verhaltensbereichs erfragen. *Gemeinsam* können dann Lösungsmöglichkeiten erarbeitet und diskutiert werden.
Bei Elternabenden kann das Thema »Konzentrationsschwierigkeiten« globaler und umfassender behandelt werden.
(S. dazu auch »Konzentration – 12 Tips für Eltern«, Abb. 31, S. 114)
Auf die Ausführungen zum Thema Elternarbeit und Gesprächsführung sei hier noch einmal verwiesen (vgl. Kap. 4.2.5).

○ *Maßnahmen durch Eltern und Schüler*
Vielfach fühlt sich der Lehrer in seinem Bemühen um die Förderung der Konzentration allein gelassen. Wir meinen, daß sowohl Lehrer als auch Eltern und Schüler *gemeinsam* an den auftretenden Problemen arbeiten sollten, wobei sicherlich dem Lehrer aufgrund seiner speziellen pädagogisch-psychologischen Kenntnisse und Kompetenzen eine Leitungs- bzw. Führungsfunktion zukommt.
Um den Schwierigkeiten angemessen begegnen zu können, ist Pro-

blembewußtsein bei allen Beteiligten (Lehrer, Schüler, Eltern) erforderlich. Außerdem muß die Bereitschaft aller vorhanden sein, den Problemen aktiv begegnen zu wollen und etwas zu tun.

Wir sind uns bewußt, daß dies häufig nicht der Fall ist. Gerade beim Schüler ist es oft schwierig, ein Problembewußtsein zu initiieren oder die Bereitschaft anzuregen, aktiv zu handeln und z. B. zusätzliche Zeit für die Bewältigung von Konzentrationsschwierigkeiten zu opfern.

Schüler (und Eltern) sollten möglichst klare Angaben darüber erhalten, was von ihnen erwartet wird und welchen Sinn einzelne Maßnahmen haben. Falls bestimmte Maßnahmen (z. B. täglich 10 Min. zusätzlich üben) gemeinsam abgesprochen sind, sollte von Eltern und Lehrern auch auf die Einhaltung der Absprache gedrungen werden. Im Einzelfall kann geklärt werden, warum spezifische Maßnahmen nicht durchgeführt werden (durch Schüler, durch Eltern) bzw. warum sie keine Wirkung zeigen.

Mit den Eltern können Grundprinzipien erzieherischen Verhaltens diskutiert werden. Dabei ist es im Zusammenhang mit dem Thema »Konzentration« wichtig, über die psychisch-emotionale Situation des Kindes, die Eindeutigkeit des elterlichen Erziehungsverhaltens und die Setzung äußerer Strukturen und Rituale (z. B. Frühstückssituation, Hausaufgabenzeit, Fernsehzeit, Zu-Bett-geh-Zeit, Zu-Bett-geh-Ritual) zu sprechen. Entscheidend ist im Vorfeld auch die Beachtung der psychischen Befindlichkeit des Kindes.

Da eine gewisse innere Ausgeglichenheit Voraussetzung für konzentratives Verhalten ist, stellt sich bei Konzentrationsschwierigkeiten die Frage: Wodurch ist das Kind innerlich so angespannt oder beunruhigt, daß es sich nicht dauerhaft einer Aufgabenstellung zuwenden kann?

Eltern können zu konzentrativem Verhalten ihres Kindes einen entscheidenden Beitrag leisten, indem sie entsprechend auf ihr Kind zugehen und die häusliche Situation so gestalten, daß konzentratives Verhalten gefördert wird. Der Lehrer sollte in jedem Fall vermeiden, den Eltern wegen der Konzentrationsschwierigkeiten ihres Kindes Schuldvorwürfe zu machen. Auch der Schüler selbst kann etwas für sich tun. Als Einstieg in Richtung Selbständigkeit und Selbstverantwortung kann dem Schüler vorgeschlagen werden, sich selbst bestimmte Ziele zu setzen. Helfende Vorgaben für zielorientiertes Verhalten können z. B. folgende Aufforderungen sein:

– täglich zu einer bestimmten Zeit die Hausaufgaben machen und
  dann erst spielen;

– sich in einer Unterrichtsstunde mindestens zweimal melden und
  versuchen, vom Lehrer aufgerufen zu werden;
– täglich zehn Minuten zusätzlich für ein bestimmtes Fach lernen.

Solche Zielvorgaben sollten explizit formuliert und in der Ich-Form
auf Plakate geschrieben werden. Damit erhalten sie für den Schüler
stärkeren Verbindlichkeitscharakter. Die Verbindlichkeit von »Verhaltensverträgen« wird unterstützt durch regelmäßige Rückmeldung
zwischen Lehrer und Schüler, Eltern und Schüler und Eltern und
Lehrer. Für den Schüler ist in diesem Zusammenhang besonders
wichtig, daß er ständig gestützt und ermutigt wird (s. Dinkmeyer/
Dreikurs 1970), um ein »Dabeibleiben« zu sichern.

Insgesamt führen Maßnahmen mit Verhaltensverträgen zu mehr Selbständigkeit und zu einer verbesserten Selbstkontrolle beim Schüler,
weil er merkt, daß er für sein Verhalten und für seine Tätigkeiten
selbst Verantwortung bekommt und übernimmt. Dabei darf nicht
verschwiegen werden, daß im Einzelfall viel Zeit und Engagement
erforderlich sind, lernschwierige, wenig motivierte und verhaltensauf-
fällige Schüler zur Selbständigkeit und Selbstkontrolle zu führen. Mit
Frustrationen und Rückschlägen muß gerechnet werden!

Entscheidend für den Erfolg der Maßnahmen ist, daß eine positive
Grundbeziehung zwischen Lehrer und Eltern und zwischen Lehrer
und Schüler besteht. Das Verhalten des Lehrers muß aber auch
vorhersehbar sein. Auf Fehlverhaltensweisen sollte der Lehrer mit
konsequentem Handeln reagieren.

○ *Maßnahmen im Unterricht*

Im folgenden werden einige Maßnahmen aufgezeigt, die langfristig
eine beruhigende Wirkung auf eine Klasse haben können und die sich
gut innerhalb des Unterrichts durchführen lassen. Solche Maßnahmen
können auch in der Kleingruppenarbeit mit Schülern (Konzentrationstraining, Lerntechniktraining) oder in Förderstunden (z. B.
Rechtschreibkurs) eingesetzt werden. Dabei sollte der Förderunterricht möglichst von speziell dafür ausgebildeten Kollegen/Kolleginnen
durchgeführt werden (Deutsch-Förderlehrer, Beratungslehrerin,
Schulpsychologin). Beispiele und Anregungen zur Durchführung von
Förderkursen finden sich bei Breuninger/Betz 1987, Englbrecht 1987,
Keller/Thewalt 1980, Keller 1985.

Neben den Konzentrationsfunktionsübungen und den konzentrations-
fördernden Interaktionsspielen sind auch Wahrnehmungs- und Entspannungsübungen einsetzbar (vgl. Kap. 5.2 und 5.4).

Konzentrationsfunktionsübungen:
- *Aufblendübungen mit dem Tageslichtprojektor*

Den Kindern werden kurzfristig auf dem Tageslichtprojektor alltägliche Gegenstände, Buchstaben, Zahlen, Wörter, geometrische Figuren gezeigt. Die Kinder zeichnen auf (legen nach, z. B. mit Streichhölzern), was sie wahrgenommen haben.

- *Buchstaben streichen oder zählen*

Die Kinder erhalten alte Zeitschriften oder Zeitungen. Aufgabe ist, z. B. in vorgegebenen 10 Zeilen alle »e« zu streichen bzw. zu markieren.

- *Gegenstände verstecken oder verändern*

Ein Kind/einige Kinder schließen die Augen oder verlassen das Klassenzimmer. Im Klassenzimmer werden (vorher festgelegte) Gegenstände verändert. Die Kinder sollen die Veränderungen beschreiben.

Variante: Die Kinder kommen vom Fachunterricht ins Klassenzimmer. Der Lehrer hat vorher mit ihnen vereinbart, daß er einen Gegenstand im Raum (relativ leicht wahrnehmbar) »versteckt« hat (z. B. Schlüsselbund). Wenn die Kinder den Raum betreten haben, gehen sie herum; sie setzen sich, nachdem sie den Gegenstand wahrgenommen haben.

- *Zahlen/Wörter nachsprechen*

Die Lehrerin gibt akustisch Zahlen/Wortreihen vor. Die Kinder schreiben das Gehörte auf.

- *Kettenrechnen*

Der Lehrer/ein Kind gibt einfache Kettenrechnungen vor (nur Einer-Zahlen als Operatoren, Schwierigkeitsgrad ergibt sich durch vorgegebenes Tempo!).

Die Kinder rechnen mündlich mit und schreiben das Ergebnis auf.

- *Alltägliche Vorgänge*

Die Kinder beschreiben (mündlich oder schriftlich) ganz genau alltägliche Vorgänge (Aufstehen, Händewaschen, Essen) bzw. machen diese Vorgänge »in Zeitlupe« vor.

- *Lesen und Wetten*

Die Kinder geben vor, wieviele Zeilen sie fehlerfrei lesen können. Pro fehlerfrei gelesener Zeile wird eine Punktzahl vereinbart. Lesefehler ergeben Punktabzug.

- *Mein Schulweg*

Die Kinder beschreiben möglichst genau ihren Schulweg bzw. fertigen eine Skizze davon an.

Welches sind die markanten Punkte, was gefällt mir besonders an meinem Schulweg, was nicht?

• *Töne und Zeichen*

Die Lehrerin/ein Kind gibt Töne (lang-kurz, hoch-mittel-tief, laut-leise) oder Tonqualitäten mit bestimmten Instrumenten (Orff-Instrumentarium, z. B. Becken, Rassel, Triangel) vor. Die anderen Kinder zeichnen die Töne oder die Tonfolgen mit entsprechenden Symbolen auf bzw. heben die entsprechende Symbolkarte hoch.

• *Rhythmus*

Der Lehrer gibt Symbole für einen Rhythmus vor (z. B. ...---/...---/...---); die Klasse/einzelne Kinder/ein Kind klatschen, patschen, stampfen den entsprechenden Rhythmus.

• *Wie heißt mein letztes Wort*

Die Lehrerin oder ein Kind sagt einen beliebigen Satz oder eine Anweisung. Die Kinder merken sich das letzte Wort oder/und schreiben es auf.

• *Gesellschaftsspiele und Musik*

Spiele wie Mühle, Dame, Schach u. a. oder das Erlernen bzw. Spielen eines Instruments (Orff-Instrumente, Flöte) fordern und fördern im spielerischen Tun sehr stark die Konzentration.

Konzentrationsfordernde Interaktionsspiele:

• *Koffer packen*

Die Kinder sitzen im Kreis und bilden einen Satz zu einem bestimmten Thema (z. B. »Auf dem Bauernhof gibt es Hühner«). Das nachfolgende Kind wiederholt diese Aussage und ergänzt sie um einen weiteren Begriff (»... gibt es Hühner und Schweine«) und so fort. Wie viele Begriffe können wir uns merken?

Variante: Zur Unterstützung der Gedächtnisleistung bzw. zur Erhöhung der Spielfreude kann man für jeden genannten Begriff einen Gegenstand ausgeben (z. B. Bohnensäckchen, Sandsack, verschiedenfarbige Kugeln oder Würfel).

• *Wörterkette*

Die Kinder sitzen im Kreis. Ein Kind sagt ein zusammengesetztes Namenwort. Das nachfolgende Kind bildet aus dem zweiten Teil des zuerst genannten Wortes ein neues (z. B. Hausdach – Dachfenster – Fensterscheibe – ...)

Variante: Ein Kind bildet sein Wort und wirft einem anderen Kind aus der Gruppe ein Wollknäuel zu; der Faden muß dabei immer in der Hand behalten werden. Es entsteht ein Netz.

• *Zahlen vermeiden*
Es wird reihum gezählt. Je nach Vorgabe werden alle Zahlen, die eine
bestimmte Zahl oder das Vielfache derselben beinhalten, durch ein
Wort, durch eine Geste ersetzt (z. B. 1 – 2 – bim – 4 – 5 – bim – 7 – 8 –
bim – 10 – 11 – bim – bim – 14 – . . .)

• *Schreibstaffette*
Zwei Mannschaften mit je 5 Spielern stellen sich vor der Tafel auf.
Auf ein Zeichen läuft das erste Kind jeder Mannschaft zur Tafel und
schreibt ein Wort auf. Danach läuft es zu seiner Gruppe zurück,
übergibt die Kreide und das folgende Kind schreibt das nächste Wort
an usw., so daß nach einem Durchlauf ein Satz an der Tafel steht.
Welche Gruppe hat einen sinnvollen Satz geschafft? Welche Gruppe
war schneller?

• *Eine Ente, zwei Beine*
Reihum wird folgendes Satzmuster gesprochen (pro Kind ein Satzteil:
Eine Ente – zwei Beine – gehen ins Wasser – platsch – platsch.
Danach: Zwei Enten – vier Beine – gehen ins Wasser – platsch –
platsch – platsch – platsch. Danach: Drei Enten – . . .
Wie viele Enten bringen wir ohne (Sprech-) Fehler ins Wasser?

• *Fuchspelzmütze*
Die Spielleiterin/der Spielleiter sagt nach Abschnitten gestuft folgenden Satz vor, die Gruppe wiederholt jeweils reihum das Vorgespro-
chene: Eine Mütze – eine Pelzmütze – eine Fuchspelzmütze – eine
doppelt gefüttert Fuchspelzmütze – stickt Herr Fuchs – der Fuchspelz-
mützenmachermeister. Der Satz wird also immer länger, bis die
Gruppe den Satz so nachspricht, wie er oben steht.
Der Schwierigkeitsgrad kann entsprechend der Gruppe variiert werden (einfachere Laute und Lautverbindungen, kürzere Sätze). Es
können dabei auch bestimmte Lautverbindungen vorgegeben werden
(z. B. Eine Schnecke – eine Schlammschnecke – eine schleimige
Schlammschnecke – kriecht über einen schlüpfrigen Stein). Wichtig:
keine zu große Gruppe (max. 10 Kinder). Verhindern, daß sich
Kinder bloßgestellt fühlen!

• *Gefriertanz*
Die Kinder bewegen sich nach beliebiger Musik. Nach dem Stoppen
der Musik versucht jedes Kind so gut wie möglich die gerade einge-
nommene Position zu halten. Wer kann am besten das Gleichgewicht
halten?

• *Autorennen/Obstkorb*
Die Gruppe sitzt in einem (möglichst auseinandergezogenen) Stuhl-

kreis (8–12 Kinder). Je zwei bis drei Kinder stellen eine Automarke/ Obstsorte dar. Auf Zuruf der Spielleiterin/des Spielleiters (z. B. »Ferrari und Porsche«) wechseln die entsprechenden Kinder so schnell wie möglich ihre Plätze.

• *Tohuwabohu*
Einige Kinder bilden ein Rateteam und verlassen kurzfristig die Klasse. Die Klasse teilt sich in Teilgruppen auf, die gleichzeitig die Silben eines Wortes (z. B. Was-ser-fall) artikulieren.
Wie schnell findet das Rateteam das Wort heraus?

• *Gegenstände »blind« weitergeben*
Verschiedene Alltagsgegenstände (z. B. Zahnbürste, Korken, Schlüssel, Schraubenzieher, . . .) werden im Kreis »blind« weitergegeben. Die Kinder sollen sich die Anzahl (die Art, die Reihenfolge) der herumgegebenen Gegenstände merken und/oder sie aufschreiben/aufmalen. Anmerkung: Anfangs sollte die Gruppe nicht zu groß sein, da die Spannung während des Weitergebens sonst zu groß wird.

• *Welle*
Die Gruppe sitzt im Kreis, ein Stuhl bleibt frei. Die Lehrerin/der Lehrer gibt nun das Kommando »Alles nach links/rechts!« Das Kind, das rechts/links neben dem freigebliebenen Stuhl sitzt, rutscht nun so schnell wie möglich nach links/rechts, die Klassengruppe rückt entsprechend nach. Es entsteht eine Wellenbewegung.

• *Singspiele*
Lieder, bei denen nach vorheriger Abmachung Wörter oder Buchstaben weggelassen oder durch Zeichen ersetzt werden:
– »Jetzt fahr'n wir über'n See«
– »Auf der Mauer, auf der Lauer«
– »Mein Hut, der hat drei Ecken«
– »Ein kleiner Matrose«.

6.4.5   *Praxisorientierte Literatur*

Dutschmann, A.: Mein Kind kann sich nicht konzentrieren – was tun? Ein Ratgeber für Eltern und Erzieher. Freiburg/Br.: Herder, 1982
Juna, J. & Poledna, R. & Schwarzmann, F. K.: Konzentration – kinderleicht. 4. VS. z. Aufl. Wien u. a.: Jugend u. Volk, 1980
Portmann, R. & Schneider, F.: Spiele zur Entspannung und Konzentration. München: Don Bosco, 1986
Schmiedeberg, J.: Konzentrations- und Orientierungsübungen. Bonn: Dümmler, 1974

Schwalbacher Spielkartei. Haus Schwalbach, Arbeitsstätte für Gruppenpädagogik, Bethelstraße 31, 65199 Wiesbaden-Dotzheim
Vester, F. & Beyer, G. & Hirschfeld, M.: Aufmerksamkeitstraining in der Schule. Heidelberg: Quelle & Meyer, 1979

6.5 Sprachprobleme

Mit »Sprachprobleme« meinen wir nicht nur physisch oder psychisch bedingte Störungen in der Hervorbringung oder Aufnahme von sprachlichen Äußerungen (Sprachstörungen und Sprachbehinderungen i. e. S.), sondern auch psychisch und gesellschaftlich bedingte Sprach- und Sprechauffälligkeiten.

6.5.1 Sprachprobleme in der Grundschule

Psychisch bedingte Sprachprobleme
Hierunter rechnen wir die Schüchterheit, die Sprechangst (Lalophobie) und mutistische Symptome.
Was die ersten zwei Phänomene anbelangt, so verweisen wir auf den Abschnitt 6.2 (Angst in der Schule) und die entsprechenden Hinweise zur Reduzierung/Bewältigung.
Unter Mutismus versteht man ein totales oder selektives Nichtsprechen bei völliger Intaktheit des Sprechapparates bzw. der Sprechmotorik; meist handelt es sich hier um eine schwere Neurose. In einem derartigen Falle ist eine Förderung in einer Schule für Sprachbehinderte, evtl. verbunden mit einer entsprechenden Therapie angezeigt.

Gesellschaftlich bedingte Sprachprobleme
Die sozio-kulturelle Umwelt und das »geistige Klima« des Elternhauses beeinflussen in entscheidender Weise den Schulerfolg eines Kindes. Die Sprache als ein wesentlicher sozio-kultureller Aspekt kann hierbei gleichsam als dominierende Schulleistungsdeterminante angesehen werden (vgl. Kemmler 1975/58 f.). So finden wir insbesondere bei Kindern der sozialen Grundschicht Sprachbarrieren vor, d. h., bei diesen Kindern fehlt es an sprachlicher Vielfalt sowie Ausdrucks- und Verstehensmöglichkeiten, so daß schulischer Erfolg und der damit verbundene soziale Aufstieg gefährdet ist (vgl. Weigert 1987 a/105 f.). Auch Kinder, die einzig und allein nur ihre Mundart als Muttersspra-

che erlernt haben und gebrauchen, haben mit ähnlichen Schwierigkeiten zu kämpfen.

In ganz besonderem Maße sind natürlich Kinder aus Aussiedler- und Ausländerfamilien von Sprachbarrieren betroffen.

Sprachstörungen/Sprachbehinderungen

Sprachgestört bzw. sprachbehindert sind »Personen, die vorübergehend oder dauernd in unterschiedlichem Ausmaß unfähig sind, die allgemeine Umgangssprache in Laut und Schrift altersüblich zu verstehen, zu verarbeiten und zu äußern« (Knura 1987/130). Die sprachliche Beeinträchtigung selbst bezeichnet man als Sprachstörung; die durch diese Störung bewirkte seelisch-geistige und körperliche Gesamtsituation und das daraus resultierende soziale Handicap bezeichnet man als Sprachbehinderung.

Die Ursachen werden eingeteilt in:

– organische und konstitutionelle (Schädigungen oder Fehlbildungen der Sprechorgane, Schädigung der Sprachzentren, Schäden der Hör- und Sehorgane, körperliche Entwicklungsverzögerungen) und

– psycho-soziale (mangelhafte sprachliche Stimulation, schlechtes sprachliches Vorbild, erzieherische Fehlhaltungen, konfliktreiche Familiensituation).

Im Kindergarten- und Einschulungsalter entstehen und verfestigen sich die meisten kindlichen Sprachstörungen; man rechnet mit etwa 10 bis 15 % dieser Altersklasse. Der weitaus größte Teil kann durch gezielte Sprachförderung voll rehabilitiert werden. Lediglich 1 bis 2 % benötigen über längere Zeit eine intensive Sondererziehung in Schulen für Sprachbehinderte oder ähnlichen Institutionen (vgl. Knura 1987/132). Annähernd 0,5 % der schulpflichtigen Kinder sind sonderschulbedürftige Sprachbehinderte; sie besuchen durchschnittlich für drei Jahre eine Schule für Sprachbehinderte, bevor sie wieder in die Grundschule aufgenommen werden.

6.5.2   *Erkennen von Sprachstörungen im Unterricht der Grundschule*

Grundschullehrerinnen und -lehrer können bei der Aufdeckung von Sprachstörungen einen wichtigen Beitrag leisten. Im folgenden geben wir daher einen kurzen Überblick über mögliche Sprachauffälligkeiten und deren Symptome (vgl. auch Ortner 1977/69 f.):

Verzögerte Sprachentwicklung
- Verglichen mit der Sprache der Klassenkameraden ist die Sprechweise eines Kindes deutlich zurückgeblieben.
- Der Wortschatz ist für das Alter zu gering.
- Das Kind bildet kürzere und einfachere Sätze als seine Klassenkameraden.
- Es verwendet weniger Redewendungen.

Dysgrammatismus
- Unter Dysgrammatismus versteht man das Unvermögen, gedankliche Inhalte und Abläufe in die übliche grammatische und syntaktische Form zu kleiden. Ab etwa vier Jahren soll ein Kind normalerweise diese Fähigkeit beherrschen.
- Das Kind kann überhaupt keine selbständigen Sätze bilden, auch keine Sätze nachsprechen. Es beschränkt sich nur auf Einwortsätze oder Telegrammstil und versucht, durch Mimik, Gebärde und Tonfall sich verständlich zu machen. Hier haben wir es mit hochgradigem Dysgrammatismus zu tun.
- Das Kind bildet selbst keine Sätze, kann aber kurze Sätze nachsprechen. Die Wörter werden nicht gebeugt, das Zeitwort wird nur im Infinitiv gebraucht. Hier sprechen wir von mittelgradigem Dysgrammatismus.
- Das Kind bildet kürzere und einfachere Sätze als seine Klassenkameraden; es verwendet weniger Redewendungen; Fehler tauchen auf beim Artikel, beim Deklinieren und Konjugieren. Es zeigt einen leichtgradigen Dysgrammatismus.

Stammeln (Dyslalie)
- Unter Stammeln versteht man die »Unfähigkeit, Laute oder Lautverbindungen richtig auszusprechen oder innerhalb der Sprache richtig anzuwenden« (Stengel 1974/33). Jedes Kind macht in seiner Entwicklung eine Stammelphase durch, solange die Sprechwerkzeuge und die Fähigkeit zur akustischen Differenzierung noch nicht voll ausgebildet sind (physiologisches Stammeln). Geht diese Stammelphase aber über das vierte Lebensjahr hinaus, muß eine Sprachstörung angenommen werden.
- Bestimmte Laute können überhaupt nicht gebildet werden; sie werden ausgelassen oder durch einen anderen ersetzt (Vokal- oder Konsonantenstammeln).
- Isoliert gelingen zwar die Laute (z. B. »g«), aber die Silbe »ga« wird zu »da« (Silbenstammeln).

– Laut und Silbe gelingen, nicht aber das Wort: »Dabel« statt »Gabel« (Wortstammeln).
– Wörter können zwar einzeln richtig ausgesprochen werden, aber in zusammenhängenden Sätzen treten Fehler auf (Satzstammeln).
– Die einwandfreie Aussprache der S-Laute (s, z, x, sch) gelingt nicht (Lispeln, S-Stammeln, Sigmatismus).
– Die einwandfreie Aussprache des R-Lauts gelingt nicht (R-Stammeln, Rhotazismus).

Näseln
– Unter Näseln (Rhinolalie) versteht man die »Beeinträchtigung von Stimmklang und Artikulation durch verminderte Nasenresonanz (Stockschnupfensprache) oder übermäßige Nasendurchgängigkeit (beispielsweise bei fehlendem Gaumenabschluß infolge Gaumenspalte)« (Knura 1987/131).
– »Alles geht durch die Nase«: offenes Näseln.
– Es fehlt jegliche Resonanz in den Nasenräumen; die Nase ist »verstopft«: geschlossenes Näseln.

Stottern
– Der Redefluß ist gestört. Das Kind hat kaum Schwierigkeiten beim Singen, wohl aber beim Sprechen. Es ist in der Regel durchschnittlich, oft sogar überdurchschnittlich intelligent. (Es gibt ein »physiologisches Stottern« im Alter von etwa drei bis fünf Jahren; diese Erscheinung ist harmlos, wenn die Umwelt richtig reagiert, d. h. dem Kind zeigt, daß es angenommen wird, daß man für es Zeit hat, daß nicht ständig an den Fehlern herumkritisiert wird.)
– Einzellaute oder Silben werden wiederholt: »Gu-guten T-t-tag« (klonisches Stottern).
– Das Kind setzt manchmal zu Antworten an und schweigt dann; es hat Schwierigkeiten, Wörter »aus sich herauszubekommen«; es bringt nur unter starkem Pressen ein Wort heraus; diese Bemühung kann noch durch Mimik (z. B. Augenverdrehen) oder Körpermotorik (z. B. Stampfen) verstärkt werden (tonisches Stottern).

Poltern
– »Beim Poltern kommt es zu einer Überstürzung der Rede. Laute, Silben und Wörter werden verschluckt, verstellt und verstümmelt« (Stengel 1974/46).
– Nicht selten wird Poltern mit Stottern verwechselt. Einige wesentliche Unterscheidungsmerkmale sind: Das polternde Kind ist sich

seiner Störung nicht bewußt, das stotternde Kind schon; bei Poltern kann bewußtes konzentriertes Sprechen verbessernd wirken, bei Stottern tritt genau das Gegenteil ein; polternde Menschen sprechen bei Fremden besser, stotternde schlechter; bei ungezwungener Redeweise können jedoch Stotternde besser sprechen, während Polternde hier negativ auffallen; kurze Fragen und Antworten fallen polternden Kindern leichter, den stotternden fallen sie schwerer; beim Wiederholenlassen des Gesagten tritt bei Poltern eine Verbesserung ein, bei Stottern jedoch eine Verschlechterung.

Stimmschwierigkeiten
- Unter Stimmstörungen versteht man eine »Veränderung der Stimme und Beeinträchtigung der sprachlichen Kommunikation . . . durch Heiserkeit verschiedenen Ursprungs oder unphysiologische Stimmlage« (Knura 1987/131).
- Die Tonhöhe ist zu hoch oder zu tief.
- Die Stimme ist monoton.
- Die Stimme ist »dünn«, zu schwach.
- Die Stimme ist zu laut.
- Die Stimme des Kindes wird in ihrem Klang als unangenehm empfunden.
- Die Stimme ist heiser.

Sprechfehler aufgrund einer Hörbehinderung
- Sprechfehler können durchaus ein Indiz für eine Hörstörung oder -behinderung sein. 10 bis 15 % der Schüler mit Lernbeeinträchtigungen sind auch in ihrem Hören und Sehen beeinträchtigt (vgl. Weigert 1987 a/98 f.).
- So können Stammelfehler ihre Ursache durchaus in einer Hörbeeinträchtigung haben.
- Besonders soll man Kinder beachten, die häufig über Ohrenschmerzen klagen, zu laut oder zu schwach sprechen, öfters um Wiederholung des Gesagten bitten, beim Zuhören den Kopf zur Seite drehen, den Sprechenden mit gespannter Aufmerksamkeit beobachten, bei Diktaten ungewöhnlich viele Fehler machen, bei schriftlich gegebenen Anweisungen und Fragen erfolgreicher sind als bei mündlichen (vgl. Ortner 1977/70).

6.5.3 Möglichkeiten zur Bewältigung von Sprachproblemen im Unterricht der Grundschule

Offenes Sprachverhalten im Unterricht
Offenes Sprachverhalten im Unterricht zeichnet sich durch folgende Momente aus:
– Vorankündigungen und Vorinformationen des Lehrers,
– Sachimpulse
– Zielangaben,
– Vermeidung »unechter« Fragen,
– Impulse offener Art, Ermunterung zum Mitteilen,
– Ermutigung und Hilfe zu Gesprächsbeiträgen,
– Begründung von Maßnahmen,
– echte Bitten und Vorschläge,
– Verbalisierung seelischer Vorgänge
(vgl. Bönsch 1976/328–331; Wagner 1976/47 f.).

Sprachliche Toleranz
Sprachliche Toleranz eines Lehrers zeichnet sich vor allem durch folgende Kriterien aus:
– Freundlichkeit, Bestimmtheit und Humor des Lehrers,
– klare und deutliche Sprechweise des Lehrers,
– einfache, dem Schülerverständnis angemessene, aber nicht niveaulose Lehrersprache,
– Förderung der Mitteilsamkeit, auch und vor allem bei Kindern mit Sprachstörungen (»Stottern ist besser als Schweigen!«),
– behutsame Sprachverbesserungen,
– Gleichwertigkeit der Mundart im mündlichen Ausdruck, Einbau von Mundarterzählungen, -gedichten und -liedern in den Unterricht,
– Förderung einer landschaftsgefärbten Hochsprache,
– Einsatz von Wörterbüchern für Ausländerkinder,
– Lieder von Ausländerkindern, fremdsprachige Kinderlieder,
– freiwillige Teilnahme von deutschen Kindern am muttersprachlichen Unterricht der Ausländerkinder.

Kontaktaufnahme zu Sprachbehindertenpädagogen und Fachärzten
Die Wahrscheinlichkeit von Sprachstörungen in einer Grundschulklasse ist recht hoch (vgl. Hinteregger/Meixner 1984). Deshalb soll sich mit dem zuständigen Sprachbehindertenpädagogen eine kolle-

giale Zusammenarbeit entwickeln. Sofern noch kein Kontakt besteht,
wende man sich an die nächstgelegene Schule für Sprachbehinderte.
Auch einige Fachärzte für Hals-Nasen-Ohren-Heilkunde haben sich
auf Stimm- und Sprachstörungen spezialisiert und bieten die entsprechende Logopädie (Therapie von Sprachstörungen) an. Es besteht
auch die Möglichkeit, daß ein sprachgestörtes Kind vom Hausarzt an
eine logopädische Praxis überwiesen wird. Entsprechende Adressen
findet man im Branchen-Telefonbuch unter »Hals-Nasen-Ohren-
Ärzte« und »Logopädie«.

Hilfen für Kinder mit Dysgrammatismus
– Bei Kindern mit Dysgrammatismus empfiehlt sich in jedem Fall
  eine diagnostische Begutachtung durch einen Sprachbehindertenpädagogen, ggf. sogar durch einen Arzt. In einem gemeinsamen
  Gespräch zwischen Sprachheilpädagoge, Grundschullehrer und Eltern soll eine Entscheidung getroffen werden, ob das Kind in der
  Grundschule adäquat gefördert werden kann oder ob eine Aufnahme in eine Schule für Sprachbehinderte (evtl. in schwerwiegen-
  deren Fällen in eine Schule für Lernbehinderte) ratsam erscheint.
– Der Grundschullehrer muß versuchen, die Redefreudigkeit des
  betroffenen Kindes zu wecken, etwa im Spiel, im Bericht usw.
– Ein Kind mit Dysgrammatismus braucht ein einwandfreies Sprach-
  vorbild. Dies ist in erster Linie Aufgabe des Lehrers; Ersatzmög-
  lichkeiten sind noch Vorlesen, Tonband- und Schallplattenaufnah-
  men. »Solche Sprachmuster prägen sich dem Kind ein, je häufiger
  desto intensiver. Damit wächst seine Fähigkeit, die gleichen gram-
  matikalischen Formen selbst zu gebrauchen und sie auf andere
  Inhalte zu übertragen« (Ortner 1977/87).
– Kleine Sprech- und Sprachübungen werden gezielt eingesetzt. Man
  kann hier mit Sprachmustern arbeiten, wobei die Begriffe ausge-
  tauscht werden: Die Tasse steht auf dem Tisch (Schrank, Stuhl, . . .).
  »Leider sind derartige Übungen in den Ruf eines ›unpädagogischen
  Drills‹ gekommen und weitgehend aus dem Unterricht verschwun-
  den. Gerade im Interesse sprachschwacher Kinder, vor allem im
  Sinne des Dysgrammatismus, wären sie äußerst hilfreich« (ebd.).
– Rhythmische Hilfen zum Sprechen (Musik, Trommeln, Klatschen,
  Wiegen, Tanzen) und Lieder erleichtern die Aneignung von Sprach-
  und Sprechformen.
– Schließlich sei auf die Möglichkeit differenzierter Maßnahmen bei
  der mündlichen und schriftlichen Sprachgestaltung verwiesen.

Hilfen für Kinder mit Stammelfehlern
– Auch hier muß am Anfang eine fundierte Diagnose durch einen
  Sprachheilpädagogen oder einen HNO-Arzt stehen. Der Schwere-
  grad entscheidet, ob das Kind bei einer ambulanten Therapie in der
  Grundschule bleiben kann oder einer intensiven Förderung in der
  Schule für Sprachbehinderte bedarf.
– Es ist darauf zu achten, daß das betroffene Kind wegen seines
  Sprachfehlers nicht verspottet, ausgelacht oder nachgeäfft wird.
– In Zusammenarbeit mit Arzt oder Sprachheilpädagoge kann der
  Grundschullehrer bei leichteren Störungen gezielte Sprechübungs-
  programme einsetzen.

Hilfen für polternde Kinder
– Bei einem polternden Kind hat der Lehrer gute Möglichkeiten,
  positiven Einfluß auszuüben. Das Poltern kann kontinuierlich verbessert werden, wenn dem betroffenen Kind immer wieder »langsam und mit ausgeprägter Artikulation« (Ortner 1977/76) vorge-
  sprochen wird. Es ist jedoch auch hier eine vorherige Abklärung
  mit einem Sprachheilpädagogen nötig.
– Damit die emotionale Erregung und Überhastung des Kindes nicht
  noch weiter verstärkt wird, darf ein polterndes Kind nicht zur Eile
  gedrängt werden.
– Das Kind muß zu mehr Selbstsicherheit geführt werden. Hier kann
  zum einen eine differenzierende Sprecherziehungsarbeit im Grup-
  penraum recht hilfreich sein. »Der Erfolg hängt auch viel davon ab,
  ob es gelingt, das mit seinem Sprechfehler auffallende Kind in die
  Klassengemeinschaft und zusätzlich in eine kameradschaftliche
  Kleingruppe einzugliedern. Gut sprechende Kameraden können
  dabei oft mehr Erfolg haben als der Lehrer« (ebd.).
– Die logopädischen Bemühungen können durch rhythmische Gym-
  nastik und körperlich beruhigende, ausgleichende Übungen (vgl.
  Abschn. 5.4) unterstützt werden.

Hilfen für stotternde Kinder
– Auch hier ist ein eingangs klärendes Gespräch zwischen Eltern,
  Lehrer, Sprachheilpädagoge und ggf. Arzt notwendig.
– Bei Stottern ist es besonders notwendig, daß die Eltern von den
  Pädagogen gezielte Hinweise erhalten, wie sie richtig mit ihrem
  Kind umgehen sollen (vgl. Ortner 1977/80f.).
– Stotternde Kinder sind sehr sensibel. Sie dürfen niemals in der

Klasse verspottet, verlacht, bloßgestellt oder mit spöttischem Grinsen mißachtet werden.

- In der Klasse müssen eine angstfreie Atmosphäre, Gelöstheit und Humor vorherrschen. Angst- und Leistungsdruck sowie ein extrem autoritärer Erziehungsstil würden das Stottern nur noch verschlimmern.
- Lehrer und Mitschüler warten die Antwort geduldig und ruhig ab.
- Während das stotternde Kind spricht, soll es nicht angestarrt werden. Es empfiehlt sich ein unbefangenes Wegsehen.
- Zur Beantwortung einer Frage sollte niemals das stotternde Kind zusammen mit anderen aufgerufen werden. Dadurch würde es in Angst geraten, und die Sprechhemmung würde noch größer.
- Von einem stotternden Kind soll man nur kurze Antworten erwarten; vorzugsweise soll dieses Kind zu schriftlichen Arbeiten an der Tafel oder am Tageslichtprojektor herangezogen werden.
- Gut und flüssig ausgesprochene Antworten sollen regelmäßig verstärkt werden; gestotterte Beiträge sind gelassen und ruhig aufzunehmen.
- Lieder wirken entkrampfend. »Offensichtlich stellt sich das stotternde Kind beim Singen vordergründig auf die Tonfolgen des Liedes und auf den musikalischen Ablauf ein. Dadurch wird das ›Sprechen‹ des Textes zweitrangig oder neben dem Rhythmus sogar drittrangig« (Ortner 1977/83). Aus diesem Grunde soll verstärkt mit Liedern gearbeitet werden.
- Analog kann das Kind auch zu einem »singenden« Vorlesen oder Sprechen angehalten werden, d. h. die Vokale können etwas gedehnter und melodischer gesprochen werden (»Predigtstil«); hier ist allerdings viel Fingerspitzengefühl notwendig, damit die Redeweise nicht ins Lächerliche abgleitet.
- Stotternde Kinder dürfen nicht besonders bevorzugt werden. Sie sollen dieselben Leistungen erbringen wie die anderen Kinder in der Klasse. Nur im Hinblick auf das Stottern gelten die o. a. Verhaltensmaßnahmen.

(Vgl. auch Ortner 1977/77–84.)

6.5.4   Praxisorientierte Literatur

Aschenbrenner, H. (Hrsg.): Sprachheilpädagogik. Eine Übersicht. Wien u. a.: Vlg. Jugend und Volk, 1975

Bush, W. J. & Giles, T.: Psycholinguistischer Sprachunterricht. Hilfen für die Elementar- und Primarstufen. München/Basel: Reinhardt, 1976

Hinteregger, F. & Meixner, F. (Hrsg.): Sprachheilpädagogik in Vorschule und Grundschule. Wien u. a.: Jugend u. Volk u. a., 1984

Ortner, R.: Lernbehinderungen und Lernstörungen bei Grundschulkindern. Ein Beitrag zur Psychohygiene der Primarstufe. Donauwörth: Auer, 1977 (bes. S. 59–88)

Stengel, I.: Sprachschwierigkeiten bei Kindern. Früherkennung und Hilfe bei Sprachstörungen und verzögerter Entwicklung. Stuttgart: Klett, 1974

6.6   Schrifterwerbsstörungen

6.6.1   Terminologische Probleme

Mit Legasthenie oder Lese-Rechtschreib-Schwäche werden die Schwierigkeiten eines Kindes umschrieben, das erhebliche Störungen beim Lesen und Schreiben hat. Nach langer und kontroverser Diskussion der Begriffe wird heute die Fehlerquantität im Rechtschreiben und im Lesen als einzig zuverlässiges Merkmal der sogenannten Lese-Rechtschreib-Schwäche angesehen (vgl. Angor 1986/561). Die Verwendung der Begriffe »Legasthenie« und »Lese-Rechtschreib-Schwäche« ist jedoch an sich problematisch, »da sie das Mißglücken eines schulischen Lehr- und Lernprozesses auf die unzureichenden Lernleistungen der betroffenen Schüler reduzieren« (Bergk 1984/396). Deshalb wird im folgenden in Anlehnung an Bergk (ebd.) der Terminus »Schrifterwerbsstörungen« verwendet.

6.6.2   Anregungen zu einer präventiven Didaktik in Lesen, Schrift und Rechtschreiben

Wir können und wollen hier nicht auf Detailprobleme des Erstlesens, des Erstschreibens, der Orthographie und entsprechender Schrifterwerbsstörungen eingehen. Hierzu müssen wir auf die aktuelle Literatur zu diesem Komplex verweisen. Es scheint uns aber geboten, in aller Kürze und gleichsam rezepthaft Anregungen zu einer »präventiven Didaktik« (vgl. Weigert 1987a/244–258) im Fach Deutsch zu geben; d. h., es soll durch die Unterrichtsgestaltung die Auftrittswahrscheinlichkeit von Schrifterwerbsstörungen möglichst gering gehalten werden.

Kommunikation
Lese- und Schreibstunden sollten immer mit einem Gespräch oder mit
einer Erzählung beginnen. Auch soll man darauf achten, daß die
Schüler untereinander eifrig kommunizieren (vgl. Leimar 1979).

Abbau der Leseangst/Verminderung des Leistungsdrucks
Allein schon die Fibel kann bei manchen Kindern Angst und dementsprechend körperliche Reaktionen wie Kopfweh oder Übelkeit auslö-
sen. In solchen Fällen sollte auf die Verwendung des angstauslösenden
Materials partiell verzichtet werden. Statt dessen können Spielmate-
rialien (Russisch Brot, Lesebuchstaben aus Holz oder Kunststoff,
selbstverfertigte Buchstaben aus Pappe, Schnüre, Plastilin, Sandpapier oder Styropor und eigentliche Lesespiele) verwendet werden.
Deutschstunden sind zu entkrampfen. Vor allem der Lese- und Schreib-
lehrgang sollte ruhig und mit viel Zeit ablaufen. Schnellkurse zwischen September und Weihnachten sind abzulehnen. Fehler der Kinder dürfen nicht unnötig dramatisiert werden (vgl. auch 6.2.3 Maßnahmen zur Reduzierung bzw. Bewältigung von Angst in der Schule).
Die Lernmotivation der Kinder muß laufend mit kleinen Belohnungen, Lob und Zuwendung gestärkt werden (Lukan/Blöschl 1977).
Auch vielfältige und abwechslungsreiche Übungen (Blumenstock
1983) steigern die Lesefreude der Kinder.

Bildergeschichten, Bilderschriften, Piktogramme
»Die Kinder beginnen zu ›schreiben‹, indem sie für die Handlungen... Zeichen setzen« (Mann 1979/37). In dieser Form des Schreibens erkennen die Kinder, daß es neben der gesprochenen Sprache
noch weitere Formen der Mitteilung gibt; Formen, die die Kinder
schon beherrschen. So können sie ohne große Schwierigkeiten Piktogramme deuten. Und sie können auch eigene Aussagen in derartige
Bilderschriften umsetzen. »Der Gedanke, daß sie von anderen verstanden werden sollen, führt zu dem Prozeß der Einigung über
Zeichen. In diesem Zusammenhang wird ihnen der Gedanke einsichtig, daß die Buchstabenschrift... den Prozeß der Einigung widerspie-
gelt und daß sie sich diese Zeichen auch aneignen können. Schreiben
lernen bedeutet also nicht nur die Ausbildung der feinmotorischen
Handbewegung zur Wiedergabe komplexer abstrakter Zeichenge-
bilde, sondern setzt das Bewußtsein voraus, schreiben zu wollen,
Situationen erfahren zu haben, zu denen geschrieben werden muß«
(Mann 1979/38).

Lesen durch Schreiben – Schreiben durch Lesen
»Die Trennung von Lesen, Schreiben und Rechtschreiben beim
Schriftspracherwerb ist das erste zu beseitigende Hemmnis; die Schüler müssen die Möglichkeit erhalten, durch Lesen Schreiben und
durch Schreiben Lesen zu lernen« (Bergk 1984/400; vgl. auch Lauber
1987). Aus diesem Grunde sollten die Kinder statt der Schreibschrift
zunächst die Druckschrift in Gestalt der Gemischtantiqua erlernen.
»Mit koppelbaren Buchstaben-Stempeln oder -Schablonen ist die
Schriftgestalt ohne die bekannten schreibmotorischen Anfangsschwierigkeiten herzustellen« (Bergk 1984/400f.). In der lateinischen Aus-
gangsschrift kommen unnötig komplizierte Buchstabenformen vor
(z. B. unnötig Drehrichtungswechsel; allein das K hat sechs davon);
außerdem fehlt die Synchronität zwischen den Buchstabengestalten
einerseits und den Bewegungsläufen andererseits (im geschriebenen
Wort fällt das Ende der einzelnen Buchstaben nicht immer mit einem
Haltepunkt zusammen, sondern liegt in der Regel mitten in einem
Bewegungsablauf). Daher wird heute allgemein die Vereinfachte Aus-
gangsschrift empfohlen (vgl. Grünewald 1981; Topsch 1983/225f.), die
aber erst zu einem späteren Zeitpunkt der Schrifterwerbsphase einge-
führt werden soll.

Schrifterwerb mit Musik
Musik ist nachgewiesenermaßen ein ausgezeichnetes Mittel zur Unterstützung des Schrifterwerbs. Kinder mit mehr (als dem im Lehrplan
vorgeschriebenen) Musikunterricht in der Grundschule »erweisen sich
im Durchschnitt nicht nur als merkbar musikalischer, sondern auch
konzentrationsfähiger, intelligenter, kreativer und körperlich besser
in Form« als gleichaltrige Schüler mit herkömmlichem Musikunterricht (zit. n. Mann/Wittmann 1983/12). Musik entkrampft, sie befreit
von Angst, sie entspannt, sie macht Freude. Musik stärkt den Bewe-
gungssinn und vermittelt ein natürliches Gefühl für Betonung, Rhythmus und Lautunterschiede. Lese- und Schreibinhalte sollen daher
recht oft mit Klatschen, Tanzen, Singen und Musizieren verknüpft
werden. Besondere Leselernlieder unterstützen dieses Anliegen (z. B.
Hellerbrand/Schrems/Sauerbeck 1979; Mann/Wittmann 1983).

Akustische und optische Bewußtmachung sinngebender Laute
Beim Spielen und in handelnden Situationen kann man sehr leicht von
sinngebenden Lauten ausgehen; Beispiele:
– es schmeckt oder riecht gut: m;
– es tut weh: au;

- ich streichle jemanden: ei;
- ich putze die Brille: h;
- ich bin überrascht: o;
- ich bin erfreut: a;
- ich schnarche: ch.

Solche Situationen können der Anlaß für das Zeichnen entsprechender Comic strips sein, wobei die sinngebenden Laute in die jeweiligen Sprechblasen eingetragen werden. Der Buchstabe soll »ein Zeichen für eine Erfahrung, kein sinnloses Gebilde« sein (Mann 1979/31).

Multisensorielle Erfassung der Laute und Zeichen
Werden Laute und Zeichen mit mehreren Eingangskanälen erfaßt, so ist die Chance der Sicherung wesentlich höher (vgl. Jaumann 1982/ 94–99). Folgende Möglichkeiten bieten sich an:

- akustisch: durch Hören, durch akustische Identifikation und Unterscheidung, durch Lautieren und Silbieren, durch Analyse, Synthese und Durchgliederungsübungen (Dehnsprechen, Silbenklatschen, Abhören von Wörtern auf bestimmte Laute und Silben, Vergleich ähnlich klingender Wörter; die Lautanalyse soll nur eine stützende, nicht erschließende Funktion haben, vgl. Bergk 1984/401);
- optisch: durch die gesehenen Schriftzeichen an sich, durch farbige oder symbolische Hervorhebung, durch optische Identifikation und Unterscheidung, mit Lautgebärden;
- grobmotorisch: Bewegungsformen grobmotorisch mit dem ganzen Körper und/oder mit Körperteilen ausführen lassen, z. B. barfuß auf einem Seil gehen, das den Buchstaben darstellt, Luftschreiben mit dem Arm, Schreiben mit Kreide auf dem Boden oder an der Tafel; Bewegungsabläufe im Wechsel von der Grob- zur Feinmotorik, z. B. Schlangenlinien in der Turnhalle, in der Luft, auf dem Tisch, auf Papier, in verschiedenen Größen; Einsatz von Handzeichen;
- feinmotorisch: Kräftigungsübungen der Hand durch Kneten, Bauen, Legen, Reißen, Malen, Falten, Biegen, Sägen, Nähen, Schneiden; Geschicklichkeitsspiele (z. B. Mikado), Konstruktionsspiele, Fingerspiele; Kneten der Buchstaben aus Teig, Plastilin oder Ton, ggf. Backen bzw. Brennen der Buchstaben, Legen der Buchstaben (auch Plastikbuchstaben, bewegliches Alphabet, Montessorimaterial), Buchstaben aus Schnüren legen; Üben der Schriftelemente (Kreis, Ellipse, Oval, Girlande, Arkade); Schreiben der Buchstaben mit verschiedenen Größen; Einsatz feinmotorischer Handzeichen;

– gustatorisch: Abtasten der Buchstaben-Plätzchen (Russisch Brot) oder der Weingummi-Buchstaben, »Lesen« einer Buchstabensuppe, Essen dieser Buchstaben (vgl. die Redewendung: »Hast du es gefressen?«);
– tangosensorisch: Nachfahren von Schnur- und Sandpapier-Buchstaben mit dem Finger, »blind« ertasten, Einsatz von Montessorimaterial; Bewußtmachen der Vibrationen an den Sprechwerkzeugen, besonders bei Lippen und Nase.

Vom sinngebenden Laut zum Sinnwort
Die Kinder spielen mit beweglichen Buchstaben, die sinngebende Laute darstellen, z. B. M, O, A. Es werden nun Laute kombiniert, indem die Kinder handelnd die entsprechenden Buchstaben zusammenführen: »Aus M und A wird MA. Aus MA und MA wird MAMA. Diese ersten Worte erscheinen in den Sprechblasen in kurzen Sätzen, wie z. B. AU, AU MAMA . . . Die Kinder führen handelnd die beiden Buchstaben zusammen. Sie nehmen zum Beispiel das M in die linke Hand, das A in die rechte Hand und schieben dann das A an das M heran und sprechen dabei MA« (Mann 1979/31).
Bei diesem gegenständlichen Handeln mit Buchstaben können die Schüler Analyse und Synthese als zwei Momente derselben Bewegung erfassen: »Sie analysieren die Schriftgestalt, indem sie sie erneut herstellen, d. h. synthetisieren. Sie können ihrer spontanen Lernreaktion folgen, das Erkannte sofort zu reproduzieren. Lesen durch Schreiben heißt also zugleich Analyse durch Synthese« (Bergk 1984/401).
In einer späteren Phase sollen die Wörter in verschiedenen Formen reproduziert werden: Seilwandern, Nachspuren, Luftmalen, Schreib- oder Schwungübungen an der Tafel oder einer Wandzeitung, Abschreiben, Buchstabieren, Arbeit am Setzkasten, wiederholtes Schreiben in variierten Übungen.

Identifikationsobjekte »Lesen« und »Schreiben«
Es sollen Lese- und Schreibinhalte ausgewählt werden, mit denen sich das Kind identifizieren kann. Gefordert ist also eine Auswahl oder Entwicklung von Texten mit kindgemäßen Inhalten und Problemen; kleinere Texte können und sollen zusammen mit den Kindern erarbeitet werden. Eine Eigenfibel zu gestalten, ist für die meisten Kinder eine reizvolle Aufgabe. Auch vor einer Niederschrift müssen die Inhalte des Textes von den Schülern handelnd (Pantomime, Rollenspiel) oder zeichnerisch erarbeitend veranschaulicht, »begriffen« werden (vgl. Bergk-Mitterlehner 1987; Dräger 1988).

Wirklichkeitsbezüge
Ähnlich wie in der Freinet-Pädagogik soll das Gelernte in Wirklichkeitsbezüge übertragen werden: Erlesen wichtiger Nachrichten oder Mitteilungen, Schreiben notwendiger Inhalte wie Briefe, Karten, Kurznotizen (vgl. Atzesberger 1980/16).

Schreibtechnische Belange
Die Technik des Umgangs mit den verschiedensten Schreibgeräten muß natürlich erst einmal erlernt werden. Sechskantstifte (noch besser wären Dreikantstifte) sind den runden Stiften vorzuziehen. Gegebenenfalls kann man auch für einzelne Kinder Halterungshilfen für die Stifte konstruieren: etwa ein Dreikantgriff, der auf den Stift gesteckt werden kann oder eine Halterung aus Plastilin. Um die Anfangsschwierigkeiten mit dem Papier zu vermeiden, ist durchaus der Einsatz einer Schiefer- oder Kunststofftafel zu empfehlen. Kindern, die das Papier während des Schreibens ungewollt zerknittern oder zerreißen, kann mit einer Zeichenplatte, auf der das Blatt fixiert wird, geholfen werden. Wenn Kinder die Zeilenrichtung nicht beibehalten können, kann man entsprechende Schablonen konstruieren. Selbstverständlich muß auf die Schwierigkeiten der Linkshänder besonders Rücksicht genommen werden (vgl. Abschn. 6.8).
Für die Schüler hat es einen besonderen Reiz, wenn man zeitweise zur Abwechslung und Kompensation auf andere Schreibtechniken wie Schreibmaschine, Computer, Stempel und Collage zurückgreift.

Variation in den Diktaten
Hier sei besonders auf die *visuellen Diktate* hingewiesen: »Wörter bzw. Wortgruppen werden mit dem Hellraumprojektor projiziert. Zwischen dem Zeigen und der Niederschrift wird eine Pause von 15/ 10/5 Sekunden eingeschoben, während welcher die Schüler das Wortbild bzw. die Gruppe von Wortbildern speichern müssen« (Grissemann 1980/112).
Beim »Wanderdiktat« studieren die Schüler auf einem Tisch Wortkarten bzw. Papierstreifen mit kleinen Sätzen; anschließend gehen sie auf ihren Platz zurück und schreiben das Gelesene und Gespeicherte auf (vgl. a.a.O./112f.).
Im *Hinweisdiktat* kündigt der Lehrer vor jedem Sinnschritt die bevorstehenden Rechtschreibprobleme an, ohne die Schreibweise zu nennen. Im *Fragediktat* können die Kinder nach jedem diktierten Sinnschritt Fragen zur Schreibweise stellen (vgl. a.a.O./112). Im *Partnerdiktat* arbeiten ein schwächerer und ein stärkerer Schüler zusammen:

einer diktiert dem anderen und vergleicht das Niedergeschriebene ständig mit der Vorlage. »Entdeckt er einen Fehler, so flüstert er ›stop‹. Der Fehler darf nun aber nicht verraten werden, denn der Schreibende soll sich besinnen. (. . .) Findet er nichts, oder schreibt er das Wort nochmals falsch, darf die richtige Schreibweise angegeben werden« (a.a.O./113).

Individualisierung der Fehlerkorrektur
Das Kind soll grundsätzlich nur mit richtig geschriebenen Wörtern konfrontiert werden. Fehlerhafte Wörter werden entweder ausradiert oder überklebt und gemeinsam mit dem Schüler erarbeitet, indem z. B. Ableitungen gebildet werden. Das richtig erarbeitete Wort wird in die Lücke eingetragen (vgl. Mann 1979/42 f.).
Eine andere Möglichkeit: Die Schüler erhalten statt ihres niedergeschriebenen Diktates den Text in hektographierter Form zurück. Hier sind die vom Schüler falsch geschriebenen Wörter eingerahmt oder unterstrichen. Falsches kann sich somit gar nicht erst einprägen (vgl. Breuninger/Betz 1982/140).
Selbst im »schlechtesten« Diktat soll der Lehrer Positives finden, das er dem Schüler auch mitteilt; der individuelle Gütemaßstab soll vor dem Klassendurchschnitt Vorrang haben. Statt durch Noten kann das Leistungsbild eines Kindes besser mit Fehlerprozenten charakterisiert werden:

$$\text{Fehlerprozente} = \frac{\text{Fehlerzahl mal } 100}{\text{Anzahl der Wörter im Diktat}}$$

Bei besonders schwierigen Fällen empfiehlt sich nochmals eine multisensorielle Erarbeitung der Wortgestalt: das Kind legt beispielsweise das Wort erneut mit dreidimensionalen Einzelbuchstaben, fährt mit der Fingerkuppe darüber, schreibt das Wort in die Luft u. s. f. (vgl. Mann 1979/46 f.).
Die Arbeit mit Grundwortschatz (Bartnitzky/Christiani 1983 b; Finke 1986) und Rechtschreibkartei (Englbrecht 1987/196 u. 205) sei hier – wenn auch als eine didaktische Selbstverständlichkeit – nur am Rande erwähnt: In einem Karteikasten werden die geübten Wörter gesammelt. Wenn bei dreimaliger Wiederholung ein Wort richtig geschrieben werden kann, kommt es in die Ablage. Hier werden die Wörter aufbewahrt, die das Kind beherrscht. Diktate werden nur aus dem Gebrauchs- und Grundwortschatz gebildet.

Besondere Förderung bei Schrifterwerbsstörungen
All diese Anregungen können im Einzelfall Schwierigkeiten im
Schrifterwerb nicht verhindern. Die genannten Möglichkeiten müssen
aber erschöpft sein, ehe man bei einem Schüler eine Schrifterwerbs-
störung diagnostiziert, nach den individuellen Ursachen forscht und
ihn gesondert fördert.
Im Abschnitt 4.2.4 (Lernprozeßbeurteilung) haben wir bereits auf
diagnostische Instrumentarien hingewiesen. Eine diesbezügliche Abklärung sollte in Zusammenarbeit von Grundschullehrer(in) und
Schulpsychologe erfolgen, ggf. kann auch noch der Rat eines Sonder-
pädagogen eingeholt werden. Bei schweren Schrifterwerbsstörungen,
die in der Gruppe nicht mehr behandelt werden können und einer
individuellen therapeutischen Betreuung bedürfen, empfiehlt sich die
Überweisung an ein spezielles Institut: entweder an eine Sonderpädagogische Beratungsstelle, den Schulpsychologischen Dienst oder eine
Pädagogisch-Psychologische Praxis, die sich speziell mit der Therapie
von Schrifterwerbsstörungen befaßt.

6.6.3   Praxisorientierte Literatur

Bergk-Mitterlehner, M.: Rechtschreibenlernen von Anfang an. Frankfurt/M.:
    Diesterweg, 1987
Betz, D. & Breuninger, H.: Teufelskreis Lernstörungen. Theoretische Grund-
    legungen und Standardprogramm. 2. überarb. Aufl. Weinheim: Beltz:
    Psychologie Verlags Union, 1987
Breuninger, H. & Betz, D.: Jedes Kind kann schreiben lernen. Ein Ratgeber
    für Lese-Rechtschreib-Schwäche. 2. Aufl. Weinheim: Beltz, 1987
Grissemann, H.: Klinische Sonderpädagogik am Beispiel der psycholinguisti-
    schen Legasthenietherapie. Ein pädagogisch-therapeutisches Lehrbuch.
    Bern: Huber, 1980
Mann, I.: Lernprobleme. Ein Buch für Eltern und Lehrer. Weinheim: Beltz,
    1979
Mann, I. & Wittmann, L.: Lesen lernen ohne Angst. Mit Liedern von
    L. Wittmann. 2. Aufl. Frankfurt/M.: Extrabuch-Vlg., 1983
Müller, R.: Frühbehandlung der Leseschwäche. Diagnose, Behandlungsplan
    und Weckung von Leseinteresse in den Anfangsklassen. 2. Aufl. Wein-
    heim: Beltz, 1987
Naegele, I. u. a. (Hrsg.): Lese- und Rechtschreibschwierigkeiten. Orientierun-
    gen und Hilfen für die Arbeit mit Grundschülern. Weinheim: Beltz, 1981

6.7   Rechenstörungen

6.7.1   *Ein vernachlässigtes Kapitel*

Lange Zeit ist den Rechenstörungen die Aufmerksamkeit mehr von seiten der Kinderpsychiatrie und Neuropsychologie geschenkt worden als von seiten der Mathematikdidaktik, der Grundschuldidaktik oder der Sonderpädagogik.
Neben den Schrifterwerbsstörungen sind aber gerade die Rechenstörungen (auch Dyskalkulie, Arithmasthenie) wesentliche Determinanten des Grundschulversagens. So ist aus der Gruppe der Schüler, die auf Sonderschulbedürftigkeit überprüft werden, ein Fünftel wegen einer akzentuierten Rechenschwäche auffällig geworden (vgl. Stranz 1976/201).
Erst seit den siebziger Jahren beschäftigte sich die Sonderpädagogik eingehender mit Problemen des Mathematikunterrichts, wobei hier die detaillierte Arbeit zu Ursachen und Therapie spezieller Rechenstörungen von Grissemann/Weber (1982) besonders hervorgehoben werden soll, vor allem auch deswegen, weil hier ein integrativer Ansatz (Berücksichtigung personorientierter und gesellschaftsorientierter Variablen) versucht wird. Es soll allerdings nicht unerwähnt bleiben, daß es alles in allem weder eine stimmige Theorie zum Problembereich Rechenschwierigkeiten noch überzeugende Förderansätze gibt (vgl. Kormann 1987/141).
Hinsichtlich der Betreuung lernbeeinträchtigter Kinder im Mathematikunterricht der Grundschule sei auf die Initiativen von Wittoch (1969; 1973; 1979), die Fehlerdiagnosen von Radatz (1980), Gerster (1982) und Lorenz (1983), den Band von Müller/Wittmann (1979) sowie auf die informativen und praxisrelevanten Beiträge von Floer (1982) und Kormann (1987) hingewiesen.

6.7.2   *Anregungen für eine »präventive Mathematikdidaktik«*

Mit den o. a. Literaturhinweisen haben wir schon angedeutet, daß im folgenden Probleme der Rechenstörungen nicht detailliert behandelt werden sollen. Auch hier wollen wir lediglich allgemeine Hinweise zu einer »präventiven Mathematikdidaktik« geben.

Mathematik als Lebenshilfe
»Mathematikunterricht mit lernschwachen Kindern hat in besonderem Maße die Aufgabe, ihnen bei der Entwicklung ihrer Fähigkeiten zu helfen« (Floer 1982/47).
Einige wenige Schlagworte sollen diesen Sachverhalt umreißen: Figur-Grund-Wahrnehmung, Wahrnehmungskonstanz, Wahrnehmung räumlicher Positionen, Sortieren, Reihen, Klassifizieren, Mächtigkeitsvergleiche, Bauen, Zerlegen, Teilen, Halbieren, Ergänzen u. a. m. (vgl. Bock 1978). Viele dieser Fähigkeiten spielen in nahezu jeder Lebenssituation eine Rolle und eben ganz besonders bei elementaren mathematischen Fragestellungen. »Entscheidend ist, daß das Kind Hilfsmittel zur Lösung relevanter Probleme des Alltags erwirbt – und nur wenn strukturmathematische Begriffsbildungen sich als solche Hilfen erweisen, haben sie ihre Berechtigung auch im Unterricht für Lernschwache« (Floer 1982/48).
Grundschullehrer(innen) und Schulbuchautoren müssen es daher verstehen, den Kindern zu zeigen, daß im Mathematikunterricht nicht sterile Inhalte, sondern lebensbedeutsame Fähigkeiten vermittelt werden.

Differenzierte Diagnose der Ausgangslage
Zu einem »guten« Mathematikunterricht gehören »eine optimale Unterrichtsorganiation und vor allem eine möglichst intensive Berücksichtigung sozialer und emotionaler Bedürfnisse des einzelnen Schülers wie der Klasse«, »eine differenzierte Diagnose der Ausgangslage, intensive Reflexionen über die Unterrichtsziele, methodische Entscheidungen und ihre Begründungen, die Strukturierung des Unterrichts und Beurteilungsaspekte« (Kormann 1987/152).

Beachtung des sozio-emotionalen Bereichs – Angstabbau
Der Mathematikunterricht muß in einer entspannten und angstfreien Atmosphäre stattfinden können. Daß Schulunlust, Ängstlichkeit und Angst vor Proben die Leistungen beeinflussen, braucht hier nicht weiter erläutert zu werden. Durch Motivationsmaßnahmen und den Einsatz spielerischer Techniken kann dem begegnet werden. Beeinträchtigende Faktoren sind auch ein gestörtes Selbstkonzept, Vorurteile begabungs- und geschlechtsspezifischer Art, nicht verarbeitete Mißerfolge und gestörte Interaktionsprozesse zwischen Lehrer(in) und Schüler (vgl. Kormann 1987/148). Die Lehrer(innen) sollen für derartige Beeinflussungsmomente sensibilisiert sein und versuchen, sie abzubauen. Damit Mißerfolge nicht demotivierend und demorali-

sierend wirken, soll bei den Schülern ein konstruktives Verhältnis zu
ihren Fehlern aufgebaut werden:
– Durchaus einmal Irrwege gehen lassen und nicht gleich schulmei-
  sternd eingreifen,
– statt negativer Kommentare positive Verstärker anbieten,
– »falsche oder teilweise falsche Schülerantworten entschärfen«
  (ebd.).

Lebensnahe mathematische Situationen
Mathematische Probleme und Rechenaufgaben müssen schüler- und
lebensnah sein. Es müssen »Rechenfälle des Alltags« vorgegeben
werden, die den Schülern in ihrer Umwelt auch wirklich begegnen
können.

Prinzip der Aktivierung
Das forschend-problemlösende Verhalten soll durchaus durch manu-
elles Handeln unterstützt werden. Aus diesem Grunde sei die Stufe
des konkreten Handlungsvollzuges von Operationen für Grundschulen besonders empfohlen. Weitere Möglichkeiten sind selbständiges
Formulieren von Aufgaben und Rechenfragen, »Finden von Lösungs-
wegen, Finden ähnlicher Aufgaben, rückschauendes Erklären, wie es
zu einer Endform eines Rechenverfahrens oder einer Formel kam«
(Kormann 1987/153).

Lernen auf verschiedenen Ebenen
»Mathematikunterricht mit lernschwachen Kindern muß die Möglichkeiten, auf enaktiver und ikonischer Ebene zu lernen, ausschöpfen«
(Floer 1982/48). Mathematische Kenntnisse können auf verschiedenen
Niveaus erarbeitet werden. Der entwicklungspsychologische Ansatz
in der Mathematikdidaktik (Aebli 1981/135 f.; Grissemann/Weber
1982/41–48, 104–224) unterscheidet dabei vier Phasen von Aufbau-
und Verinnerlichungsstufen bei mathematischen Operationen:
• *Konkrete Mathematik – Effektiver Vollzug einer Handlung – Enak-
  tive Phase*
Am Anfang steht der »effektive Vollzug einer Handlung«: Unter
Verwendung wirklicher Gegenstände wird die Handlung am konkret-
anschaulichen Material aufgebaut. Gegebenenfalls kann auch auf
manipulierbare Gegenstandssymbole (z. B. Einerwürfel, Zehner-
stäbe, Hunderterplatten, Cuisenaire-Stäbe) zurückgegriffen werden.
Diese Stufe soll im Mathematikunterricht der Grundschule grundsätzlich nie ausgelassen werden! Auch bei Übungsstunden empfiehlt sich
der Einstieg mit der konkreten Materie.

• *Bildliche Darstellungen der Operationen – Ikonische Phase*
Die Mengengestalten werden zeichnerisch abgebildet, die Operation wird durch graphische Zeichen und Markierungshilfen angedeutet, eventuell auch verbal rekapituliert.

• *Zeichenmäßige Darstellung – Symbolische Phase*
Den bildlichen Darstellungen werden ziffernmäßige zugeordnet, »wobei eine Verknüpfung der noch in anschaulichen Zusammenhängen sichtbaren logischen Struktur mit der ziffernmäßig gegenstandsgebundenen angestrebt wird« (Grissemann/Weber 1982/42).
Ein nächster Teilschritt ist die ziffernmäßige Darstellung ohne bildliche Entsprechung.
(Möglich ist auch wieder eine Retrospektive dergestalt, daß man von der abstrakten über die bildlich-symbolische zur konkreten Ebene zurückkehrt und die Aufbau- und Verinnerlichungsstufen wieder von vorne beginnt.)
Schließlich wird nach einer »Schlackenabstreifung« von visuell-vorstellungsmäßigen Entsprechungen die Struktur nur noch ohne Anschauung »in ihrem logischen Gehalt, in ihrer vollen Reduktion auf das logisch-strukturelle Skelett *gedacht*« (Grissemann/Weber 1982/43; Hervorh. i. Orig.).

• *Automatisierung im Zeichenbereich*
Erst nach diesen drei Verinnerlichungsstufen soll die Automatisierung im Zeichenbereich in Form von Übungen, Transfer und Problemlösungen erfolgen.

Operatives Prinzip
Das operative Prinzip fördert in Ergänzung zu den mathematischen Automatisierungen das bewegliche Denken und die Einsicht in mathematische Zusammenhänge. Einige Beispiele: Gegenoperation (z. B. Gegenprobe einer Divisionsaufgabe durch Multiplizieren), Verknüpfen von Operationen, Einsicht in dieselben methodischen Strukturen bei verschiedenen Sachzusammenhängen (vgl. Kormann 1987/ 153).

Geometrische Erfahrungen außerhalb des Mathematikunterrichts
Auch außerhalb des Mathematikunterrichts machen die Schüler mathematische Erfahrungen, ganz besonders geometrischer Art. Hier spielen vor allem die Kunsterziehung und der Werkunterricht eine bedeutende Rolle: Kartoffeldruck, Klebebilder, Falten, Gitterpapier, Gitternetzmuster, Kreise; Spiegelungen, Symmetrie; Schachteln, Würfel, quaderförmige Gegenstände u. a. m. (vgl. Floer 1982/74–95).

Ständige Sicherung der Grund- und Vorkenntnisse
Fehler beruhen meist auf ungenügenden Grund- und Vorkenntnissen; sei es, daß sie überhaupt nicht dagewesen sind, weil diesbezügliche Lernprozesse nicht stattgefunden haben, sei es, daß sie – aus welchen Gründen auch immer – in Vergessenheit geraten sind. Deswegen müssen mathematische Lerninhalte ständig wiederholt werden. Übungsphasen wirken »sich zwar positiv auf die Leistung, aber nicht auf die Freude am Lernen aus. Vermutlich wird ein zugleich individualisierendes wie intensiv kontrollierendes Lehrerverhalten von den Schülern als Bevormundung oder als Bescheinigung ihrer Inkompetenz erlebt« (Kormann 1987/152). Es sind auch indirekte Formen der Sicherung und Wiederholung denkbar, etwa dergestalt, daß im Klassenzimmer an einer »Mathematik-Wand« oder in einer »Mathematik-Ecke« die exemplarischen Ergebnisse früherer Mathematikstunden festgehalten werden. Die wichtigsten Maße und Gewichte sowie typische Mengenbilder sollen ununterbrochen im Klassenzimmer präsent und anfaßbar sein.

Mathematik in Spiel und Hobby
Im Spiel können viele mathematische Erkenntnisse weiter gesichert werden: Zahlentorspiele, Werfen (z. B. auf Zielscheiben), Kegeln, Kartenspiele, Detektivgeschichten (vgl. Floer 1982/58–71, 126–132). Auch Hobbies können zur Sicherung mathematischer Fähigkeiten und Fertigkeiten genutzt werden, z. B. Rechnen mit der Bundesligatabelle (vgl. a.a.O./118–120).

Prinzip der Differenzierung
Gerade im Mathematikunterricht ist das Prinzip der Differenzierung von besonderer Bedeutung, da erstens der Unterricht besser gegliedert wird, zweitens Langeweile und Überforderungen weitgehend ausgeschlossen werden, drittens die Schüler besser motiviert sind (und daher weniger zu Unterrichtsstörungen tendieren) und viertens die Selbständigkeit und die Interaktionen Lehrer-Schüler und Schüler-Schüler gefördert werden (vgl. Krippner 1976).

Soziale, sachbezogene und individuelle Bezugsnormen
In einer gründlichen Nachbereitung (Ziele, Inhalte, Methoden, Medien, Leistungsdiagnose) ist bei gelegentlichem Vergleich mit parallelen Lerngruppen oder Klassen zu überprüfen, ob bei allzu großen Diskrepanzen das Anspruchsniveau in der eigenen Klasse zu hoch oder zu niedrig gewesen ist oder ob ein Stoffgebiet etwa unter

Zeitdruck bearbeitet worden ist (soziale oder gruppenbezogene Bezugsnorm).

Sachbezogene/kriteriumsorientierte Bezugsnormen zeigen auf, inwieweit die Lehr- und Lernziele erreicht worden sind und ob die leistungsschwächeren Schüler zumindest das Basiscurriculum (Fundamentum) erfolgreich bewältigt haben. Es soll nicht das Niveau lernschwacher Schüler an das der leistungsstarken angeglichen werden. Entscheidend ist vielmehr die individuelle Förderung der einzelnen, die Ausschöpfung ihrer vorhandenen Möglichkeiten (»inselhafte Begabungen«) und ganz allgemein die Prävention von Lernbeeinträchtigungen.

Individuelle oder personbezogene Bezugsnormen basieren auf dem Vergleich der aktuellen Leistung eines Schülers mit der früheren. »Für das Problemfeld ›Mathematikschwierigkeiten‹ ist dieser Maßstab dann besonders beratungsrelevant, wenn sich z. B. ein Schüler um eine Leistungsverbesserung sehr bemüht und trotz objektiv geringfügiger Leistungssteigerung... wieder eine schlechte Note erhält. In diesem Falle sollte sich der (Mathematik-)Lehrer nicht mit der Feststellung massiver Defizite begnügen, sondern vielmehr den objektiv zwar geringen, subjektiv aber durchaus bemerkenswerten Fortschritt lobend würdigen und Wege zur weiteren Leistungsverbesserung aufzeigen« (Kormann 1987/155). Ebenso muß der Lehrer/die Lehrerin natürlich auch einem plötzlichen Leistungsabfall eines Schülers, sofern es sich nicht um einen einmaligen »Ausrutscher« handelt, nachgehen. Statt einer quantitativen Diagnostik (Anzahl der Fehler) soll in der Grundschule die qualitative Diagnostik gepflegt werden; d. h. die Lösungsstrategien, die der Schüler anwendet, werden eruiert: Welche Lerntechniken setzt er ein? Wie geht er bei der Lösung von Rechen- und Textaufgaben vor? An welchen Stellen und warum macht er Fehler?

Diagnose und Förderung schwerwiegender Rechenstörungen
Auf geeignete Tests zur objektiven Feststellung mathematischer Leistungen haben wir bereits im Abschnitt 4.2.4 (Lernprozeßbeurteilung) hingewiesen. Ebenso wie bei Schrifterwerbsstörungen empfehlen wir auch bei schwerwiegenden Mathematikproblemen die Überweisung an eine sonderpädagogische Beratungsstelle, den schulpsychologischen Dienst oder eine psychologische Praxis, die sich auf Rechenstörungen spezialisiert hat. Die wertvollen Anregungen bei Grissemann & Weber 1982 seien in diesem Zusammenhang nochmals besonders

erwähnt. Auch das beeindruckende »Protokoll einer Heilung« von der Rechenschwäche (Fingerhut/Manske 1984) sei Pädagogen und Psychologen, die sich mit Rechenstörungen befassen, zur Lektüre empfohlen.

6.7.3   Praxisorientierte Literatur

Floer, J.: Fördernder Mathematikunterricht in der Grundschule. Probleme und Beispiele unter besonderer Berücksichtigung schulschwacher Kinder. In: *Floer, J. & Haarmann, D.* (Hrsg.): Mathematik für Kinder. Grundlegung – Beispiele – Materialien. Weinheim u. a.: Beltz u. Frankfurt: Arbeitskreis Grundschule, 1982, S. 35–150
Grissemann, H. & Weber, A.: Spezielle Rechenstörungen. Ursachen und Therapie. Psychologische und kinderpsychiatrische Grundlagen der pädagogisch-therapeutischen Intervention bei Kindern mit Dyskalkulie. Bern u. a.: Huber, 1982
Kormann, A.: Mathematikschwierigkeiten und Möglichkeiten ihrer Behebung. In: *Kormann, A.* (Hrsg.): Beurteilen und Fördern in der Erziehung. Orientierungshilfen bei Erziehungs- und Schulproblemen. Salzburg: Müller, 1987, S. 140–159

6.8   Linkshändigkeit

6.8.1   Allgemeine Problematik

Menschen, die mit der linken Hand allgemein geschickter als mit der rechten sind, die die linke Hand bevorzugen, bezeichnet man als Linkshänder.
Funden zufolge dürfte es in der Steinzeit vermutlich mehr Links- als Rechtshänder in Europa gegeben haben. Heute sind die Linkshänder bekanntlich in der Minderheit (man schätzt 10 % Nur-Linkshänder, 15 % Linksbetonte), wenn auch in den letzten Jahren eine zunehmende Tendenz registriert wird. Linkshändigkeit wäre eigentlich eine Normalerscheinung, wenn die Bedingungen unseres sozio-kulturellen Lebens danach ausgerichtet wären. Die Minderheit der Linkshänder muß sich aber in einer Welt von Rechtshändern zurechtfinden.
Wohl in den meisten Fällen wird Linkshändigkeit vererbt. Da es sich um eine rezessive Vererbung handelt, tritt in vielen Fällen die Linksorientierung gar nicht oder wenig ausgeprägt in Erscheinung. Hinzu

kommt noch, daß Linkshänder in ihrer Kindheit durch elterliche oder schulische Maßnahmen gewaltsam »umgepolt« worden sind (erzwungene Rechtshändigkeit, verdeckte Linkshändigkeit; in der ersten Grundschulklasse gibt es ca. 15 % Linkshänder, zum Ende der Volksschulzeit nur noch 7 %; es gibt wesentlich mehr Linkshänder als Linksschreiber!). Andere Ursachen für Linkshändigkeit können hormonelle Störungen (große Mengen Testosteron können das Wachstum der linken Gehirnhälfte verlangsamen), minimale Gehirnschäden oder ein Unfall der rechten Hand sein (im letzteren Fall spricht man von erzwungener Linkshändigkeit).

Bei einer angeborenen Linksorientierung sind das motorische Bewegungszentrum und das sensorische Sprachzentrum in der rechten Gehirnhälfte ausgebildet. Beim Rechtshänder ist es umgekehrt. Es laufen also die menschlichen Hirnleistungen (wie Sprechen, Lesen, Schreiben) unter Vorherrschaft einer Gehirnhälfte ab. Linkshändigkeit ist eine den ganzen Menschen prägende Seitigkeit (Lateralität), die durch Umwelteinflüsse nicht verändert werden kann. *Aus diesem Grund birgt eine gewaltsame Umstellung die Gefahr von schwerwiegenden Störungen in sich.*

Relativ früh, ab dem 7. Monat etwa, ist die Vorzugshand bei einem Kind zu erkennen; mit 15 Monaten ist sie ausgeprägt. Im jüngeren Alter ist bei leichten Bewegungsaufgaben auch noch Beidhändigkeit festzustellen, je mehr sich jedoch das Sprachzentrum ausbildet, um so deutlicher wird auch die Führungshand erkennbar. »Die Leistungsbevorzugung (Leistungsdominanz) der Hände tritt erst bei feineren, komplizierteren und differenzierteren Bewegungsmustern zutage. Sie hängt von den angeborenen Lernkapazitäten der Hirnhemisphäre ab. So kann die Schreibhand erst mit sechs Jahren bestimmt werden (Feinmotorik)« (Basler 1986/4).

Linkshändigkeit wird leider immer noch von vielen als etwas sozial und intellektuell Minderwertiges angesehen (vgl. auch Redewendungen wie »mit dem linken Fuß aufstehen«, »links liegen lassen«, »linkisch«, »linke Tour«). Viele Konventionen bevorzugen die rechte Hand, die rechte Seite. Kinder werden dazu angehalten, »die schöne Hand« zu geben. Damit wird die linke Hand abgewertet. Viele Gegenstände des Alltags sind für Rechtshänder konstruiert. Andererseits müssen Rechtshänder aber auch vieles mit der linken Hand bzw. mit beiden Händen ausführen (z. B. Autofahren). Wenn man »Richtungssicherheit« erlernt hat, ist dies kein Problem, auch nicht für den Linkshänder. »Entscheidend für die Richtungssicherheit und positive

Selbsteinschätzung des Linkshänders ist es aber, daß seine Umwelt positiv zu ihm steht und ihm hilft« (Basler 1986/5).

In ihrer körperlichen und feinmotorischen Leistungsfähigkeit unterscheiden sich die Linkshänder nicht von den Rechtshändern. Wenn sie in Elternhaus und Schule rechtzeitig die richtigen Hilfen erhalten, haben sie auch keine Probleme mit den Anforderungen der Schule, auch nicht beim Schrifterwerb! Linkshänder haben eine erhöhte Anpassungs- und Kompensationsfähigkeit. Auffallend viele sind überdurchschnittlich begabt.

Störungen, die oft mit Linkshändigkeit in Zusammenhang gebracht werden (verzögerte Sprachentwicklung, motorische Unruhe, Schrifterwerbsstörungen, Stottern, Verhaltensstörungen), haben ihre Ursachen »weniger in einer anlagemäßig bedingten Verbindung beider Dispositionen« (Ortner 1977/149), sondern in einer Folgeerscheinung, die bevorzugt dann auftritt, wenn die Seitigkeit unausgereift und unklar geblieben ist oder wenn eine Umstellung des Linkshänders auf Rechtshändigkeit versucht worden ist.

6.8.2 Feststellen der Händigkeit

Wir haben schon im Abschnitt 3.2.2 (Datenerhebung im Schuleingangsbereich) auf Möglichkeiten zur Feststellung der Lateralität hingewiesen (Abb. 19). Im folgenden geben wir noch ergänzende Hinweise zur Ermittlung der Händigkeit eines Kindes.

Relativ sichere Indizien sind spontane Abwehr- und Zugriffsbewegungen eines Kindes. Vorsichtiger soll man Bewegungen im Zusammenhang mit Kulturtechniken (Löffel halten, Zähne putzen, kämmen, bürsten . . .) bewerten. Tätigkeiten, die mehr Aufmerksamkeit, Kraftdosierung, Geschicklichkeit, feinmotorische Bewegungsgenauigkeit und Raumorientierung verlangen, sind recht aussagekräftig (vgl. Basler 1986/7).

Indizien für Linkshändigkeit (eine Auswahl):
– Spontanes Greifen, Abwehren, Zeigen mit der linken Hand,
– Klopfen,
– Zähneputzen,
– Kämmen,
– Benützen einer Nagelbürste,
– Rollen eines Balles,
– Aufheben eines rollenden Gegenstandes vom Boden,

– Fangen und Zurückwerfen eines Balls mit einer Hand,
– Ausradieren eines Striches,
– Abheben eines Deckels,
– Austeilen von Spielkarten,
– Spiegelschrift bei ungeübten Schreibanfängern,
– Arbeit mit einem Schraubenzieher,
– Schlagen mit einem Hammer u. a. m.
(vgl. Basler 1986/7 f.; Gramm 1977/18; Ortner 1977/132 f.).

Von den speziellen Testverfahren seien erwähnt:
»Hand-Dominanz-Test« (HDT) nach Steingrüber/Lienert 1976. Er
setzt sich aus drei Subtests zusammen:
– Spuren nachzeichnen (SN),
– Kreise punktieren (KP),
– Quadrate punktieren (QP).
Dieser Test ist ein Papier-Bleistift-Verfahren und kann als Einzeltest
(10 Minuten Durchführungszeit) oder Gruppentest (15 Minuten)
durchgeführt werden. Nach der Auswertung können aus einer Nor-
mentafel die jeweiligen Prozentränge abgelesen werden. Daraus kann
man ersehen, ob es sich bei dem Kind um eine ausgeprägte Linkshän-
digkeit, um Linkshändigkeit, um Beidhändigkeit, um Rechtshändig-
keit oder um ausgeprägte Rechtshändigkeit handelt.
»Präferenzdominationstest« (PDT) von Schilling (1977). Die Kurz-
form (10 von 20 Aufgaben) besteht aus:
– Blumen gießen,
– Würfeln,
– Zähne putzen,
– Kugelstoßen,
– Wecker aufziehen,
– Farbtopf umrühren,
– Reißverschluß öffnen,
– Buch hoch oben aus einem Regal holen,
– Waschbeckenstöpsel herausziehen,
– Streichholz anzünden.
»Punktiertest für Kinder« (PTK) von Schilling (1983). An der Umriß-
linie einer Clownfigur sind 150 kleine Kreise angeordnet. Es wird hier
die Leistung der rechten und der linken Hand im Punktieren, das
möglichst schnell und genau erfolgen soll, gemessen; aus den Ergeb-
nissen wird ein Dominanzindex bestimmt.

6.8.3 Hilfen für Linkshänder im Unterricht der Grundschule

Kein Zwang zum Gebrauch der rechten Hand
Linkshänder sollen Linkshänder bleiben! Auf die Gefahren der erzwungenen Umschulung auf die rechte Hand haben wir oben schon hingewiesen. Die Linkshändigkeit ist in Kindergarten und Schule nicht nur zu dulden, sondern sogar zu fördern! Die dominierende Hand wird von den Kindern meist spontan beim Malen und Schreiben benützt. Aber Vorsicht: Kinder, die eingeschüchtert sind, gebrauchen, obwohl Linkshänder, die rechte Hand. Die Händigkeitsdiagnose (s. o.) zeigt, welche Hand die feinmotorisch leistungsfähigere ist. Diese sollte auch die Schreibhand werden, wobei der Schüler in die Entscheidung miteinzubeziehen ist. Ist die Schreibhand gefunden, sollten Eltern und Lehrer das Kind stets dazu anhalten, nur diese zu verwenden.

Stärkung des Selbstvertrauens
Linkshändige Kinder sollen ihre Besonderheit positiv sehen. Der Lehrer soll ihnen daher erklären, warum sie links schreiben. Nicht weil sie ungeschickt sind, sondern weil die linke Hand geschickter und leistungsfähiger ist als die rechte. Die Kinder dürfen nicht den Eindruck gewinnen, ihre Linkshändigkeit sei ein Mangel oder gar ein Defekt. Sie brauchen sich für ihre dominierende linke Hand nicht zu schämen. Die Lehrer(innen) dürfen also auch nicht unwirsch reagieren, wenn sie auf die Eigenheiten der Linkshänder eingehen. Ganz besonders wichtig ist hier vor allem die Zusammenarbeit zwischen Elternhaus und Grundschule, damit es zu Hause nicht zu Rückschlägen kommt.

Sitzplatz in der Klasse
Im Klassenzimmer sollen Linkshänder linke Eckplätze einnehmen, damit sie ohne Verrenkung des Kopfes beim Schreiben an die Tafel schauen können. Mit dem linken Arm muß das Kind Bewegungsfreiheit haben; es soll also links in der Bank oder neben einem Linkshänder sitzen. Der Lichteinfall soll von rechts oder von vorne erfolgen.

Schreibunterlage
Damit die Schreibblätter nicht knittern, sollen sie fixiert sein (z. B. in einer Zeichenplatte); eine Maßnahme, die auch für Rechtshänder empfohlen werden kann. Die Schreibunterlage soll nicht parallel zur Tischkante liegen. Die linke untere Seite soll weiter vom Körper

entfernt sein als die rechte, so daß die Schreibbewegung von links oben schräg nach rechts unten verläuft. Der Linkshänder soll somit das Geschriebene überblicken und die Schreibbewegungen mitverfolgen können. Auch ein Verwischen der Schrift durch die linke Hand kann so vermieden werden. Im allgemeinen empfiehlt man, das Blatt um ca. 30 Grad nach rechts zu drehen; daraus soll jedoch keine starre Regel abgeleitet werden, vielmehr ist hier eine individuelle Festlegung angebracht, wobei man auch den Wunsch des Kindes berücksichtigen soll. Eine linksgeneigte Schriftrichtung ist natürlich erlaubt!

Motorische Übungen, Körper- und Schreibhaltung
Neben den eigentlichen Schreibübungen muß die Schreibhand noch mit anderen grob- und feinmotorischen Übungen geschult werden (Ball- und Stabspiele mit der linken Hand, Aufreihen von Perlen, Eindrehen von Schrauben, Flechten, Bauen, Balancieren von Gegenständen auf der linken Hand, Einsammeln von Streichhölzern u. a. m.). Mit einer speziellen »Schreibbewegungstherapie« (Heermann 1977) kann die Schreibhand noch intensiver gefördert werden.
Man achte auf gerade Körperhaltung! Zeige- und Mittelfinger der linken Hand umfassen locker das Schreibgerät. Das Stiftende soll in etwa auf die linke Schulter zeigen. Das Handgelenk ist nicht abgeknickt. Die Schreibhaltung ist genau spiegelbildlich zu der des Rechtshänders.

Schreibgeräte, Arbeitsgeräte
Für den Anfang empfehlen sich als Schreibgeräte Wachsmalkreiden, weiche Bleistifte (Stärke HB) und Faserstifte, da diese nach allen Seiten leicht und gleichmäßig gleiten. Es gibt inzwischen in den meisten Fachgeschäften Füllfederhalter für Linkshänder und Linkshänderscheren. Die Federn dieser Füller sind etwas abgeflacht, so daß beim Schreiben das Papier nicht aufgerissen wird. Bei den speziellen Scheren kann das Kind genau auf die Schnittlinie sehen und braucht die Hand nicht zu verdrehen. Zu erwähnen sind auch noch Spitzer (drehen nach außen), Lineale für Linkshänder (zählen von rechts nach links; hier ist der Einsatz allerdings problematisch, da ja die Leserichtung von links nach rechts eingeübt werden soll) und schnelltrocknende Filzstifte (Bezugsadressen auch für andere Materialien zu Handarbeit, Werken und Musik siehe unten).

6.8.4   Beratungsstelle und Linkshänderläden

Beratungs- und Informationsstelle für Linkshänder und umgeschulte Linkshänder ONRS
Sendlinger Straße 18, 80331 München,
Tel. (089) 268614.
Dort werden Beratungen und Testuntersuchungen angeboten. Es geht hier vor allem um die Entdeckung und Bestimmung der Händigkeit beim Kind und die Einstellung hierzu. Außerdem wird auch über Gebrauchsgegenstände für Linkshänder informiert.
Interessenten erhalten auch die Anschrift des nächstgelegenen Linkshänderladens bzw. einer Versandstelle für Linkshandgegenstände.

6.8.5   Praxisorientierte Literatur

Basler, R.: Links- und Beidhänder – Sicheres Erkennen und richtiges Verhalten erspart Probleme. In: Handbuch der Schulberatung. 6. Nachlieferung. Landsberg a. Lech: Moderne Verlags Gesellschaft, 1986
Gramm, D.: Probleme der Linkshändigkeit. Ein Ratgeber für Lehrer, Eltern und Erzieher. Donauwörth: Auer, 1977
Zuckrigl, A.: Linkshändige Kinder in Familie und Schule. 2. neu bearb. Aufl. München u. a.: Reinhardt, 1981

Ausgehend von der Vielfalt der Begriffe und mit Hilfe mehrerer Fallbeispiele haben wir in unserem Buch versucht, die mannigfaltigen Erscheinungsformen und Ursachen von Lernbeeinträchtigungen (Lernschwierigkeiten, Lernstörungen, Lernbehinderungen) aufzuzeigen. Wichtig war uns dabei, auf das komplexe Zusammenwirken aller denkbaren Variablen bei der Entstehung von Lernbeeinträchtigungen hinzuweisen. Unserer Meinung nach muß auf die vielfältigen Verursachungsfaktoren, was die Prävention auf den verschiedenen Ebenen angeht, mit ebenso vielfältigen und mit sehr individuumsbezogenen Vorgehensweisen reagiert werden. Lehrer und Lehrerinnen sind daher in einem sehr hohen Maß in ihrem pädagogischen Engagement, in ihrer Kreativität und Flexibilität gefordert. Aber ein Einsatz kann sich lohnen, denn Lernbeeinträchtigungen sind ein Phänomen, das Eingreifmaßnahmen pädagogischer und psychologischer Art direkt zugänglich ist. Unterbleiben solche Maßnahmen, so können sich Lernschwierigkeiten und Lernstörungen ausweiten (Generalisierung) oder bereits manifeste Lernbehinderungen noch weiter verschlimmern (Progressivität).

Wir meinen, daß die Grundschule hinsichtlich der Verhütung und der rechtzeitigen Erkennung und Behandlung von Lernbeeinträchtigungen eine Schlüsselposition einnimmt. In der Grundschule müssen daher effektive Maßnahmen ergriffen werden, um Lernbeeinträchtigungen wenigstens zu mildern. Bei rechtzeitiger Intervention und Förderung kann dann im Einzelfall auch mit einem gänzlichen Verschwinden der Lernbeeinträchtigungen gerechnet werden. Wir möchten deshalb an den Schluß dieses Buches zehn Thesen für eine förderorientierte Grundschule stellen:

○ Lehrer/innen müssen über ein kompaktes *Grundlagenwissen zum Thema »Lernbeeinträchtigungen«* verfügen: Erscheinungsformen, Ursachen, grundlegende diagnostische Möglichkeiten, Prävention, Intervention.

○ Die *Kompetenz der Lehrer/innen* hinsichtlich des Problems »Lernbeeinträchtigung« muß durch entsprechende Maßnahmen gesichert und erweitert werden: pädagogische Konferenzen, schulhausinterne Fortbildungen, pädagogischer Tag, ganztägige Fortbildungsveranstaltungen (handlungsorientiert und mit viel Raum zur Diskussion von Problembereichen).

○ In gezielten *Beobachtungen* müssen Lehrer/innen Lernbeeinträchtigungen bei ihren Schülern rechtzeitig erkennen und gegebenenfalls klassifizieren können; dabei sollten mögliche Beurteilungsfehler im Auge behalten werden. Die Bewertungsmuster bezüglich
der Beurteilung von Schülern sollten immer wieder auf mögliche
Stereotypien überprüft werden. Eindimensionale Sichtweisen
müssen vermieden werden (z. B. »der gestörte Schüler« – ohne
Blick für das Umfeld, in welches er eingebettet ist).

○ Gerade bei Schülern und Schülerinnen mit Lernbeeinträchtigungen müssen sich die *Lehrer/innen als Berater und Förderer* verstehen und dabei den sozio-emotionalen Aspekt berücksichtigen. Sie
sollten sich diesen Kindern intensiv zuwenden und – soweit möglich – auf deren persönliche Bedürfnisse und Schwierigkeiten
engagiert eingehen.

○ Die Schule muß noch intensiver *auf die für das Lernen basalen
Voraussetzungen eingehen* und sie bei der Unterrichtsgestaltung
ganzheitlich berücksichtigen: Förderung von Wahrnehmung und
Motorik, Einbau von Konzentrations- und Entspannungsübungen
sowie von Interaktionsspielen in den Unterricht.

○ Die Schule muß versuchen, *die Motivation möglichst vieler Schüler/
innen* zu *treffen:* durch entsprechend didaktisch durchdachte,
phantasievolle und kreative Unterrichtsorganisation und -gestal-
tung und durch positive Lernatmosphäre (Klassenraumgestaltung,
Klassenklima, Lehrerpersönlichkeit).

○ Die *Teamarbeit* in der Schule muß verstärkt werden: Besprechung
von Problemfällen (Fallbesprechungsgruppen), Entwicklung ge-
meinsamer Handlungsstrategien, Informations- und Erfahrungsaustausch.

○ Die *Psychohygiene der Lehrer/innen* ist zu berücksichtigen: Schul-
räte, Seminarrektoren, Schulleiter sollten weniger als »vorgesetzte«
Beurteiler, vielmehr als Berater und Helfer gesehen werden; das
Klima innerhalb des Kollegiums sollte durch entsprechende Maßnahmen (gemeinsame Feiern, Ausflüge, Aktionen, . . .) positiv
beeinflußt werden.

○ Die *Kooperation mit inner- und außerschulischen Beratungsdiensten* (Beratungslehrer, Schulpsychologischer Dienst, Gesundheits-
amt, Ärzte, Kinderzentren, Psychologische Beratungsstellen) so-

wie *mit sonderpädagogischen Institutionen* (schulvorbereitende Einrichtungen, Sonderpädagogische Diagnose- und Förderklassen, Schulen für Behinderte und Kranke) muß intensiviert werden: gegenseitiger Erfahrungsaustausch, Erweiterung des Blickfeldes.

○ Die *Zusammenarbeit zwischen Schule und Elternhaus* muß verstärkt werden: Klassenelternabende, Eltern-Schüler-Sprechstunden, gemeinsame Diskussions- und Fortbildungsveranstaltungen, Feste. Dabei sollten Erziehungsberechtigte wie Lehrer/innen gleichermaßen für die Probleme der ihnen anvertrauten Kinder sensibilisiert werden. Der Lehrer sollte den Eltern handlungsbezogene Hilfen für sich und ihr Kind geben: *Helfen durch Tun!* (Lehrer oder Lehrerin sagen den Eltern nicht nur, wie sie dem Kind helfen können, sondern zeigen ihnen Möglichkeiten handelnd auf!)

Aebli, H.: Grundformen des Lehrens. Eine allgemeine Didaktik auf kognitionspsychologischer Grundlage. 12. Aufl. Stuttgart: Klett, 1981

Affolter, F.: Wahrnehmungsprozesse, deren Störung und Auswirkung auf die Schulleistungen, insbesondere Lesen und Schreiben. »Zeitschrift für Kinder- und Jugendpsychiatrie« 3 (1975), S. 223–234

Angor, S.: Lese-Rechtschreib-Schwäche (Legasthenie). In: Fachlexikon der sozialen Arbeit. Hrsg. v. Deutschen Verein f. öffentl. u. private Fürsorge. 2. Aufl. Frankfurt/M.: Eigenverlag, 1986, S. 561

Atzesberger,M.: Legasthenie und Arithmasthenie (= Kommunikation zwischen Partnern. Teil II: Praxis der Behindertenarbeit. H. 27. Hrsg. v. d. Bundesarbeitsgemeinschaft »Hilfe für Behinderte« e. V.) Düsseldorf: Bundesarbeitsgemeinschaft »Hilfe für Behinderte« e. V., 1980

Ayres, J.: Bausteine der kindlichen Entwicklung. Berlin u. a.: Springer, 1984

Bach, H. u. a.: Sonderpädagogik im Grundriß. 12. Aufl. Berlin: Marhold, 1987

Baier, H.: Einführung in die Lernbehindertenpädagogik. Stuttgart: Kohlhammer, 1980

Baier, H. & Bleidick, U. (Hrsg.): Handbuch der Lernbehindertendidaktik. Stuttgart u. a.: Kohlhammer, 1983

Baier, H. & Falke, W.: Probleme des Programmierten Unterrichts in der Schule für Lernbehinderte – aufgezeigt an einem Unterrichtsversuch »Kurzprogramm Erdbeben« in einer Klasse für Lernbehinderte und in einer Hauptschulklasse. Zs. »Behindertenpädagogik in Bayern« 27 (1984), S. 171–178

Baier, H. & Weigert, H.: Prophylaxe und Prävention im vorschulischen Bereich. In: *Baier & Bleidick* 1983, S. 27–33

Bartnitzky, H. & Christiani, R.: Differenzierte Lernkontrollen im Mathematikunterricht, Klasse 1 und 2. Bielefeld: Cornelsen-Velhagen & Klasing 1983 a

Bartnitzky, H. & Christiani, R. (Hrsg.): Materialband Grundwortschätze. Grundlegende Aufsätze, Klassenwortschätze, amtliche Grundwortschätze. Bielefeld: Cornelsen-Velhagen & Klasing, 1983 b

Basler, R.: Linkshänder und Beidhänder – Sicheres Erkennen und richtiges Verhalten erspart Probleme. In: Handbuch der Schulberatung. 6. Nachlieferung. Landsberg am Lech: Moderne Verlags Gesellschaft, 1986

Becker, H. S.: Außenseiter. Zur Soziologie abweichenden Verhaltens. Frankfurt: Fischer, 1973 (Taschenbuchausgabe 1981)

Becker, P.: Prävention psychischer Störungen. In: *Schmidt, L. R.* (Hrsg.): Lehrbuch der klinischen Psychologie. Stuttgart: Enke, 1978, S. 361–378

Berger, E.: Teilleistungsschwäche. In: Die Psychologie des 20. Jahrhunderts. Bd. 12: Konsequenzen für die Pädagogik (2), Entwicklungsstörungen und therapeutische Modelle. Hrsg. v. *W. Spiel.* Zürich: Kindler, 1980, S. 223–254

Bergk, M.: Legasthenie. In: *Reichmann, E.* (Hrsg.): Handbuch der kritischen und materialistischen Behindertenpädagogik und ihrer Nebenwissenschaften. Solms-Oberbiel: Jarick, 1984, S. 396–402

Bergk-Mitterlehner, M.: Rechtschreiben lernen von Anfang an. Frankfurt/M.: Diesterweg, 1987

Besser, H. & Wöbcke, M. & Ziegenspeck, J.: Der Schülerbeobachtungsbogen. Ein Instrument zur Verbesserung der Lerndiagnose. Braunschweig: Westermann, 1977

Bezirksregierung Koblenz: Ein guter Schulbeginn für alle Schüler. Koblenz, o. J.

Biermann, R. (Hrsg.): Schulische Selektion in der Diskussion. Bad Heilbrunn: Klinkhardt, 1976

Biller, K.-H.: Unterrichtsstörungen. Stuttgart, Klett, 1981

Bleidick, U.: Das sonderpädagogische Gutachten. Praktische Anleitung zur Beobachtung und Beurteilung von Sonderschulkindern. 5. unveränd. Aufl. Berlin: Marhold, 1975

Bleidick, U.: Lernbehindertenpädagogik. In: *Bleidick, U.* u. a.: Einführung in die Behindertenpädagogik. Bd. 2. Stuttgart u. a.: Kohlhammer, 1977, S. 93–114

Blumenstock, L.: Handbuch der Leseübungen. Vorschläge und Materialien zur Gestaltung des Erstleseunterrichts mit Schwerpunkt im sprachlich-akustischen Bereich. Weinheim u. a.: Beltz, 1983

Bock, H.: Grundlagen des Zahlenbegriffs. Die Vermittlung von Erfahrungen zum Erwerb erforderlicher Vorzahlvorstellungen (dargestellt an einem curricularen Beispielplan). In: *Baier, H.* (Hrsg.): Unterricht in der Schule für Lernbehinderte. Donauwörth: Auer, 1978, S. 262–277

Böhm, W.: Wörterbuch der Pädagogik. Begr. v. W. Hehlmann. 12. neuverf. Aufl. Stuttgart: Kröner, 1982

Bönsch, M.: Alternativen zu einem lehrerzentrierten Unterricht. In: *Arbeitsgemeinschaft Bayerischer Junglehrer – ABJ* (Hrsg.): ABJ-Handbuch für die Unterrichtspraxis. München: Bayerischer Lehrer- und Lehrerinnenverband (BLLV), 1976, S. 326–332

Böschemeyer, H. & Vopel, K. W.: Kommunikation im ersten Schuljahr. Hamburg: Isko-Press, 1985

Brand, I. & Breitenbach, E. & Maisel, V.: Integrationsstörungen. Diagnose und Therapie im Erstunterricht. Würzburg: Maria-Stern-Schule, 1985

Breitenbach, E.: Neurophysiologische und entwicklungspsychologische Grundlagen von Integrationsstörungen. In: Dillinger Akademieberichte. Sprach- und Entwicklungsverzögerungen. Bd. 1. Dillingen: Akademie f. Lehrerfortbildung, 1986

Breuninger, H. & Betz, D.: Jedes Kind kann schreiben lernen. Ein Ratgeber für Lese-Rechtschreib-Schwäche. Weinheim u. a.: Beltz, 1982 (2. Aufl. 1987)

Bundschuh, K.: Einführung in die sonderpädagogische Diagnostik. München u. a.: Reinhardt, 1980

Burk, K. & Haarmann, D. (Hrsg.): Wieviel Ecken hat unsere Schule? Bd. 1 Schulraumgestaltung: Das Klassenzimmer als Lernort und Erfahrungsraum. Bd. 2 Schulraumgestaltung: Schulhaus – Schulhof – Schulanlage. Frankfurt/M.: Arbeitskreis Grundschule, 1979 (Bd. 1) u. 1980 (Bd. 2)

Deutscher Bildungsrat: Empfehlungen der Bildungskommission. Zur pädagogischen Förderung behinderter und von Behinderung bedrohter Kinder und Jugendlicher. 3. Aufl. Stuttgart: Klett-Cotta 1979 (erstmals veröffentlicht 1973)

Dietel, B.: Sonderpädagogische Diagnose- und Förderklassen in Bayern – Versuch eines ersten Resümees aus der Sicht der sozialwissenschaftlichen Begleitung. Unveröffentl. Manuskript. München: Staatsinstitut f. Schulpäd. und Bildungsforschung, 1988

Dinkmeyer, D. & Dreikurs, R.: Ermutigung als Lernhilfe. 2. Aufl. Stuttgart: Klett 1970

Dräger, M. (Hrsg.): Am Anfang steht der eigene Text. Lesenlernen ohne Fibel. Heinsberg: Agentur Dieck, 1988

Dreikurs, R. & Grunwald, B. & Pepper, F.: Schülern gerecht werden. Verhaltenshygiene im Schulalltag. München: Urban & Schwarzenberg, 1976 (2. durchges. Aufl. Weinheim u. a.: Beltz, 1979)

Dreikurs, R. & Soltz, V.: Kinder fordern uns heraus. Wie erziehen wir sie zeitgemäß? 19. Aufl. Stuttgart: Klett, 1988

Drunkemühle, L. & Pollert, M.: Differenzieren läßt sich lernen. Anregungen und Beispiele zur inneren Differenzierung. Frankfurt/M.: Diesterweg, 1980

Duden: Das große Wörterbuch der deutschen Sprache in sechs Bänden. Hrsg. u. bearb. v. Wissenschaftl. Rat u. d. Mitarbeitern d. Dudenred. unter Ltg. v. G. Drosdowski. 6 Bde. Mannheim: Bibliograph. Institut, 1976–1981

Eck, Ch. u. a.: Schule ohne Aussonderung. Eineinhalb Jahre Schulversuch. In: *Valtin, R. & Sander, A. & Reinartz, A.* (Hrsg.): Gemeinsam leben – gemeinsam lernen. Behinderte Kinder in der Grundschule. Frankfurt/M.: Arbeitskreis Grundschule, 1984, S. 139–188

Eickstedt, D. V. & Stemme, G.: Die frühkindliche Bewegungsentwicklung und ihre mögliche Problematik. Düsseldorf: Bundesverband f. spast. Gelähmte u. andere Körperbeh. e. V. (1983)

Englbrecht, A.: Hilfen zum richtigen Lern- und Arbeitsverhalten. In: *Kormann, A.* 1987, S. 182–211

Fingerhut, R. & Manske, Ch.: »Ich war behindert an Hand der Lehrer und Ärzte«. Protokoll einer Heilung. Reinbek: Rowohlt, 1984

Finke, W.: Rechtschreibunterricht und Grundwortschatz. Frankfurt/M.: Diesterweg, 1986

Floer, J.: Fördernder Mathematikunterricht in der Grundschule. Probleme und Beispiele unter besonderer Berücksichtigung schulschwacher Kinder. In: *Floer, J. & Haarmann, D.* (Hrsg.): Mathematik für Kinder. Grundlegung – Beispiele – Materialien. Weinheim u. a.: Beltz u. a., 1982, S. 35–150

Fröse, S. & Mölders, R. & Wallrodt, W.: Das Kieler Einschulungsverfahren. Weinheim u. a.: Beltz, 1986

Gantzer, S. & Kane, G. & Klicpera, Ch.: Multidimensionale Diagnostik von Teilleistungsstörungen. In: Bericht über den 30. Kongreß der Deutschen Gesellschaft für Psychologie. Bd. 2. Göttingen: Hogrefe, 1977, S. 243–244

Gerster, H.-D.: Schülerfehler bei schriftlichen Rechenverfahren. Diagnose und Therapie. Freiburg/Br.: Herder, 1982

Goffmann, E.: Stigma. Über Techniken der Bewältigung beschädigter Identität. 4. Aufl. Frankfurt/M.: Suhrkamp, 1980

Gordon, T.: Die Lehrer-Schüler-Konferenz. Wie man Konflikte in der Schule löst. 3. Aufl. Hamburg: Hoffmann & Campe, 1977

Gramm, D.: Probleme der Linkshändigkeit. Ein Ratgeber für Lehrer, Eltern und Erzieher. Donauwörth: Auer, 1977

Grissemann, H.: Klinische Sonderpädagogik am Beispiel der psycholinguistischen Legasthenietherapie. Ein pädagogisch-therapeutisches Handbuch. Bern u. a.: Huber, 1980

Grissemann, H. & Weber, A: Spezielle Rechenstörungen. Ursachen und Therapie. Psychologische und kinderpsychiatrische Grundlagen der pädagogisch-therapeutischen Intervention bei Kindern mit Dyskalkulie. Bern u. a.: Huber, 1982

Grünewald, H.: Schreibenlernen. Faktoren, Analysen, Methodische Verfahren. Bochum: Kamp, 1981

Havers, N.: Erziehungsschwierigkeiten in der Schule. Klassifikation, Häufigkeit, Ursachen und pädagogisch-therapeutische Maßnahmen. Weinheim u. a.: Beltz, 1978 (2. überarb. Aufl. 1981)

Heckhausen, H.: Förderung der Lernmotivierung und der intellektuellen Tüchtigkeiten. In: *Roth, H.* (Hrsg.): Begabung und Lernen. Ergebnisse und Folgerungen neuerer Forschungen (= Deutscher Bildungsrat, Gutachten und Studien der Bildungskommission, Bd. 4) 12. Aufl. Stuttgart: Klett, 1980, S. 193–228

Heermann, M.: Schreibbewegungstherapie als Psychotherapieform bei verhaltensgestörten, neurotischen Kindern und Jugendlichen. 2. völl. neu bearb. u. erw. Aufl. München u. a.: Reinhardt, 1977

Hegele, I. (Hrsg.): Lernziel: Freie Arbeit. Unterrichtsbeispiele aus der Grundschule. Weinheim u. a.: Beltz, 1988

Heller, K. A. (Hrsg.): Leistungsdiagnostik in der Schule. 4. völl. überarb. Aufl. Bern u. a.: Huber, 1984

Hellerbrand, H. & Schrems, E. & Sauerbeck, S.: Fibellieder. Der schlaue Pepe I. Regensburg: Wolf, 1979

Hinteregger, F. & Meixner, F. (Hrsg.): Sprachheilpädagogik in Vorschule und Grundschule. Wien u. a.: Jugend u. Volk u. a., 1984

Horn, R.: Formelle (standardisierte) Schulleistungstests. In: *Heller, K. A.* 1984, S. 154–161

ISB: siehe *Staatsinstitut für Schulpädagogik und Bildungsforschung München*

Jaumann, O.: Der Leselernprozeß bei benachteiligten Kindern. Analyse ihrer sozialen Lage – Umsetzung in eine Leselernmethode. Weinheim u. a.: Beltz, 1982

Kalb, G.: Zeugnisse – Ziffern oder Sätze? Zs. »Lehrer-Journal Grundschulmagazin« 3 (1988), H. 2, S. 2–5

Kanter, G. O.: Lernbehinderungen, Lernbehinderte, deren Erziehung und Rehabilitation.
In: *Muth, J.* (Hrsg.): Sonderpädagogik, Bd. 3: Geistigbehinderte, Lernbehinderungen, Verfahren der Aufnahme (= Deutscher Bildungsrat, Gutachten und Studien der Bildungskommission, Bd. 34), 2. Aufl. Stuttgart: Klett, 1976, S. 117–234

Keller, G.: Lehrer helfen lernen. Lernförderung, Lernhilfe, Lernberatung. Donauwörth: Auer, 1985

Keller, G. & Thewalt, B.: Effekte eines Konzentrationstrainings. Zs. »Psychologie in Erziehung und Unterricht. 27 (1980), S. 170–173

Kemmler, L.: Erfolg und Versagen in der Grundschule. Empirische Untersuchungen. 3. Aufl. Göttingen u. a.: Hogrefe, 1975

Klauer, K. J.: Wie man einen lehrzielorientierten Test entwickelt. Zs. »Psychologie heute« 2 (1975), H. 2, S. 37–39

Kleber, E. W.: Leistungsbeurteilung, Zensur und Zeugnis in der Schule für Lernbehinderte. In: *Baier, H. & Klein, G.* (Hrsg.): Die Schule für Lernbehinderte. Organisatorische Fragen pädagogisch gesehen. Berlin: Marhold, 1980, S. 147–160

Kleber, E. W. u. a.: Lernvoraussetzungen und Unterricht. Zur Begründung und Praxis adaptiven Unterrichts. Weinheim u. a.: Beltz, 1977

Klimt, F.: Gestaltung der Eingangsstufe der Schule unter arbeitsphysiologischem Aspekt alters- und entwicklungsgerechter Belastbarkeit. In: *Hartung, K.* (Hrsg.): Schulbeginn und seelische Gesundheit. Einschulung, Zurückstellung, Sonderbeschulung. Marburg: Deutsches Grünes Kreuz, 1975, S. 139–177

Knura, G.: Sprachbehindertenpädagogik. In: *Bach, H.* u. a. 1987, S. 129–138

Köck, P. & Ott, H.: Wörterbuch für Erziehung und Unterricht. 2. überarb. u. erw. Aufl. Donauwörth: Auer, 1979

Kormann, A.: Schulleistungsspezifische Lerntests. In: *Heller, K. A.* 1984, S. 198–204

Kormann, A. (Hrsg.): Beurteilen und Fördern in der Erziehung. Orientierungshilfen bei Erziehungs- und Schulproblemen. Salzburg: Müller, 1987

Kormann, A.: Mathematikschwierigkeiten und Möglichkeiten ihrer Behebung. In: *Kormann, A.* 1987, S. 140–159

Kornmann, R.: Diagnose von Lernbehinderungen. Weinheim u. a.: Beltz, 1977

Korte, J.: Diszplinprobleme im Schulalltag. Über den unpädagogischen Umgang mit schwierigen Schülern. Weinheim u. a.: Beltz, 1982

Kounin, J. S.: Techniken der Klassenführung. Bern u. a.: Huber u. a., 1976

Krenz, A.: Kompendium zur Beobachtung und Beurteilung von Kindern und Jugendlichen, Rheinstetten: Schindele, 1980

Krippner, D.: Innere Differenzierung im Mathematikunterricht der Grundschule. In: Staatsinstitut für Schulpädagogik: Handreichung zur inneren Differenzierung im Unterricht der Grundschule. München: Eigenverlag, 1976

Kroeger, M.: Themenzentrierte Seelsorge. 3. erw. Aufl. Stuttgart: Kohlhammer (Urban TB), 1983

Kükelhaus, H. & Lippe, R. z.: Entfaltung der Sinne. Erlebnisse mit dem Erfahrungsfeld. 4. Aufl. Frankfurt/M.: Fischer, 1987

Langhorst, E.: Zum Problem der Konzentrationsstörungen bei Schulkindern. In: *Nickel, H. & Langhorst, E.* (Hrsg.): Brennpunkte der Pädagogischen Psychologie. Bern u. a.: Huber, 1973, S. 287–302

Lauber, J.: Lesen lernen durch »Schreiben«. Zuerst schreiben, dann lesen. Ein Weg für behinderte und nichtbehinderte Schüler. Stuttgart: Vlg. K. Wittwer, 1987

Lazarus, R. S. & Averill, J. R. & Opton, E. M.: The psychology of coping. Issues of research and assessment. In: *Coelho, G. V. & Hamburg, D. A. & Adams, J. E.* (eds.): Coping and adaption. New York: Basic Books, 1974, S. 249–315

Leimar, U.: Dialogisches Erstlesen. Lesenlernen auf der Grundlage der Sprache der Kinder. Deutsche Bearbeitung v. J. Möckelmann. Frankfurt/M.: Diesterweg, 1979

Liebhardt, E. H.: Wahrgenommene autonome Veränderungen als Determinanten emotionalen Verhaltens. In: *Görlitz, D. & Meyer, W.-U. & Weiner, B.* (Hrsg.): Bielefelder, Symposon über Attribution. Stuttgart: Klett-Cotta, 1978, S. 107–138

Lorenz, J. H.: Fehlerdiagnose im Fach Mathematik. In: *Sander, E.* (Hrsg.): Lernhilfen bei Schulschwierigkeiten. Stuttgart: Klett, 1983, S. 34–49

Lukan, U. & Blöschl, L.: Verhaltenstherapeutisch orientierte Behandlung von Lernschwierigkeiten. Zs. »Unterrichtswissenschaft« 5 (1977), S. 325–332

Mager, R. F.: Lernziele und Unterricht. Völl. überarb. Neuausgabe. Weinheim u. a.: Beltz, 1977

Mann, I.: Lernen durch Handeln. 2. überarb. Aufl. München u. a.: Urban und Schwarzenberg, 1977

Mann, I.: Lernprobleme. Ein Buch für Eltern und Lehrer. München u. a.: Urban u. Schwarzenberg, 1979

Mann, I. & Wittmann, L.: Lesen lernen ohne Angst. Mit Liedern von L. Wittmann. 2. Aufl. Frankfurt/M.: Extrabuch-Vlg., 1983

Meynersen, K. (Hrsg.): ZDF-Elternsache: Grundschule. Das Buch zur Sendung. Anregungen, Hilfen, Tips. Niederhausen/Ts.: Falken, 1984

Milz, I.: Möglichkeiten zur Behandlung von Teilleistungsstörungen im Rahmen der Schule. In: *Milz, I. & Steil, H.* (Hrsg.): Teilleistungsschwächen bei Kindern und Jugendlichen. Frankfurt/M.: Haag u. Herchen, 1982, S. 182–207

Mörtel, P.: Zeugnisse ohne Noten. Zs. »Lehrer-Journal Grundschulmagazin« 3 (1988), H. 2, S. 6–8

Müller, E.: Auf der Silberlichtstraße des Mondes. Frankfurt/M.: Fischer, 1986

Müller, G. & Wittmann, E.: Der Mathematikunterricht auf der Primarstufe. Ziele – Inhalte – Prinzipien – Beispiele. 2. durchges. Aufl. Braunschweig: Vieweg, 1979

Müller, R.: Frühbehandlung der Leseschwäche. Diagnose, Behandlungsplan und Weckung von Leseinteresse in den Anfangsklassen. 2. Aufl. Weinheim: Beltz, 1987

Naegele, I. & Portmann, R. & Kalb, P. E. (Hrsg.): Schulanfang. 3. aktual. u. erg. Aufl. Weinheim u. a.: Beltz, 1987

Naegele, I. u. a. (Hrsg.): Lese- und Rechtschreibschwierigkeiten. Orientierungen und Hilfen für die Arbeit mit Grundschülern. Weinheim u. a.: Beltz, 1981

Neulinger, K. U.: Macht mehr aus der Sonderschule! Bemerkungen zum pädagogischen Defizit an Lernbehindertenschulen. Weinheim u. a.: Beltz, 1986

Obeck, V.: Isometrik. München: Knaur, 1965

Ockel, E.: Die Belastbarkeit des Kindes im pädagogischen Prozeß. 2. unveränd. Aufl. Berlin: Volk und Gesundheit, 1973

Oerter, R.: Leistungsstörungen: Ursache, Diagnose und Intervention. In: Rumpler, F. 1987, S. 27–44

Ortner, R.: Lernbehinderungen und Lernstörungen bei Grundschulkindern. Ein Beitrag zur Psychohygiene der Primarstufe. Donauwörth: Auer, 1977

Pallasch, W. & Zopf, D.: Methodix. Bausteine für den Unterricht. 2. Aufl. Weinheim u. a.: Beltz, 1981

Petermann, U.: Kinder und Jugendliche besser verstehen. München: Kösel, 1985

Portmann, R. (Hrsg.): Kinder kommen zur Schule. Hilfen und Hinweise für eine kindorientierte Einschulungspraxis. Frankfurt/M.: Arbeitskreis Grundschule, 1988

Radatz, H.: Fehleranalysen im Mathematikunterricht. Braunschweig: Vieweg, 1980

Rapp, G.: Aufmerksamkeit und Konzentration. Bad Heilbrunn: Klinkhardt, 1982

Redl, F. & Winemann, D.: Steuerung des aggressiven Verhaltens beim Kind. München: Piper, 1978 (4. Aufl. 1986)

Redlich, A. & Schley, W.: Kooperative Verhaltensmodifikation im Unterricht. München: Urban u. Schwarzenberg, 1978

Regelein, S.: Lernspiele für die Grundschule. Ansbach: Prögel, 1984

Reinartz, A. & Sander, A. (Hrsg.): Schulschwache Kinder in der Grundschule. Pädagogische Maßnahmen zur Vorbeugung und Verminderung von Schulschwäche in der Primarstufe. Weinheim u. a.: Beltz, 1982

Reinartz, A. & Sander, A. (Hrsg.): Bibliographie »Schulschwache Kinder in der Grundschule«. Frankfurt/M.: Arbeitskreis Grundschule e. V., 1983

Remschmidt, H. & Schmidt, M. (Hrsg.): Neuropsychologie des Kindesalters. Stuttgart: Enke, 1981

Richter, W. & Pieritz, R.-J.: Keine Angst vor Klassenarbeiten. Ein Übungsprogramm mit Tonkassette. Weinheim u. a.: Beltz, 1983

Röbe, H.-J.: Freie Arbeit – eine Bedingung zur Realisierung des Erziehungsauftrags der Grundschule? Ein Beitrag zur Schulforschung. Frankfurt/M.: P. Lang, 1986

Rosemann, B.: Konstruktion und Auswertung informeller Schulleistungstests (Lernkontrolltests). In: *Heller, K. A.* 1984, S. 162–197

Rüdiger, D. & Kormann, A. & Peez, H.: Schuleintritt und Schulfähigkeit. München u. a.: Reinhardt, 1976

Rumpler, F. (Hrsg.): Zur Theorie und Praxis sonderpädagogischer Diagnose- und Förderklassen. Erlangen: edacta, 1987

Sander, A.: Prävention und Integration im Primarbereich. In: *Baier & Bleidick* 1983, S. 34–39

Sauter, F. Ch.: Prüfung optischer Differenzierungsleistungen. Braunschweig: Westermann, 1979

Schachter, S.: The interaction of cognitive and physiological determinants of emotional state. In: *Berkowitz, L.* (ed.): Cognitive theories in social psychology. New York: Academic Press, 1978, p. 411–432

Schächtl, A.: Pädagogisch-therapeutische Maßnahmen in der 5. Klasse einer Schule zur Erziehungshilfe. »Zeitschrift für Heilpädagogik« 37 (1986), S. II–IV

Schilling, F.: Präferenzdominationstest PDT 1977, zit. n. *Basler* 1986

Schilling, F.: Punktiertest für Kinder PTK. Weinheim: Beltz, 1983 (früher LDT)

Schlee, J.: Zum Dilemma der heilpädagogischen Diagnostik. »Vierteljahresschrift für Heilpädagogik und ihre Nachbargebiete« 54 (1985), S. 256–279

Schulordnung der Schulen für Behinderte. Bayer. Erziehungs- und Unterrichtsgesetz (BayEUG) mit Schulordnung der Schulen für Behinderte – Sondervolksschulordnung (SVSO). Textausgabe mit Stichwortverzeichnis. 7. völl. neu bearb. Aufl. Kronach u. a.: Link, 1983

Schulz v. Thun, F.: Miteinander reden. Störungen und Klärungen. Reinbek: Rowohlt, 1984

Schwark, W. & Weiß, W. & Regelein, S.: Beurteilen und Benoten in der Grundschule. Bestandsaufnahme für die Praxis. 2. Aufl. München: Ehrenwirth, 1987

Schwarzer, Ch.: Gestörte Lernprozesse. Analyse von Leistungsschwierigkeiten im Schulsystem. München u. a.: Urban u. Schwarzenberg, 1980

Schwarzer, R.: Angst. In: *Klauer, K. J. & Reinartz, A.* (Hrsg.): Sonderpädagogik in allgemeinen Schulen (= Handbuch der Sonderpädagogik,
Bd. 9). Berlin: Marhold, 1978, S. 143–150

Seitz, W. & Rausche, A.: Persönlichkeitsfragebogen für Kinder 9–14 PFK.
Braunschweig: Westermann, 1976

Silbernagel, S. & Despopoulos, A.: dtv-Atlas der Physiologie. Stuttgart:
Thieme, 1983

Staatsinstitut für Schulpädagogik und Bildungsforschung (Hrsg.): Erstlesen.
Handreichung für die Schule für Sprachbehinderte sowie für Diagnose
und Förderklassen (Schulversuche). Rimpar: Deutsche Gesellschaft für
Sprachheilpädagogik, 1986

Staudacher, M.: Schulangst. In: Handbuch der Schulberatung. Landsberg a.
Lech: MVG (Moderne Verlagsgesellschaft), 1983–1988

Stein, A.: Das Rechtschreibspiel. Fehler verstehen und beseitigen. München:
Kösel, 1983

Steingrüber, H.-J. & Lienert, G. A.: Hand-Dominanz-Test H-D-T. Göttingen:
Hogrefe, 1976

Stengel, I.: Sprachschwierigkeiten bei Kindern. Früherkennung und Hilfe bei
Sprachstörungen und verzögerter Entwicklung. Stuttgart: Klett, 1974

Storath, R.: Der aktuelle Begriff: Sonderpädagogische Diagnose und Förderklassen. Zs. »Grundschulmagazin« 1 (1986), S. 2

Stranz, G.: Untersuchungen zur Schullaufbahn von Hilfsschulkindern. In:
Baier, H. & Klein, G. (Hrsg.): Aspekte der Lernbehindertenpädagogik.
Einführende Texte. 2. Aufl. Berlin: Marhold, 1975, S. 197–216

Tausch, A. u. a.: Weinen, Wüten, Lachen. Sechs Menschen zeigen, was sie
fühlen. Ravensburg: Maier, 1975

Tausch, R. & Tausch, A.: Erziehungspsychologie. Begegnung von Person zu
Person. 9. Aufl. Göttingen: Vlg. f. Psychologie Hogrefe, 1979

Tiedemann, J.: Sozialemotionales Schülerverhalten. Verhaltensauffälligkeiten
in der Schule. München u. a.: Reinhardt, 1980

Topsch, W.: Erstlesen und Erstschreiben. In: *Baier & Bleidick* 1983,
S. 216–228

Uchtenhagen, A.: Intervention und Prävention. In: *Gerlicher, K.* (Hrsg.):
Prävention. Vorbeugende Tätigkeiten in Erziehungs- und Familienbera-
tungsstellen. Göttingen: Vlg. f. Med. Psychologie, 1980, S. 9–26

Ullrich, H. & Wöbcke, M.: Notenelend in der Grundschule. Alternative
Beurteilungsformen für die Praxis. München: Kösel, 1981

Valins, S.: Cognitive effects of false heart-rate feedback. »Journal of person-
ality and social psychology« 4 (1966), p. 400–408

Valins, S.: Persistent effects of information about internal reactions: Ineffec-
tiveness of debriefing. In: *London, R. H. & Nisbett, R. E.* (eds.):
Thought and feeling. Cognitive alteration of feeling states. Chicago:
Aldine, 1974, p. 116–124

Vopel, K.: Interaktionsspiele für Kinder. Affektives Lernen für 8–12jährige.

Teil 1–4. Teil 2. Hamburg: Isko-Press, 1980a; Teil 4. Hamburg: Isko-Press, 1980b

Wagner, G.: »Kunstfehler« im Unterricht. Ergebnisse einer Umfrage (= Reihe Ausbildung – Fortbildung für Grundschulen und Sekundarstufe I, hrsg. v. *R. Drescher & F. Hurych*). Regensburg: Wolf, 1976

Wagner, I.: Aufmerksamkeitstraining bei impulsiven Kindern. Stuttgart: Klett, 1976

Walter, H.: Angst bei Schülern. Ursachen, Auswirkungen und Möglichkeiten der erzieherischen Beeinflussung. 2. erw. Aufl. München: Reinhardt, 1981

Weber, E.: Pädagogik. Eine Einführung. Bd. 1. Grundfragen und Grundbegriffe. Donauwörth: Auer, 1976

Weigert, H.: Pädagogische Interventionen bei drohenden und manifesten Lernbehinderungen in der Grundschule. Frankfurt/M.: P. Lang, 1987a

Weigert, H.: Pädagogische Interventionen bei drohenden (Lern-)Behinderungen im Schuleingangsbereich. In: *Rumpler, F.* 1987b., S. 45–81

Wiederholt, B.: Medizinische Aspekte bei der Gestaltung von Grundschulunterricht. In: *Burk & Haarmann* 1980, S. 141–147

Wittenbruch, W.: In der Schule leben. Theorie und Praxis des Schullebens. Stuttgart: Kohlhammer, 1980

Wittoch, M.: Rechnen für das Jahr 2000. Zs. »Schule und Psychologie« 16 (1969), S. 1–10

Wittoch, M.: Neue Methoden im Mathematikunterricht. Vergleichende Untersuchung über Lernerfolg, Kreativität und Leistungsmotivation bei operativ, programmiert und problemzentriert unterrichteten Schülern. Hannover: Schroedel, 1973

Wittoch, M.: Unterricht mit Schulversagern. Vorschläge zur Förderung von Lernprozessen. 2. erw. Aufl. Königstein/Ts.: Scriptor, 1979

Zielinski, W.: Lernschwierigkeiten. Verursachungsbedingungen, Diagnose, Behandlungsansätze. Stuttgart: Kohlhammer, 1980

Ziler, H.: Der Mann-Zeichen-Test. Münster: Aschendorf, 1970

Aktion »Eltern helfen Eltern« im Bundesverband Neue Erziehung e. V., Oppelner Str. 130, D-53119 Bonn, Tel. (0228) 6685112

Aktion »Humane Schule« Bayern e. V., Leonrodstraße 19, D-80634 München, Tel. (089) 168211 (hier erhält man auch Auskunft über andere Kontaktgruppen)

Arbeitskreis Grundschule e. V. – Der Grundschulverband e. V., Schloßstr. 29, D-60486 Frankfurt/M.

Beratungs- und Informationsstelle für Linkshänder und umgeschulte Linkshänder ONRS, Sendlinger Str. 2, D-80331 München, Tel. (089) 268614

Berufsverband Deutscher Psychologen (BDP), Sektion Schulpsychologie, Dipl.-Psych. Helmut Heyse, Albert-Schweitzer-Str. 7, D-54329 Konz

Bundesverband Legasthenie e. V., Lutherstraße 14, D-30171 Hannover, Tel. (0511) 882099

Bundesverband zur Förderung Lernbehinderter e. v., Rolandstraße 61, D-50677 Köln, Tel. (0221) 374828

Bundeszentrale für gesundheitliche Aufklärung, Ostheimer Str. 200, D-51109 Köln

Deutsche Gesellschaft für Sprachheilpädagogik e. V., Leonberger Ring 1, D-12349 Berlin, Tel. (030) 6057965

Deutscher Kinderschutzbund (DKSB), Bundesverband, Schiffgraben 29, D-30159 Hannover, Tel. (0511) 662056

Deutsche Liga für das Kind in Familie und Gesellschaft e. V., Fährstraße 17a, D-56575 Weißenthurm, Tel. (02637) 8960

Landesverband Bayerischer Schulpsychologen LBSP, 1. Vors. Arthur Englbrecht, Bürgermeister-Heinrich-Str. 20, D-93077 Bad Abbach

Verband Deutscher Sonderschulen e. V., Fachverband für Behindertenpädagogik, Herschelplatz 1, D-90443 Nürnberg

sowie örtliche

Beratungslehrer,
Schuljugendberater (Bayern),
Schulpsychologische Dienste,
Schulberatungsstellen,
Erziehungsberatungsstellen,
kirchliche Beratungsstellen und Initiativen,
private psychologische u. pädagogische Beratungsstellen und Praxen,
Lehrerinitiativen,
Elterninitiativen und -vereinigungen
und andere.

Unterrichtspraxis: Grundschule

Herausgegeben von Hildegard Kasper und Erich H. Müller

987 654 3

Lernen mit Mausklick – Computer in der Grundschule

Gehören Computer in die Grundschule? Für Kinder ist der Kontakt mit ihnen so selbstverständlich wie Fahrrad fahren und Fernsehen, doch scheiden sich in Deutschland noch immer die pädagogischen Geister über den Einsatz in der Grundschule. Der vorliegende Band sieht sich als Beitrag zur Versachlichung einer Diskussion, die immer noch stark von Emotionen und Ängsten geprägt ist. Von welchen Zielen sollte sich die Arbeit mit dem Computer leiten lassen? Wie

können Wege zu einer produktiven Nutzung aussehen? Anhand von konkreten Arbeits- und Programmbeispielen werden Wege eines sinnvollen Umgangs mit dem Computer in der Grundschule gezeigt und wird zu eigenen Versuchen im Rahmen eines innovativen Grundschulkonzeptes animiert.

Mit Kindern Theater spielen

Der theaterpädagogische Ansatz dieses Bandes geht neue Wege. Ausgangspunkt des Theaterspielens ist hier kein fertiges Stück. Vielmehr rücken die am Theater beteiligten Kinder in den Vordergrund. Sie lassen das Stück entstehen: aus einer Geschichte oder aus eigenen Erfahrungen. Die Kinder bringen sich durch Ideen, Improvisationen und Darstellungsübungen ins Spiel. Dramaturgische Grundphänomene wie Exposition, Höhepunkt oder Katharsis

werden so ganz elementar erfahren. Durch gezielte Themenauswahl können Wissensgebiete (z. B. aus dem Sachunterricht) plausibel, eindringlich und vor allem sinnlich erfahren werden. Ein Theaterspielen dieser Art vermittelt wichtige Einblicke in Gruppenstrukturen und weckt soziale Ressourcen.